明远教育基金
MING YUAN EDUCATION FOUNDATION

『四有』好老师系列丛书

顾明远　总主编

做有扎实学识的好老师

知识是老师的根本基础

张东娇　等　著

北京师范大学出版集团
BEIJING NORMAL UNIVERSITY PUBLISHING GROUP
北京师范大学出版社

特别感谢顾明远教育研究发展基金

对丛书的大力支持！

总序："四有"好老师引领教师成长

2024年是习近平总书记提出"四有"好老师10周年。10年前的教师节前夕，习近平总书记来到北京师范大学考察，与师生代表座谈。会上，他勉励师生从事教师这一崇高的职业，论述了教师的作用："教师是人类历史上最古老的职业之一，也是最伟大、最神圣的职业之一。"[①]习近平总书记引用人们常说的一句话："教师是太阳底下最崇高的职业。"并提到，自古以来，中华民族就有尊师重教、崇智尚学的优良传统，"国将兴，必贵师而重傅；贵师而重傅，则法度存"。中华民族5000多年文明发展史上，英雄辈出，大师荟萃，是与一代又一代教师的辛勤耕耘分不开的。教师之所以重要，是因为教师的工作是塑造灵魂、塑造生命、塑造人的工作。习近平总书记说："一个人遇到好老师是人生的幸运，一个学校拥有好老师是学校的光荣，一个民族源源不断涌现出一批又一批好老师则是民族的希望。"继而，他希望教师在科技进步日新月异、国际竞争日趋激烈的形势下，认

---

① 习近平：《做党和人民满意的好老师——同北京师范大学师生代表座谈时的讲话》，载《人民日报》，2014年9月10日。

清肩负实现"两个一百年"奋斗目标、中华民族伟大复兴中国梦的使命和责任，努力为发展具有中国特色、世界水平的现代教育，培养社会主义事业建设者和接班人作出更大的贡献。

怎样才能成为好老师呢？习近平总书记提出了四条标准。

第一，做好老师，要有理想信念。习近平总书记从我国历史上对教师的理解一直谈到今天对教师的要求，提出教师应是"经师"和"人师"的统一。他说，正确的理想信念是教书育人、播种未来的指路明灯。教师要始终同党和人民站在一起，自觉做中国特色社会主义的坚定信仰者和忠实实践者，忠诚于党和人民的教育事业，自觉把党的教育方针贯彻到教学管理工作全过程，严肃认真地对待自己的职责。

第二，做好老师，要有道德情操。习近平总书记说："老师的人格力量和人格魅力是成功教育的重要条件。"合格的老师首先应该是道德上的合格者，好老师首先应该是以德施教、以德立身的楷模。他希望老师把正确的道德观传授给学生。好老师的道德情操还包括师德。习近平总书记说，师德是深厚的知识修养和文化品位的体现，师德需要教育培养，更需要老师自我修养。习近平总书记非常关心教师，他说："现在，很多地方做老师还比较清苦，特别是农村基层小学老师很辛苦，收入不高，物质生活不是很宽裕，有些家庭负担较重的老师生活还比较困难。"他要求各级党委和政府都要关心广大老师的生活。同时，教师要有"衣带渐宽终不悔，为伊消得人憔悴"的精神，兢兢业业做好工作。做老师最好的回报是学生成人成才，桃李满天下。

第三，做好老师，要有扎实学识。习近平总书记说，扎实的知识功底、过硬的教学能力、勤勉的教学态度、科学的教学方法是老师的基本素质，其中知识是根本基础。所谓学识，不仅要有学问，还要有见识。习近平总书记认为，在信息时代做好老师，不仅要有胜任教学的专业知识，还要有广博的通用知识和宽阔的胸怀视野。他要求老师始终处于学习状态，站在知识发展前沿，刻苦钻研、严谨笃学，不断充实、扩展、提高自己。

第四，做好老师，要有仁爱之心。习近平总书记说："教育是一门'仁而爱人'的事业，爱是教育的灵魂，没有爱就没有教育。"他说，教育风格可以各显身手，但爱是永恒的主题。爱心是学生打开知识之门、启迪心智的开始，爱心能够滋润浇开学生美丽的心灵之花。他特别强调，老师要有尊重学生、理解学生、宽容学生的品质。老师要热爱每个学生，不能因为有的学生不讨自己喜欢、不对自己胃口就冷淡、排斥，更不能把学生分为三六九等。他说，老师在学生心目中具有重要地位，老师无意间的一句话，可能造就一个天才，也可能毁灭一个天才。这些讲话都具有很强的针对性，值得老师们认真思考。

习近平总书记所述好老师的标准，既有理论的论述、历史经验的解释，又有对现状的分析和具体的要求，具有很强的针对性和现实性。"四有"好老师一直引领着我国教师队伍的建设。

这十年来，习近平总书记到学校考察时，都要提到教师，提出对教师的要求。2016 年 9 月 9 日，习近平总书记在与北京市八一学校师生座谈时，再一次提到教师的重要，他鼓励教师做学生锤炼品格的引路人、学习知识的引路人、创新思维的引路人、奉献祖国的引路人。① 同年 12 月，习

---

① 《全面贯彻落实党的教育方针　努力把我国基础教育越办越好》，载《人民日报》，2016 年 9 月 10 日。

近平总书记在全国高校思想政治工作会议上强调，教师是人类灵魂的工程师，承担着神圣使命。[①] 2021 年，习近平总书记在视察清华大学时提出教师要做"大先生"。在党的二十大报告中，习近平总书记进一步强调："加强师德师风建设，培养高素质教师队伍，弘扬尊师重教社会风尚。"上述讲话为教师的培养和专业成长指明了方向。2022 年 9 月 8 日，习近平总书记给北京师范大学"优师计划"师范生回信，希望他们努力学习，毕业以后到祖国和人民最需要的地方去，努力成为党和人民满意的"四有"好老师。2023 年 9 月 9 日，在第三十九个教师节到来之际，习近平总书记致信教师代表时又提出了"教育家精神"。

从"四有"好老师、"四个引路人"、大先生，再到教育家精神，习近平总书记关于教师的一系列论述，形成了对广大教师思想、道德、学识、能力、作风、纪律等方面全方位的系统要求，赋予了人民教师崇高的地位和神圣的职责使命，是新时代进一步打造高素质教师队伍，推进教育高质量发展的行动指南。学习好、领会好、贯彻好、落实好习近平总书记关于教师队伍建设的重要论述精神，对于全面提升教师队伍质量和水平、加快推进教育现代化、建设教育强国具有重大而深远的现实意义。

顾明远

2024 年 6 月

---

① 《把思想政治工作贯穿教育教学全过程　开创我国高等教育事业发展新局面》，载《人民日报》，2016 年 12 月 9 日。

目　录

第一章

教师扎实学识的
概念与内涵

新时代好老师不仅是知识的传授者，还是学生知识学习和思维创新的引路人。无论是时代使命还是教育转型的实际需求，都要求好老师具备扎实学识。掌握精深的学科知识，是教师"传道"的基本前提；能够灵活智慧地运用学科教学知识，是构建智慧课堂的基石。通过教育研究和反思，教师可不断汲取新知识，更新自己的知识结构，积极回应新的挑战。面对数智时代技术赋能的学生重构教学环境，新时代好老师必须驾着"终身学习"的小船乘风破浪，自强不息。本章主要围绕"教师扎实学识提出的时代背景""教师扎实学识的概念与理论""教师扎实学识养成的实践思考"三个问题，深入探讨教师扎实学识的概念、内涵及其相关问题，以期为新时代好老师涵养扎实学识奠定学理基础。

第一节　教师扎实学识提出的时代背景

一、新时代需要好老师

习近平总书记指出："经过长期努力，中国特色社会主义进入了新时代，这是我国发展新的历史方位。"在新时代，我们要建设社会主义现代化强国、实现伟大复兴的中国梦的宏伟目标。

教育决定着人类的今天，也决定着人类的未来。党的十八大以来，以习近平同志为核心的党中央，站在新时代推进中国特色社会主义伟大事业的战略高度，高度重视教育事业和教师队伍建设，强调教育工作的基础性、战略性。

(一)新时代需要"教育兴邦"

"教育兴则国家兴，教育强则国家强。"当今世界国际竞争日趋激烈，各国综合国力的竞争本质上是人才的竞争。与此同时，我国正处于中国特色社会主义新时代，亟须优先发展教育，促进科技自立自强、人才引领驱动，以建设社会主义现代化强国。人才是实现民族振兴、赢得国际竞争主动的战略资源。教育需要为党育人、为国育才，教育的基础性、先导性、全局性地位和作用更加凸显。教育大计，教师为本。新时代需要深化教师队伍建设，不断推动教育高质量发展，以实现"教育兴邦"。

一是从战略角度看，建设教育强国是全面建成社会主义现代化强国的战略先导。党的二十大报告强调了教育对于国家发展的重要战略地位，"教育、科技、人才是全面建设社会主义现代化国家的基础性、战略性支撑"，"我们要坚持教育优先发展、科技自立自强、人才引领驱动，加快建设教育强国、科技强国、人才强国，坚持为党育人、为国育才，全面提高人才自主培养质量，着力造就拔尖创新人才，聚天下英才而用之"。①

二是从政策角度看，国家出台多项政策深度关切教育，强调了教育及教师队伍建设的重要性。《中国教育现代化 2035》提出，"将服务中华民族伟大复兴作为教育的重要使命"，深刻阐释了教育事业的发展目标和重要地位，还针对教育薄弱环节提出了"建设高素质专业化创新型教师队伍"等战略任务。②《中华人民共和国国民经济和社会发展第十四个五年规划和 2035 年远景目标纲要》也高度重视"建设高素质专业化教师队伍"，将其作为建设高质量教育体系，提升国民素质，促进人的全面发展的重要举措。③在上述两个文件的基础上，教育部等八部门于 2022 年 4 月 2 日印发《新

---

① 习近平：《高举中国特色社会主义伟大旗帜 为全面建设社会主义现代化国家而团结奋斗——在中国共产党第二十次全国代表大会上的报告（2022 年 10 月 16 日）》，载《人民日报》，2022-10-26。

② 教育部：《中共中央、国务院印发〈中国教育现代化 2035〉》，http：//www. moe. gov. cn/jyb _xwfb/s6052/moe _838/201902/t20190223_370857. html，2024-02-24。

③ 《中华人民共和国国民经济和社会发展第十四个五年规划和 2035 年远景目标纲要》，载《人民日报》，2021-03-13。

时代基础教育强师计划》文件，强调全面深化新时代教师队伍建设改革，加强高水平教师教育体系建设，培养造就高素质专业化创新型中小学教师队伍，着力构建优质均衡的基本公共教育服务体系，推动教育高质量发展。

百年大计，教育为本，社会主义现代化强国的建成、中华民族伟大复兴的实现，追根溯源还是需要靠教育全方位培育人才，新时代下的教师更需要肩负使命和责任，发展具有中国特色、世界水平的现代教育，建设教育强国，培育栋梁之材。

（二）新时代需要"四有"好老师

兴国必先强师，加强教师队伍建设是教育事业发展最重要的基础工作。教师是塑造人类灵魂的工程师，承担着教书育人、办好人民满意教育的重任。长期以来，广大教师贯彻党的教育方针，培养了众多优秀人才，为国家繁荣、民族振兴作出了重要贡献。新时代的人才竞争越发激烈，培养担当民族复兴大任的社会主义事业建设者和接班人的任务更加急迫，更须加强教师队伍建设。解答"我们需要什么样的教师"这一问题，"四有"好老师系列政策为其提供了指引。

2018 年 1 月 20 日《中共中央 国务院关于全面深化新时代教师队伍建设改革的意见》颁布，强调"坚持兴国必先强师"这一理念。该文件明确教师队伍建设的重要意义，以"造就党和人民满意的高素质专业化创新型教师队伍"为教师队伍建设改革的总目标，其中，提出了"着力提升思想政治素质""不断提升教师专业素质能力"的要求。①

正因强教必先强师，好老师的重要性更为凸显，明确好老师的形象、特质对造就好老师非常重要。习近平总书记于 2014 年 9 月 9 日在同北京师范大学师生代表座谈时的讲话中对什么样的老师是好老师这一重要问题进行回应，指明好老师要有理想信念、有道德情操、有扎实学识、有仁爱之心。其中，有扎实学识的好老师，应具有"扎实的知识功底、过硬的教学能力、勤勉的教学态度、科学的教学方法"，"不仅要有胜任教学的专业知识，还要有广博的通用知识和宽阔的胸怀视野"，可以在学习、处世、生活、育人等方面给予学生帮助和指导，而且"始终处于学习状态，站在知识发展前沿，刻苦钻研、严谨笃学，不断充实、拓展、提高自己"。② 两年后，2016 年 9 月 9 日，习近平总书记在北京市八一学校考察时，进一步对广大教师提出了做"四个引路人"的殷切希望，"广大教师要做学生锤炼品格的引路人，做学生学习知识的引路人，做学生创新思维的引路人，做学生奉献祖国的引路人"。③ "四有"好老师强调对教师个人的内在要求，"四个引路人"侧重于教师对学生的外在引领作用，二者虽然侧重点略有不同，但是相辅相成、辩证统一，共同刻画了新时代党和国家对好老师的形象要求。

---

① 教育部：《中共中央 国务院关于全面深化新时代教师队伍建设改革的意见》，http：//www. moe. gov. cn/jyb_xxgk/moe_1777/moe_1778/201801/t20180131_326144. html，2024-02-01。

② 习近平：《做党和人民满意的好老师——同北京师范大学师生代表座谈时的讲话（2014 年 9 月 9 日）》，载《人民日报》，2014-09-10。

③ 《习近平在北京市八一学校考察时强调 全面贯彻落实党的教育方针 努力把我国基础教育越办越好》，载《人民日报》，2016-09-10。

教师不仅要成为好老师，还要在此基础上不断努力，成为"大先生"，具有"教育家精神"。2016年12月7日，习近平总书记在全国高校思想政治工作会议的讲话中，对教师提出成为塑造学生品格、品行、品位的"大先生"的新要求。2021年4月19日，习近平总书记在清华大学考察时进一步强调教师要做"大先生"，"教师要成为大先生，做学生为学、为事、为人的示范，促进学生成长为全面发展的人。要研究真问题，着眼世界学术前沿和国家重大需求，致力于解决实际问题，善于学习新知识、新技术、新理论。要坚定信念，始终同党和人民站在一起，自觉做中国特色社会主义的坚定信仰者和忠实实践者"。[①] 2023年9月9日，习近平总书记致信全国优秀教师代表，概括了优秀教育工作者的品质，对教师提出了更高要求，指明教师要具有心有大我、至诚报国的理想信念，言为士则、行为世范的道德情操，启智润心、因材施教的育人智慧，勤学笃行、求是创新的躬耕态度，乐教爱生、甘于奉献的仁爱之心，胸怀天下、以文化人的弘道追求为方向，强调大力弘扬"教育家精神"。[②] "大先生"和"教育家精神"的论述，更是体现了党和国家对教师的全面要求与更高期许，有助于更多的优秀教育工作者的涌现。

"四有"好老师、"四个引路人"，以及"大先生"和"教育家精神"，深刻

---

① 《习近平在清华大学考察时强调　坚持中国特色世界一流大学建设目标方向　为服务国家富强民族复兴人民幸福贡献力量》，载《人民日报》，2021-04-20。

② 《习近平致信全国优秀教师代表强调　大力弘扬教育家精神　为强国建设民族复兴伟业作出新的更大贡献　向全国广大教师和教育工作者致以节日问候和诚挚祝福》，载《人民日报》，2023-09-10。

体现了党的十八大以来习近平总书记对教育事业和教师队伍建设的高度重视，在充分肯定教师为建设教育强国作出重要贡献的同时，对教师工作和成长方向提出明确要求，为新时代教师队伍建设指明了前进方向。

(三)新时代教师需要成为研究者

20 世纪初，我国作出了鼓励教师进行理论研究和实践的努力[1]；1966 年，联合国教科文组织在召开的教师地位之政府间特别会议中，明确了教师工作的专业性[2]；20 世纪 70 年代，英国学者斯登豪斯(L. Stenhouse)正式提出"教师成为研究者"(teacher as researcher)，以"人文课程计划"行动研究为实践，帮助教师改进教学行为。[3][4] 其后，与"教师成为研究者"相关的研究和实践蓬勃发展。如今，教师需要成为研究者，要有能力反思自己的教育行为并加以改进，这一观点已被普遍认同并广为传播，成为教师专业化发展的重要趋势和各国教师教育改革的方向。

建设高素质专业化创新型教师队伍是我国新时代教师队伍建设的重要战略任务。而教师成为教育教学研究者，有助于促进其专业化成长，使其能够有实施教育教学专业行为的能力，从而能够成为具有扎实学识的好老师。因此，教师成为研究者是教师职业发展的需求，更是国家教育现代化

---

① 范敏：《西方教师研究运动形成的历史透视》，载《全球教育展望》，2015，44(3)。

② 宁虹：《"教师成为研究者"的理解与可行途径》，载《比较教育研究》，2002(1)。

③ 高慎英、刘良华：《论"教师成为研究者"——斯登豪斯及其"人文课程研究"》，载《外国教育研究》，2002，29(6)。

④ 黄山：《对"教师作为研究者"的再认识：17 篇 SSCI 文献的综述及启示》，载《教师教育研究》，2014，26(6)。

的需要。①

一是出于国家战略的需要。在政策实践中，我国非常重视教师专业发展，帮助教师开展教育教学科研活动。开展新课程改革以来，我国不断鼓励教师开展校本教研等研究活动，如《教育部关于加强和改进新时代基础教育教研工作的意见》提出："校本教研要立足学校实际，以实施新课程新教材、探索新方法新技术、提高教师专业能力为重点，着力增强教学设计的整体性、系统化，不断提高基于课程标准的教学水平。学校要健全校本教研制度，开展经常性教研活动，充分发挥教研组、备课组、年级组在研究学生学习、改进教学方法、优化作业设计、解决教学问题、指导家庭教育等方面的作用。"②《教育部关于加强中小学地方课程和校本课程建设与管理的意见》指明要强化专业支持制度建设，"设立地方课程与校本课程教师专题培训和研究项目，注重提升教师课程建设能力"。③

二是出于教师培养的需要。举例来说，《国家级职业教育教师和校长培训基地管理办法（试行）》强调国培基地工作任务聚焦"提升教师师德师风、教学教研、科学研究、专业实践、课程开发等能力素质和校长办学治

① 朱益明：《新时代教师应成为研究者》，载《湖北教育（教育教学）》，2021（11）。

② 国务院：《教育部关于加强和改进新时代基础教育教研工作的意见》，https：//www. gov. cn/gongbao/content/2020/content _5492515. htm，2023-11-30。

③ 教育部：《教育部关于加强中小学地方课程和校本课程建设与管理的意见》，ht-tp：//www. moe. gov. cn/srcsite/A26/s8001/202305/t20230526_1061442. html，2023-09-17。

校水平"①。具体到培养方案上，《新时代中小学名师名校长培养计划（2022—2025)培养方案》提出，结业考核需要培养对象必做选做相结合，完成个人专著、课题研究、期刊论文、学术报告、专业发展报告等教育教学研究任务。②

此外，国家对高校教师也提出了重视教育教学研究的要求，如教育部启动了"全国高校黄大年式教师团队"创建活动，切实推进高校教师团队建设，打造高素质专业化创新型的高校教师队伍，并将教育教学作为重要指标，要求教师团队要立德树人，教书育人，以扎实学识和前沿研究支撑高水平教学、重视教育教学研究，团结协作，持续发展。③

三是教育数字化转型的需要。随着数智化技术发展，教育数字化正引领着教育变革的新风向。《中国教育现代化2035》将"加快信息化时代教育变革"列入十大战略任务之一，强调利用现代技术加快推动人才培养模式改革，实现规模化教育与个性化培养有机结合。④ 党的二十大报告也明确

① 教育部：《教育部办公厅关于印发〈国家级职业教育教师和校长培训基地管理办法（试行）〉的通知》，http：//www. moe. gov. cn/srcsite/A10/s7034/202312/t20231229 _1096642. html，2023-12-20。

② 教育部：《教育部办公厅关于实施新时代中小学名师名校长培养计划（2022—2025)的通知》，http：//www. moe. gov. cn/srcsite/A10/s7011/202208/t20220819 _ 653904. html，2023-12-02。

③ 教育部：《教育部关于开展第三批"全国高校黄大年式教师团队"创建活动的通知》，http：//www. moe. gov. cn/srcsite/A10/s7002/202305/t20230516_1059970. html，2023-09-11。

④ 教育部：《中共中央、国务院印发〈中国教育现代化2035〉》，http：//www. moe. gov. cn/jyb _xwfb/s6052/moe _838/201902/t20190223_370857. html，2024-02-24。

提出，推进教育数字化，建设全民终身学习的学习型社会、学习型大国。①推进教育数字化是大势所趋、发展所需，也是改革所向，这也对教师的能力提出了新要求。2022 年 11 月，《教育部关于发布〈教师数字素养〉教育行业标准的通知》强调，"提升教师利用数字技术优化、创新和变革教育教学活动的意识、能力和责任"②。《教育信息化 2.0 行动计划》和"智慧教育示范区"创建工作关注师生信息素养的提升，积极推进"互联网＋教育"，以教育信息化支撑引领教育现代化。③ 在教育数字化浪潮之下，教师更需要借助数字技术提升专业能力，成为更好的研究者。

二、历史视野下的好老师

扎实学识并不是个一成不变的概念。每个时期都有好老师，他们身上拥有时代赋予的扎实学识的烙印。研究者在教育变革的大背景下，以教育家、名师为主要考察对象，回顾了从古至今我国好老师扎实学识养成的过程及特点。研究发现，扎实学识不仅是好老师的立身之本，其养成路径和转化形式也有时代特点。对于一线教师来说，我们不仅需要了解掌握扎实

---

① 习近平：《高举中国特色社会主义伟大旗帜 为全面建设社会主义现代化国家而团结奋斗——在中国共产党第二十次全国代表大会上的报告（2022 年 10 月 16 日）》，载《人民日报》，2022-10-26。

② 教育部：《教育部关于发布〈教师数字素养〉教育行业标准的通知》，http：//www. moe. gov. cn/srcsite/A16/s3342/202302/t20230214_1044634. html，2023-12-02。

③ 教育部：《教育部关于印发〈教育信息化 2.0 行动计划〉的通知》，http：//www. moe. gov. cn/srcsite/A16/s3342/201804/t20180425_334188. html，2023-12-02。

学识的必要性，还需要在书中找到不断前进的启示和力量。阅读亦是体验扎实学识、养成扎实学识的经典路径。

（一）传统社会中的好老师

1. 好老师扎实学识的养成

古代好老师的声望来源于掌握知识的广博与精深。扎实学识的养成主要谈知识获取的路径。古之学者推崇"为己之学"，其知识获得主要依靠个体学习，准确地说是"敏而好学"者居多，且学习的形式多样，主要包括以下路径。

一是热爱读书。孔子"读《易》，韦编三绝"（《史记·孔子世家》）。荀子重视古代典籍的学习，认为"学至乎《礼》而止矣"（《荀子·劝学》）。黄宗羲行年八十，仍手不释卷。[①] 二是注重思考。古之师者认为知识需要通过思考，内省而内化于心，才能实现"为己之学"。孔子倡导学思并重，认为"学而不思则罔"（《论语·为政》），孟子认为学习在于"深造自得"，要深入钻研，形成自己独立的见解，所谓"尽信《书》，则不如无《书》"（《孟子·尽心下》）。三是强调力行。第一层意思是把道德理念落实到道德实践，通过实践可以获取、检验知识。比如，颜之推的"眼学"，通过亲自观察、考证来获取知识。第二层意思是实践，做到理论与实践相结合，"纸上得来终觉浅，绝知此事要躬行"（陆游《冬夜读书示子聿》）就是重视实践的真实写照。四是教学相长，这是《礼记·学记》中提到的教师自我成长的规律。意思是

---

① 孙培青：《中国教育史》（修订版），268 页，上海，华东师范大学出版社，2000。

教师自我学习和教学活动分属两种学习，两种学习可以相互促进，"教然后知困""知困，然后能自强也"（《礼记·学记》）。

2. 好老师扎实学识的特点

一是知识内容以经学为主。在儒家思想为主导、儒释道思想交织的古代中国，经学教育成为古代师者知识的重点。因此，古代教师的知识与修身、治国密切相关，后期是以与科举考试密切相关的经学教育知识为主，为人熟知的知识是四书、五经等儒家经典。

二是知识掌握水平，表现为知识"文义通晓"，广博精通。正如孔子强调"博学于文，约之以礼"（《论语·雍也》），学识要"一以贯之"，而非简单的"多识"。根据《礼记·学记》中提到的考试制度可以看到，第一年视"离经辨志"，第五年视"博习亲师"，最高水平乃是"知类通达，强立而不反"。王充在《论衡》中把知识分子分成五个级别，分别是文吏、儒生、通人、文人、鸿儒。其中，文吏仅受过识字教育，但"无篇章之诵，不闻仁义之语"；儒生"能说一经"，但其知识面极其狭窄；通人"博览古今"，但不能"掇以论说"，缺乏理论思维能力；文人是知识渊博且融会贯通者；鸿儒则能够"精思著文，连结篇章""兴论立说"，创造新知识。[①]

三是知识形态，表现为"师道一体化"，即教师关于世间万物的知识经验，也包括他对待自己、他人及学生的态度、方式，不能分而析之，也不能与教师身份分离，是与"师"同在的一体，是教师的经验、本事，也是他

---

① 孙培青：《中国教育史》（修订版），123～124 页，上海，华东师范大学出版社，2000。

的人格、生活态度和生活方式，是他之所以为"师"的根本。①

3. 好老师扎实学识的转化

古代好老师的学识转化形式可以分为有形的教育教学成果和无形的教育思想理念。其中，思想的传承通常有口耳相传和著述等形式。

一是教育教学成果。大多数古代好老师都有自己的学术成果。第一类是教材。孔子及其弟子编纂了当时的古典文化典籍，是为五经，成为我国最早的教科书。王安石编纂的《三经新义》，作为兴学改革的统一教材。朱熹的名著《四书章句集注》更是被奉为科举考试的标准和各级学校的教科书。第二类是其他成果，以专著、论文的形式呈现，主题各异。例如，韩愈的《师说》是专门论述教育的名篇。朱熹在长期教育实践中完成的著述浩瀚，共有 20 多种著作，涉及教育的有《大学章句序》《白鹿洞书院揭示》《童蒙须知》等。②

二是教育思想理念。古代好老师以经验为基础，提出了开创性的教育理念或理论体系，推动了人才培养模式改革与教学创新。孔子深谙教学之道，在长期教育实践中坚持"不愤不启，不悱不发"（《论语·述而》）、"叩其两端"（《论语·子罕》）等教学原则，形成了一套完整的教育体系。汉代董仲舒的《对贤良策》开一代独尊儒术之风，三纲五常思想成为古代道德教育的重要内容。北宋胡瑗在主持湖州州学时创立了苏湖教法，开了主修和辅修制度之先河。

---

① 郭华：《"恩师"及其现代困境》，载《山西大学学报（哲学社会科学版）》，2022，45(5)。
② 孙培青：《中国教育史》（修订版），219 页，上海，华东师范大学出版社，2000。

(二)近代社会中的好老师

古代没有专门的师范学校，近代社会处于师范教育的萌芽和发展时期。1897 年，盛宣怀在上海南洋公学设立师范院，这成为我国师范教育之开端。因此，在近代可以从两个角度来分析好老师：一是师范生培养的角度，二是为近代教育事业作出贡献角度。

1. 好老师扎实学识的养成

一是从师范生培养的角度看，关于师范生的教育设计最早出自梁启超先生。他在《论师范》中依照日本的课程体系，要求师范生通习六经大义，讲求历朝掌故，通达文字源流，周知列国情状，分学格致专门，仂习诸国言语①，可以看出最初的师范教育对扎实学识的重视。1938 年，时任国立师范学院(我国第一所独立的国立师范学院)院长的廖世承，既强调教师队伍建设，聘请了钱锺书、孟宪承等一大批著名学者到校任教，又严格师范训练，强调培养学生的敬业精神、高尚的人格和坚强的意志。在教学中，提倡专科训练与专业训练并重。所谓专科训练，是指学习某一门具体学科的知识，如中文、数学等；所谓专业训练是指学习教育学和心理学的知识。他还强调教学实习和教材教法研究，使学生既明了教育的内容、中等学校的使命、儿童和青年的心理，又知道学科的性质、选材和教学的方法。此外，国立师范学院还重视艺术、体育的训练，注重培养学生强烈的

---

① 朱有瓛：《中国近代学制史料》(第一辑·下册)，982 页，上海，华东师范大学出版社，1986。

求知欲望、刻苦钻研的精神，要求学生掌握治学的方法和工具以适应学术。[①] 在这样的教师教育方针指导下，国立师范学院成为抗战时期最具影响力的高等师范学校，为国家培养了优秀的师范人才。[②] 值得注意的是，近代已出现教师培训研讨、游学和进修班等职后发展活动，为教师学识的发展提供了多样化渠道。二是从为近代教育事业作出贡献角度看，爱国知识分子扎实学识的养成主要通过社会实践，尤其是在教育救国和教育改造社会的实际行动中，他们成就了自己，把自己锤炼成了真正的好老师。他们的共同点在于积极为教育奔走，倡导教育救国论，希望通过教育改造社会。

2. 好老师扎实学识的特点

一是在知识内容上，表现为学贯中西。由于时代原因，近代学者先后接受了旧学和新学。陶行知在少年时期就学于旧式私塾，后来到金陵大学学习文科，之后出国留学，先后在伊利诺伊大学、哥伦比亚大学求学。陈鹤琴早期入塾学习，上过教会学校、上海圣约翰大学、北京清华学堂高等科。后来出国留学，先后到霍普金斯大学、哥伦比亚大学求学，师从克伯屈和桑代克。

二是在知识掌握水平上，表现为在各自的专业领域有精深的知识，实现了知识与社会实践的融合。爱国知识分子自不必说，他们比较重视知识与实践经验的联系与转化。接受师范教育的教师也随着近代教师教育的发展，具有了专业学科知识和教学法知识。这一点可以从近代教育各级教师

---

① 汤才伯：《廖世承教育论著选》，491页，北京，人民教育出版社，1992。
② 曾煜：《中国教师教育史》，213页，北京，商务印书馆，2016。

资格条件和师范学校课程设置标准的文件中得到印证。

三是在知识形态上，表现为有爱国情怀和大格局。他们的学识是放眼社会和时局需要的真知识、真能力。国家需要什么，学识就转化成什么，在面对世俗的眼光和嘲讽中，决不动摇。典型人物就是陶行知先生。他始终站在劳苦大众的立场思考教育问题，开展教育实践，有人嘲讽他从大学教授到小学校长是日益不济，步步下降，而他却说，"对为国家、为百姓服务的'步步下降'感到'很愉快'"。这就是扎实学识留给近代爱国知识分子和教育家的烙印。

3. 好老师扎实学识的转化

近代好老师在动荡摇摆的时代中，能够葆有一颗教育救国、通过知识改造中国社会的心，这一份教育情怀是时代特有的，也是可敬的。他们的扎实学识不只是体现在专业知识体系和成果上，更多是学以致用，把知识转化为情怀、解决问题的钥匙和坚定的勇气。

一是转化渠道。那个时代的好老师拥有丰富的教育实践，他们学识转化渠道主要有：创办学校，开展教育实验，出版学术成果等。首先，创办学校。张伯苓先生是南开中学和南开大学的创立者，陶行知创办了育才学校和晓庄师范。其次，开展教育实验，积极推进教育改革。在新文化运动时期，我国教改进入高潮期，俞子夷主持的南京高师附小率先进行各种新教学法的实验研究，舒新城在上海吴淞中国公学中学部试行道尔顿制，梁漱溟等一批学者开展了一系列乡村教育实验。最后，出版学术成果，主要形式有教材、专著、报刊等。例如，朱经农与陶行知编制了识字读本《平民千字课》；陶行知撰写了《中国大众教育问题》等教育专著，主编《生活教育》半月刊。

二是学识转化对象与内容。学识转化对象主要有两类群体。一类是群众。好老师编制识字教材、在报刊上发表文章、演讲、开展乡村教育实验等，试图通过教育改变中国落后的局面。例如，陶行知起草了《中华教育改进社改造全国乡村教育宣言书》，提出"筹募一百万元基金，征集一百万位同志，提倡一百万所学校，改造一百万个乡村"。[①] 另一类是青年群体。青年儿童是祖国的未来。好老师积极引入国外先进教育理念，如设计教育法、道尔顿制等，尝试开展教育改革实验，采用新的思想改进中国教育实际。

（三）新时代好老师

新时代好老师主要是"科班出身"，接受过系统的师范教育。教师以师范院校毕业生为主，早期主要是中师毕业生。随着师范教育从封闭培养走向开放培养模式，国家鼓励综合性大学积极参与师范生培养，后期形成了以师范院校为主，高水平非师范院校参与师范生培养形式，推动师范生高质量发展。为了培养祖国和地方需要的优秀教师，2007年国务院决定在教育部直属师范大学实行师范生免费教育。为了吸引优秀人才从教，提升师范生职业自豪感，2018年，师范生政策从"免费教育"升级为"公费教育"，出台了"强师计划""国优计划""启航计划"等方案，引领了新时代好老师的培养与发展。

---

① 孙培青：《中国教育史》（修订版），467页，上海，华东师范大学出版社，2000。

1. 好老师扎实学识的养成

新时代好老师扎实学识的养成主要有三条路径。一是主要依靠专业系统的学校培养，优质师范生培养要求集中最优质的资源，落实"双导师"制度，教育实践不少于一个学期。首先，通过师范院校体系化的课程学习与专业实践，师范生掌握理论知识，包括教育教学理论和学科知识等。其次，国家通过专门政策规范师范专业建设标准。2017 年，我国开始推行师范类专业认证标准，第二、第三级认证从践行师德、学会教学、学会育人、学会发展 4 个方面凝练教师核心能力素质，指标体系由培养目标、毕业要求、课程与教学、合作与实践、师资队伍、支持条件、质量保障和学生发展 8 个一级指标和若干个二级指标构成，引导教师培养落实立德树人根本任务，为师范毕业生从事教育教学工作奠定扎实基础。[①] 其中，"国优计划"高度关注师范生扎实学识的培养，在强化学科专业课程学习的同时，系统学习教师教育模块课程(含参加教育实践)，为中小学输送一批教育情怀深厚、专业素养卓越、教学基本功扎实的优秀教师。[②] 二是主要通过日常教学活动中的浸润和模仿，如学校内部的听评课、磨课等实践学习，学习具体教学情境中的默会知识。三是职后学习。教师拥有多样化的在职培训和校本教研机会，实现及时"充电"。尤其是教育部实施中西部骨干项

---

① 教育部：《实施师范类专业认证 健全教师教育质量保障体系——教育部教师工作司、高等教育教学评估中心负责人就〈普通高等学校师范类专业认证实施办法(暂行)〉答记者问》，http：//www. moe. gov. cn/jyb_xwfb/s271/201711/t20171108_318641. html，2024-04-25。

② 国务院：《"国优计划"：支持"双一流"高校为中小学输送好老师》，https：//www. gov. cn/zhengce/202307/content_6895050. htm，2024-03-20。

目，重点支持中西部欠发达地区农村义务教育学校、幼儿园骨干教师、校园长和培训者深度培训，突出教师核心素养培养，完善线下集中培训、在线培训、校本研修融合的混合式培训，推进教师常态化学习。[1]

2. 好老师扎实学识的特点

一是"不安于现状"。"不安于现状"既是一种态度，也是一种行动表现。面对多元化的学生、更新的课程标准和日益复杂的教学情境，他们常常是"不安于现状"的。正如于漪老师在谈及"教育家精神"的时候提到的："作为教师，最可怕的就是安于现状，不思进取。只有不断进取，才能每天有进步。苟日新，日日新，又日新，每天进步一点儿，时间长了，锲而不舍，青年教师就能够进步。"[2]学生一代一代地成长，学情会出现变化，未来社会需要学生学会什么，教师需要教给学生什么以及如何更好地教学，这些都是好老师们应思考和反思的问题。

二是知识结构体现专业性、系统性。相较于过去，新时代好老师接受过专业的、系统的教师教育，在知识储备和专业实践方面都比较扎实。很多一线城市的中学中已经有不少具备硕士、博士学位的教师。

三是知识掌握的灵活性、开放性。新时代好老师掌握了学科认知地图和学科结构，拥有灵活多变的教学法，对于新知识、新媒体保持开放的态

---

[1] 教育部：《教育部 财政部关于实施中小学幼儿园教师国家级培训计划（2021—2025年）的通知》，http://www.moe.gov.cn/srcsite/A10/s7034/202105/t20210519_532221.html，2024-03-20。

[2] 刘博智、胡若晗：《"人民教育家"国家荣誉称号获得者、上海市杨浦高级中学名誉校长于漪——点亮精神明灯，照亮前进方向》，载《中国教育报》，2023-11-14。

度，具有开拓创新精神和规范教育能力。新时代教师需要不断适应社会变革，不仅要教会学生学习，还要不断学习和成长，从而胜任不同时期的国家课程标准等政策要求，上好每一堂课，为祖国的未来培养可造之才。正如北京师范大学燕化附属中学党委书记车丽梅提出新时代好老师的画像：好老师要有敏锐的洞察力，有足够的耐心和坚持，有一定的教育智慧和共情能力，是勇于探索的研究者，是团队成长的引领者，是乐于奉献的呵护者，更是能留在学生记忆里的那个幸福的人。

3. 好老师扎实学识的转化

一是学识转化的渠道。一方面，扎根中国大地。面向教育强国的战略目标和义务教育优质、均衡发展现实的需求，好老师应"下得去、留得住"。北京师范大学通过"四有"好老师启航计划，多措并举鼓励引导更多优秀毕业生到基础教育领域就业，尤其是到中西部和基层一线任教。面对西部学生学习水平的客观差距，在甘肃省临洮县第二中学担任班主任的张昕昳重新思考自己在校学习的教学知识，做到既注重知识内容的讲解，又避免"填鸭式教育"。张昕昳逐步把握了平衡二者的诀窍，昔日大学老师传授的字字句句成为贯穿今日课堂的线索，穿越时空给西北大地上的孩子洒下滋润的甘霖。另一方面，学术成果形式多样。好老师愿意立足课堂，善于捕捉新问题，开展行动研究，或者利用教研室搭建学习共同体，提出或应用新的教学法、教学理念，将自己的育人方法、智慧凝聚成教育随笔、学术专著，并通过线上平台与线下讲座等形式，传播自己的思想理念，用自己的实践和智慧努力建设中国教育学话语体系。

二是学识转化的对象和内容。新时代好老师学识转化的对象比较多元。首先面向全体学生，尤其是面向农村地区和处境不利的学生，这些容易被忽视的群体得到了新时代好老师的关注。他们秉持着现代教育理念，坚持教育为了学生，关注特殊学生，做好知识的引路人。其次面向家长。新时代倡导家校社协同育人模式，通过开办家长课堂，依托家委会、微信群、学校开放日、校长作业等多种形式邀请家长共同参与学生的成长过程，协同做好育人工作。最后面向社会。新时代教师善于运用新媒体，通过微信公众号、微博等平台记录自己的教学创新实践和教学心得。通过数智技术、新方法解决当前教学实践中的新问题，传播一线好老师的声音。每一幅珍贵的画面，都带有新时代好老师的智慧和韵味。

三、数智时代对教师的挑战

数智时代（Digital Intelligence Era 或 Age of Digital Intelligence）是人类社会所处的数字化、智能化时代的统称。数智化（Digital Intelligence）是指利用数字技术实现智能化、高效化、自动化的生活方式和工作方式。数智化涵盖了人工智能、物联网、云计算、大数据等多个领域，旨在提高生产效率、改善人民生活、推动社会进步。[①] 时代在发展，各行各业受到切实的冲击，教育也一样。当教育的内外环境发生深刻变化时，需要跳出教

---

① 王竹立、吴彦茹、王云：《数智时代的育人理念与人才培养模式》，载《电化教育研究》，2024（2）。

育看教育、立足全局看教育、放眼长远看教育。[①] 从科技革命—社会转型—教育变革的角度，综合研判时代的变革和教育转型带给新时代教师的挑战（见图1-1）。

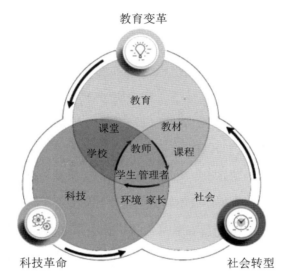

图 1-1　教育、社会与科技的双轮"互动—阻尼"关系图[②]

（一）数智时代的来临

如今，人类已经从大数据、人工智能逐步走向智能化，正式迈入数智时代。自 1956 年达特茅斯会议首次提出人工智能的概念以来，人工智能

[①]　教育部：《加快教育高质量发展 2022 年全国教育工作会议召开》，http://www.moe.gov.cn/jyb_xwfb/gzdt_gzdt/moe_1485/202201/t20220117_594937.html，2024-03-20。

[②]　黄荣怀：《论科技与教育的系统性融合》，载《中国远程教育》，2022(7)。

历经知识驱动、以知识工程为代表的 AI 1.0 时代，到数据驱动、以深度学习为代表的 AI 2.0 时代，当前正处于向"数据＋知识"联合驱动发展的转型期，双轮驱动的智能技术范式成为趋势，AI 3.0 时代即将来临。[①]

数智化并不是简单的"数字化＋智能化"，它有三层含义：一是"数字智慧化"，即在大数据中加入人的智慧，使数据增值，提高大数据的效用；二是"智慧数字化"，即应用数字技术把人的智慧管理起来，将人从繁杂的劳动中解脱出来，相当于从"人工"到"智能"的提升；三是把这两个过程结合起来，构成人机的深度对话，使机器继承人的某些逻辑，实现深度学习，甚至能启智于人，即以智慧为纽带，形成人机一体的新生态。[②] 智能机器正在颠覆过去的硬知识，我们需要通过教育，甚至是终身教育来增加人类的才能，使其去做机器做不到的事情——创造性工作。随着科技的爆炸式发展，为了更好地生活在数智时代，社会对教育的期待变得越来越高，教育有责任满足日益增长的学习需求，自觉成为时代发动机的扳手，为新一代人才的培育而变革。

(二)数智时代教育的转型

技术介入教育从来就是一个自然而然的过程。古纳拉特纳（Shelton A. Gunaratne）认为，人类社会发展至今，先后经历了三次传播革命，分别是

---

① 张钹、朱军、苏航：《迈向第三代人工智能》，载《中国科学：信息科学》，2020，50(9)。

② 王竹立、吴彦茹、王云：《数智时代的育人理念与人才培养模式》，载《电化教育研究》，2024(2)。

书写、印刷，以及当代以电视、计算机与数字化为代表的信息技术。① 在
教育领域，学界已基本达成共识，信息技术对教育发展具有革命性影响，
是教育改革与发展的制高点和突破口。②

　　技术介入教育的脚步，可以从教育信息化的角度来深入了解。回溯教
育信息化的历史进程，大致可分为三个阶段。第一阶段(1978—1999 年)是
"计算机教学及应用"阶段，信息技术主要应用于计算机教学实验和计算机
辅助教学。第二阶段(2000—2018 年)是"信息化环境建设"阶段，即教育
信息化 1.0 阶段，聚焦于基础设施部署、校园信息装备和应用能力建设
等方面。第三阶段(2019 年至今)，强调应用技术支撑教改、赋能创新和
促进变革，重点在于如何把信息技术"化"入教与学的实践之中，使之浑
然一体。③ 总体而言，我国教育信息化实现了跨越式发展和历史性突破，
已走在世界前列，我国目前正处于数字技术与教育教学融合创新的关键
时期。

　　教育部部长怀进鹏指出，我们将深化实施教育数字化战略行动，以教
育数字化带动学习型社会、学习型大国建设迈出新步伐。④ 将教育置于科
技与社会交融的时代背景下，教育数字化转型是教育回应时代变迁与现实

---

　　① 阎光才：《信息技术革命与教育教学变革：反思与展望》，载《华东师范大学学报
(教育科学版)》，2021(7)。

　　② 何克抗：《论现代教育技术与教育深化改革(上)——关于 ME 命题的论证》，载《电
化教育研究》，1999(1)。

　　③ 黄荣怀：《论科技与教育的系统性融合》，载《中国远程教育》，2022(7)。

　　④ 怀进鹏：《数字变革与教育未来——在世界数字教育大会上的主旨演讲》，http：//
www.moe.gov.cn/jyb_xwfb/moe_176/202302/t20230213_1044377.html，2024-03-20。

发展的必由之路。① 教育数字化转型，涉及教育全体系、全过程、全要素，包括培养目标、教育内容、教学模式、评价方式、教师能力和学习环境等都要做出适应性调整，是教育信息化的特殊阶段。其核心路径是数字能力建设，提升学生、教师、管理者及家长等的数字素养与技能。②

值得注意的是，在数智时代，教育目的也发生了改变。新时代的教育面向的是新生代的学生，即在 AI 数字环境中生长、成长、熟悉并能驾驭 AI 技术的一代人，这是技术发展赋予他们的时代特质。③ 教育在"使人成人"的过程中，要培养新质生产力，着力培养人的创造性，将知识转化为真正解决问题的方案，推动社会和经济的进步。④

(三)数智时代对教师的挑战

1. 知识特性与教师扎实学识

教师学识是指教师整个人生经历全部的积累与收获，包括知识、能力、视野、情怀等。核心要素是知识及其获取能力。从时间角度看，教师学识既包括职前系统学习的专业知识与技能，也包括职后新增的知识、能力、经验。而流动的、即时的、泛在的知识，对教师既定的、固化的学识提出了第一层挑战。

---

① 祝智庭、胡姣：《教育数字化转型的理论框架》，载《中国教育学刊》，2022(4)。
② 黄荣怀：《加快教育数字化转型 推动学校高质量发展》，载《人民教育》，2022(Z3)。
③ 祝智庭、戴岭、赵晓伟等：《新质人才培养：数智时代教育的新使命》，载《电化教育研究》，2024(1)。
④ ［美］约瑟夫·E. 奥恩：《教育的未来：人工智能时代的教育变革》，李海燕、王秦辉译，27 页，北京，机械工业出版社，2018。

习近平总书记对教师提出多重要求："在信息时代做好老师，自己所知道的必须大大超过要教给学生的范围，不仅要有胜任教学的专业知识，还要有广博的通用知识和宽阔的胸怀视野。"[①]

从知识生产的角度看，随着知识生产速度不断加快，新知识不断涌现、随时随地出现，课堂挑战随时出现。因此，扎实的学识基础、清晰的学科认知地图成为新时代好老师必备的基本功。从新知识生产的过程来理解亦是如此。教师只有学科知识的根基牢固，站在学科认知地图上，才能拥有"一览众山小"的视野和底气，从容面对"山上"出现的新生物，以"有涯"应对"无涯"。

从知识更新的角度看，知识以更加软化、小颗粒的形态飞速更新。新时代的课程不再是既定知识的闭环传输过程，学生也不是过去"静听"的容器，因此，主动且持续学习的能力是新时代好老师的一项基本功。例如，人工智能时代促使教学活动中的软知识急剧增加，要求教师为学习者提供更具情境性的知识和更加个性化的教学方法。互联网教育创新领域就是高速变化的实践领域。传统学校教师多数未有该领域的创新经验，一线实践者的经验不能体现在书本中。如果仍采用传统课程建设的模式，则校内传统教师提供的内容容易脱离一线创新实践，无法教给学习者最新的经验和规律。[②] 只有通过终身学习铸就学识的蓄水池，积极拥抱新知识

---

① 习近平：《做党和人民满意的好老师——同北京师范大学师生代表座谈时的讲话（2014 年 9 月 9 日）》，载《人民日报》，2014-09-10。

② 陈丽、逯行、郑勤华：《"互联网＋教育"的知识观：知识回归与知识进化》，载《中国远程教育》，2019(7)。

和新技术，才能在变化的时代中如鱼得水。

从知识传播特点的角度看，知识传播的平台与载体日益多元化，尤其是知识与信息的关系越来越复杂，很多信息伪装成知识进入我们的视野。因此，新时代教师要学会检索、识别和筛选信息，良好的信息素养成为新时代教师的新要求。教师自身要成为信息时代知识的"侦探"，懂得如何精准地挖掘知识，高效地管理知识，让丰富多彩的信息不断充实课堂，形成一种"信息智慧"。同时，要引导学生练就一双慧眼，不盲信网络媒体上的虚假信息，学会利用多样化的知识，构建自己的知识树，形成新时代学生看待世界、认识世界的新眼光。

2. 技术手段与教师数字素养

教师数字素养是指教师适当利用数字技术获取、加工、使用、管理和评价数字信息与资源，发现、分析和解决教育教学问题，优化、创新和变革教育教学活动而具有的意识、能力与责任。[①] 智能的、频繁迭代的技术环境，对教师数字素养提出了第二层挑战。

生成式人工智能技术，以其强大的生成和分析能力一跃成为 AI 技术的佼佼者，当即引发了教育界的热议。教育界比较流行的观点在以技术赋能教育教学活动的同时，也对教师提出了挑战。换言之，在享受技术红利的同时，也要留意人工智能等新技术带来的风险。

一是将简单的、重复性劳动交给新技术，减少教师投入，从而达到为

---

① 教育部：《教师数字素养》，http://www.moe.gov.cn/srcsite/A16/s3342/202302/W020230214594527529113.pdf，2024-03-20。

教师减负的效果，让教师腾出更多的精力放在学生成长上，发挥教师的育人价值。这是从人与智能机器的差异性角度来考虑的，把技术的交给技术，如有学者根据 AI 研究框架提出未来人工智能教师将扮演十二种角色（见图 1-2）；[①] 把人类的留给人类，如团结友爱等情感、家国情怀等价值观和反思、批判性思维等高阶思维，这些都是新时代教师的重要培养任务，不是机器可以随意替代的。

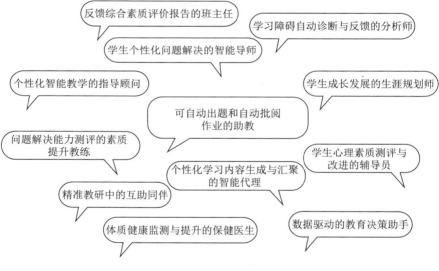

反馈综合素质评价报告的班主任

学习障碍自动诊断与反馈的分析师

学生个性化问题解决的智能导师

个性化智能教学的指导顾问

学生成长发展的生涯规划师

可自动出题和自动批阅作业的助教

问题解决能力测评的素质提升教练

学生心理素质测评与改进的辅导员

个性化学习内容生成与汇聚的智能代理

精准教研中的互助同伴

体质健康监测与提升的保健医生

数据驱动的教育决策助手

图 1-2　未来人工智能教师扮演的十二种角色

　　二是新技术对教师提出新要求，教师要提高数字素养，发挥技术赋能教学的优越性。教育部于 2022 年发布的《教师数字素养》已经明确了新时代教师数字素养的要求，主要包括数字化意识、数字技术知识与技能、数

---

① 　余胜泉：《人工智能教师的未来角色》，载《开放教育研究》，2018，24(1)。

字化应用、数字社会责任以及专业发展五个一级指标(见图1-3)。① 教师只有学会了新技术，才能灵活运用，进而点亮智慧课堂的"智慧"。

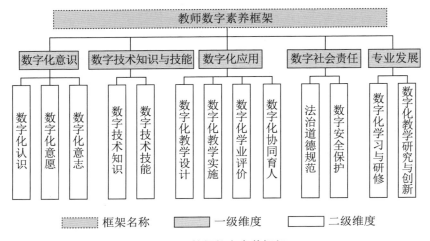

图1-3 教师数字素养框架

三是要警惕人工智能技术带来的各种风险。在教育活动中，教师要注意积极引导学生去做技术的主人，而不是做技术的奴仆。学生在日常学习生活中，不要沉迷于虚拟世界的娱乐，要多亲近自然，感受现实社会的温情和大自然的魅力；不要用片段式的信息输入代替深度思考和整本阅读，要让读好一本书的举动成为习惯；不要简单用"智能搜题"、生成式智能等工具来替代作业、练习和考试，错失了个人及时练习、巩固知识和深度学习的机会。

---

① 教育部：《教师数字素养》，http://www.moe.gov.cn/srcsite/A16/s3342/202302/ W020230214594527529113.pdf，2024-03-10。

3. 教学新生态与教师育人活动

数智化时代的技术对教学显著的冲击就是传统师生关系从"师—生"二元结构转变为"师—机—生"三元结构。这种结构性变革推动教学从"以教为中心"转变为"以学为中心",教育范式从供给主导转变为需求主导[①],对新时代教师育人活动提出了挑战。

当前,数智化技术已在学习空间、教与学方式、学习内容等方面发挥作用。全国中小学互联网接入率已达 100%,形成了远程传递课堂、网络空间教室和异地同步教学等,翻转教学、双主教学和移动学习等;数字化资源也很丰富,如国家中小学智慧教育平台、学堂在线、中国大学慕课、数字化教材等。[②] 如何在技术与课堂融合的教学环境下,充分发挥人机协同的优势,克服机器过度理性带来的人文情怀缺失,避免课堂数据泄露、技术异化、隐私曝光等伦理问题,这些都是摆在新时代教师面前的新课题。

一是要彰显教师育人的价值。在数智时代,虽然教师传统的知识角色已经淡化,但教师的育人角色更加凸显。在任何时代,教育的初心是不变的,也就是为社会培养需要之才,要成人之美,坚守向善之学。从侧重知识和技能教学转变为侧重情感、高阶思维、个人的主体性培养,这是教师教学任务的重大转变。前面已经提到,AI 教师在未来将承担助教、分析

---

①　祝智庭、戴岭:《设计智慧驱动下教育数字化转型的目标向度、指导原则和实践路径》,载《华东师范大学学报(教育科学版)》,2023(3)。

②　黄荣怀:《论科技与教育的系统性融合》,载《中国远程教育》,2022(7)。

师等十二种角色，几乎取代了人类教师的全部职能，而人类教师将在关注学生精神、心灵和幸福上花费更多的时间与精力。①

数智时代教学的新生态，需要教师在"师—机—生"三元协同的新状态下完成育人使命。这令新时代的人类教师不得不重新思考"教什么""如何教"这些教学基本问题。有研究指出，虚拟教学助理可以帮助教师完成一些机械重复性的低技能任务，如作业批改、教育资源寻找等，也可以帮助教师管理日常任务。教师要多专注于高情感付出、高技能的任务，如心理健康管理与疏导、社会性的培养、价值观的引导、个性化学习指导、综合性学习活动组织、体质健康监测与提升等。② 在人机协同问题上，新时代教师还需要进一步摸索，通过积累经验、教研教培等方式提高人机协同能力，创新课堂教学模式。

二是要增强教师的教学智慧。教师之所以需要教学机智，是因为再周全、精细的教学预设，都无法完全应对课堂上具体、生动和无限跳跃着的生成现实。③ 因为我们不能忽视教师育人劳动的复杂性。技术再先进，也不能推动社会无限的理性。教育还是离不开人类教师的。

工业社会与信息社会教与学理论在主动学习、合作学习、创造性学习、整合性学习、评价性学习等维度存在差异（见表1-1）。

---

① 逯行、沈阳、曾海军等：《人工智能时代的教师：本体、认识与价值》，载《电化教育研究》，2020(4)。
② 黄荣怀：《人工智能促进教育发展的核心价值》，载《中小学数字化教学》，2019(8)。
③ 李政涛：《直面ChatGPT，教师如何绝处逢生?》，载《上海教育》，2023(8)。

表 1-1　工业社会与信息社会教与学理论的差异[①]

维度	传统教与学理论模式	新的教与学理论模式
主动学习	教师安排活动 大班教学 活动变化少 进度按计划	学习者自己决定活动安排 小组 不同的活动安排 进度由学习者掌控
合作学习	无合作 群体具有同质性 个人应对	团队工作 群体具有异质性 彼此支持
创造性学习	复制性学习 根据已知解决问题	创生性学习 寻求解决问题的新方案
整合性学习	理论脱离实践 单独科目 学科为本 一位教师	理论与实践融合 重视科目之间的联系 主题 教师团队
评价性学习	教师主导 终结性	学生主导 诊断性

　　如何增强育人智慧，这是新时代教师面对的又一重挑战。首先，数智时代的教学活动出现了人文情怀的淡化，需要教师运用教学智慧温暖课堂。机器的"冰冷性"在一定程度上会导致教学活动中人的社会情感和人文意识的淡化。其次，在人机协同过程中，真实有效的教学是生成性的而非标准化的，个性化、精准化、灵动性的教学过程是需要教学智慧的。因此，数智时代需要教师在机器的协同中练就更加强大的教学智慧。

---

　　① 阎光才：《信息技术革命与教育教学变革：反思与展望》，载《华东师范大学学报（教育科学版）》，2021(7)。

　　教师与技术的关系并不是敌对关系，两者可以建构成一种双向奔赴、共生共荣的关系。有学者指出，随着技术与身体的频繁互动，技术终将变得透明而成为身体的一部分，在教学活动中实现从"上手"到"在手"的过程。① 新时代教师既要顺应时代的新发展，积极迎接数字化的挑战，努力与数字、智能技术同行；又要同化新知识、新能力，发挥教师专业劳动和技术赋能教育优越性，寻求新的平衡。

第二节　教师扎实学识的概念与理论

　　知识的概念与教育的概念是无法分离的，因而，我们在知识和认识方面可能存在许多问题的回答，对我们教育者如何思考与行动将有重大影响。②讨论教师扎实学识，首先要从知识说起，如知识的概念、分类、特征与理论等。这些讨论并不是为了得出一个新的定义，而是要在理解教师扎实学识的过程中，实现政策话语与学术概念相统一。我们需要回到知识本身，在知识观和知识范式的观照下，明确新时代知识内涵及构成要素，更加理解新时代教师扎实学识的真正内涵与价值。

---

　　① 周午鹏：《技术与身体：对"技术具身"的现象学反思》，载《浙江社会科学》，2019（8）。

　　② 瞿葆奎：《教育学文集·智育》，62 页，北京，人民教育出版社，1993。

一、教师扎实学识的基本概念

在日常生活中，学识和知识是一对关系密切的词语，两者常常被混杂使用。现在多数研究成果直接沿用已有政策内容或是只提学识的外延（学识由什么构成），并不深究其内涵，目前学界对学识的概念界定并不统一。为了理解教师扎实学识，需要先从知识说起，弄清楚学识是什么、扎实是什么，进而结合政策和文献分析，才能更好地把握教师扎实学识的基本概念。

(一)学识是什么：从知识到学识

知识是教育中非常重要的概念。"知识像一面魔镜，映照出人们对教学最真实的看法。"[①]本节对学识的讨论回归到基础性问题，先梳理知识的内涵、分类，重点讨论教师的知识与时代特征，在此基础上形成新时代背景下学识的概念。

1. 知识的内涵解析

自古至今，人们对知识的概念讨论和研究浩如烟海，哲学、心理学、社会学、教育学等不同学科的学者都在知识的研究领域驻足。哲学家公认，知识需要满足(至少)三个条件。一是信念，即具有特定思想内容(如

---

① 郭华：《知识是个百宝箱——论现代学校的知识教学》，载《北京大学教育评论》，2021，19(4)。

现在正下雨，地球是圆的，办公室里有 18 个人在喝咖啡）的心理状态。二是这个信念必须是真的。思想内容必须在某种程度上符合现实（如外面的确在下雨，地球确实是圆的，就是有 18 个人在办公室里喝咖啡）。三是这个信念必须以充分的理据或证据为基础。仅仅靠猜测而蒙对了的人并不具备知识。① 理性主义学派认为知识是内发的、先验的，如笛卡儿（R. Descartes）提出"我思故我在"。与其相对的经验主义学派则认为人类知识的来源依靠感觉经验，都来自外部世界，如洛克（J. Locke）提出的"白板说"。实用主义代表杜威（J. Dewey）认为，知识是个人与环境建构的产物，知识的标准在于能否产生令人满意的行动结果。② 波普尔（K. R. Popper）把世界划分为物质世界、感知世界和客观知识世界，并提出了客观性知识。他以蜜蜂采蜜为隐喻，认为知识就是蜂蜜。③ 而波兰尼（M. Polanyi）提出了个人知识，强调了知识的默会成分，对学界产生了重要影响。

在我国，《教育大辞典》把知识定义为对事物属性与联系的认识，表现为对事物的知觉、表象、概念、法则等心理形式。以王策三先生为代表的学者提出知识是个"百宝箱"的观点，强调了知识的重要性。他提出："知识好比一个百宝箱，里面藏着大量珍宝：不仅内含有关于客观事物的特性和规律，而且内含有人类主观能力、思想、情感、价值观等精神力量、品

---

① ［瑞典］奥萨·维克福什：《另类事实：知识及其敌人》，汪思涵译，30～31 页，北京，中信出版社，2021。

② 瞿葆奎：《教育学文集·智育》，238～241 页，北京，人民教育出版社，1993。

③ ［英］卡尔·波普尔：《客观知识：一个进化论的研究》，舒炜光、卓如飞、周柏乔等译，5～6 页，上海，上海译文出版社，2015。

质和态度。"①知识的学习就是"将知识打开"，就是把知识原始获得的实践认识活动方式和过程，加以还原、展开、重演、再现。

随着数字化、智能化的时代来临，定义知识不再是少数人的工作，呈现明显的时代特征。联合国教科文组织对知识重新做出定义："（知识）可以理解为个人和社会解读经验的方法。因此，可以将知识广泛地理解为通过学习获得的信息、理解、技能、价值观和态度。知识本身与创造及再生产知识的文化、社会、环境和体制背景密不可分。"②

可见，知识是一种开放性概念。不同时代、不同地域、不同学科的学者都对知识有自己的见解，甚至现在每个人都可以成为知识的创造者和解读者，共同推动知识的生产与更新。因此，对"知识是什么"的问题会持续讨论下去，而这一过程是十分有意义的。通过对知识本质及标准的讨论，我们更加懂得知识对于新时代的重要意义与价值。

2. 知识的经典分类

什么知识最有价值？对这一经典问题的回答直指知识如何分类，也会对教育教学活动产生影响。下面简要介绍几种分类方法。一是从知识主体的角度来看，知识可以分为教师的教育知识、家长的教育知识、专业教育研究者的知识等。二是从知识内容的性质来看，知识通常可以分为概念、

---

① 王策三：《认真对待"轻视知识"的教育思潮——再评由"应试教育"向素质教育转轨提法的讨论》，载《北京大学教育评论》，2004，2(3)。

② 联合国教科文组织：《反思教育：向"全球共同利益"的理念转变?》，联合国教科文组织总部中文科译，8 页，北京，教育科学出版社，2017。

原理、方法、价值等。三是从知识的来源来看，知识可以分为直接知识和间接知识。四是从知识的标准看法出发，知识至少包括命题知识、熟识的知识，或熟悉、能力的知识（或程序性知识）。[①] 五是从知识的公共性角度来看，知识可以分为公共知识、专业知识、个人常识。[②] 六是从知识的表现形式来看，知识可以分为显性知识和隐性知识。

  具体到教师的知识分类，学者们提出了不同的看法（见表 1-2）。其中，最具影响力的当数美国学者舒尔曼（L. Shulman）在 20 世纪 80 年代提出的"学科教学知识"（pedagogical content knowledge，PCK），将教师知识分为 7 个部分：学科内容知识、一般教学法知识、课程知识、学科教学法知识、有关学生的知识、有关教育情境的知识、其他课程的知识。我国学者陈向明立足教师专业发展的知识基础，把教师知识分为理论性知识和实践性知识。[③] 以上两种观点属于国内引用较多的分类方法，从中我们可以得出两点：一是教师知识组成是多元的；二是教师实际拥有什么知识，如何掌握教学所需要的知识。这是新时代教育教学中越来越关心的问题。

---

  ① ［美］理查德·费尔德曼：《知识论》，文学平、盈俐译，13 页，北京，中国人民大学出版社，2019。

  ② 康永久：《教育中的三个世界：教师知识的制度维度及其影响》，6 页，北京，教育科学出版社，2017。

  ③ 陈向明：《实践性知识：教师专业发展的知识基础》，载《北京大学教育评论》，2003，1(1)。

表 1-2　教师具有的知识分类①

研究者	教师的知识分类
伯利纳	学科内容知识、学科教学法知识、一般教学法知识
斯滕伯格	内容知识，教学法的知识(具体的、非具体的)，实践的知识(外显的、缄默的)
舒尔曼	学科内容知识、一般教学法知识、课程知识、学科教学法知识、有关学生的知识、有关教育情境的知识、其他课程的知识
格罗斯曼	学科内容知识、学习者和学习的知识、一般教学法知识、课程知识、情境的知识、自我的知识
考尔德黑德	学科知识、行业知识、个人实践知识、个案知识、理论性知识、隐喻和映像
申继亮	本体性知识(学科知识)，条件性知识(教育学、心理学知识)，一般文化知识，实践性知识
傅道春	原理知识(学科原理、一般教学法知识)，案例知识(学科教学的特殊案例、个别经验)，策略知识(将原理运用于案例的策略)

"为什么教师学了教育学、心理学，还是不会教书?"其中的奥秘可以通过知识分类学来解答。"能教书"的教师需要掌握基本知识，即要有理论知识基础，"会教书"的教师要能实践，即要有理论性知识和操作性知识，"能教好书"的教师除了具备上述知识之外，还要有广阔的知识视野、教育情怀、教学机智等。这些都可以被归类为隐性知识。数智化时代的知识呈现出多主体参与、多模态表征、多渠道传播等新特点。虽然机器可以把部分隐性学习过程显性化，但是在教学生态重构的背景下，教师需要摸索学

---

① 陈向明：《实践性知识：教师专业发展的知识基础》，载《北京大学教育评论》，2003，1(1)。

习的领域更多，知识的不确定性也在增加，这些都呼吁我们关注知识的隐性成分。因此，结合新时代知识定义、特征和实际研究需要，我们主要选择知识的呈现维度来进行知识分类。

3. 学识的基本概念

关于"学识"的概念，学者有不同说法。通过文献梳理，参考杜威提出的知识具有知识过程（knowing）和知识结果（knowledge）的双重性，学识的概念主要归为三类。

一是学识的结果说，强调学识是个人既有的学习能力和知识水平，或者简单地将学识等同于知识、学问和修养。"学识"在《现代汉语词典（第7版）》中的解释为"学术上的知识和修养"。

二是学识的过程说，强调通过学习获取知识的过程，突出"识"的作用。在古代，"学"就是闻、见与模仿，是获得信息、技能，是自学或有人教你学；"识"即知道，认得，能辨别。子曰："多见而识之，知之次也。"（《论语·述而》）东汉许慎《说文解字》释"识"曰："知也。"

三是学识的融合说，即学识既包括个人知识和修养的最高水平，也包括个人知识获取的方式。国外有学者提出学识一词，一般指称学习者获取某一知识的方式、这一知识在其认知结构里的融合。而"知识"一词则更多指称"学术"知识，独立于学习者对它的所作所为。[1]

根据新时代知识的特征，教师学识的发展和更新能力越发重要，本书

---

① ［比］易克萨维耶·罗日叶：《整合教学法：教学中的能力和学业获得的整合》（第二版），汪凌译，77页，上海，华东师范大学出版社，2010。

采用了学识的融合说，将学识界定为通过学习获得的知识及获取能力，换言之，学识主要包括结果变量(知识水平)、过程变量(获取能力)。

虽然学识与见识、知识关系密切，但是概念含义并不相同。"知识"是先知而后识，"学识"是先学而后识，"见识"是先见而后识，知了，学了，见了，还不够，还要有提高的过程，即识的过程。因为我们要认识事物的本质，达到灵活运用，甚至将其变为自己的东西，就必须知而识之，学而识之，见而识之，不断提高。我们不仅要重视学，而且要把所学的东西上升到识的高度。知、学、见是识的基础，识则是知、学、见的更高阶段。由知、学、见到识，也就是"去粗取精、去伪存真、由此及彼、由表及里"的过程，非如此，不能进入认识的领域。

对于教师而言，学识不仅是一纸文凭，更是一种看问题的眼界，是教师所经历和遭遇的全部教育人生的综合，它体现的是教师的综合学养和个人素养。学术著作的阅读、教育笔记的撰写、教学课堂的反思和感悟均可开阔教师的眼界。[①] 不难看出，教师学识是一个集合概念，从其生成过程来看是不可拆分的，但是为了研究的开展，为了提高概念的可操作性，此处的讨论遵循学识的概念逻辑，将教师学识分为知识和能力两个维度，并挑选其中对当前教育教学较重要的元素：学科知识、学科教学知识、教育研究能力。前两者是以舒尔曼为代表的学者提出的教师知识分类中的重要组成部分。而将教育研究能力列入教师学识，主要是为了促进和发展教师

---

① 姜勇、洪江凝：《中国教师教育改革的追寻与坚守：学、智、哲三识合一》，载《中国教育学刊》，2021(2)。

学习中"识"的过程，提供知识增长、更新和深化的动力，进而促进教师知识的动态更新，丰富教师知识的储备，而且教育研究能力也是新时代背景下教师专业素养的重要内容。

(二)扎实是什么：从学识到扎实学识

扎实学识首次出现在2014年教师节前习近平总书记向全国广大教师发出"四有"好老师的号召中。自此，扎实学识不仅成为新时代教师的基本要求，也成为一个新的教育概念。

1. 扎实学识的内涵解析

近年来，习近平总书记关于教师的系列论述不断完善，从"四有"好老师、"四个引路人"到成为"大先生"，再到"教育家精神"的提出，显示出总书记对教师及其学识的高度重视。与此同时，扎实学识也成为学术界关注的焦点。结合上述两个角度，可以共建教师扎实学识的认知地图。

一是基本内涵：以知识为根本基础，主要包含了教师从教需要的知识、能力与教育智慧等要素。[①] 习近平总书记在2014年同北京师范大学师生代表座谈时提到"扎实的知识功底、过硬的教学能力、勤勉的教学态度、科学的教学方法是老师的基本素质"[②]。具体而言，教师必备的知识有学科理论、教育理论、教育哲学理论、智能教育理论等。教师的能力包括学科

---

① 朱永新：《好老师是民族的希望——深入学习习近平总书记教育思想(六)》，载《中国教育报》，2017-09-07。

② 习近平：《做党和人民满意的好老师——同北京师范大学师生代表座谈时的讲话(2014年9月9日)》，载《人民日报》，2014-09-10。

能力和专业能力两部分，学科能力是教师基于学科知识的逻辑解决学科问题的能力，专业能力是教师基于学生学习和发展的知识逻辑解决教会学生学习、育人和服务的能力。[①] 教育智慧是一种包含却超越了知识、技能、技术和情感，融合于身体和心灵中的综合素养。[②]

二是主要目的：重视全方位育人，成为"大先生"。立足当下，其目的在于新时代教师要"做学生学习知识的引路人，做学生创新思维的引路人"[③]。在教学过程中，教师要做到"四个相统一"："坚持教书和育人相统一，坚持言传和身教相统一，坚持潜心问道和关注社会相统一，坚持学术自由和学术规范相统一"[④]。放眼未来，在教师专业发展过程中，"广大教师以教育家为榜样，大力弘扬教育家精神，牢记为党育人、为国育才的初心使命"[⑤]，在实践的历练中成长为"大先生"。

三是基本要求：既要拥有国际视野，坚定文化自信，也要有学识魅力，能够感召学生，还要坚持终身学习。习近平总书记在学校思想政治理论课教师座谈会上指出，教师"要善于利用国内外的事实、案例、素材，

---

① 朱旭东：《论教师专业发展的理论模型建构》，载《教育研究》，2014(6)。

② 郑曼瑶、李树英、李刚：《教育现象学视域下教师的教育智慧养成机制研究》，载《教师教育研究》，2024，36(1)。

③ 《习近平在北京市八一学校考察时强调 全面贯彻落实党的教育方针 努力把我国基础教育越办越好》，载《人民日报》，2016-09-10。

④ 《习近平在全国高校思想政治工作会议上强调 把思想政治工作贯穿教育教学全过程 开创我国高等教育事业发展新局面》，载《人民日报》，2016-12-09。

⑤ 《大力弘扬教育家精神 为强国建设民族复兴伟业作出新的更大贡献——向全国广大教师和教育工作者致以节日问候和诚挚祝福 李强作出批示 丁薛祥出席全国优秀教师代表座谈会并讲话》，载《人民日报》，2023-09-10。

在比较中回答学生的疑惑，既不封闭保守，也不崇洋媚外，引导学生全面客观认识当代中国、看待外部世界，善于在批判鉴别中明辨是非"。"要有学识魅力，用真理的力量感召学生，以深厚的理论功底赢得学生。思想要有境界，语言也要有魅力，从教师的话语中，学生能够感受到教师的人格和学识。"新时代教师在知识的获得方面，不再一劳永逸，而是需要终身学习，在教中学，在学中教，教学相长。[①]

2. 教师扎实学识的基本要素

根据学识的概念框架，结合对已有研究和政策的梳理，教师扎实学识可以分为三个部分。一是知识部分：拥有系统全面的学科知识，主要包括广博的科学文化知识、精深的专业知识、基本的教育教学知识、丰富的教育实践知识、教育技术知识、科学研究知识[②]，以及多元知识结构（除了掌握本学科教学需要的专业基础知识、主体知识和前沿知识外，还要掌握学科教学需要的现代教育学、心理学和学科教育学理论，相关的自然科学、社会科学的最新成果，教育信息技术）。[③] 二是能力部分：深厚的教学能力、自主学习能力和合作研究能力，不断提升学习的能力，善于以问题为中心，掌握教学智慧，具备教学研究能力[④]和教育整合能力[⑤]等。三是其

---

① 王鉴、王子君：《新时代教师评价改革：从破"五唯"到立"四有"》，载《中国教育学刊》，2021(6)。

② 王鉴、王子君：《新时代教师评价改革：从破"五唯"到立"四有"》，载《中国教育学刊》，2021(6)。

③ 余国良、黄部兵：《关于"好老师"的特质研究》，载《教育理论与实践》，2015，35(26)。

④ 辛伟豪、王晶莹：《"四有"好老师视角下我国中学科学教师师德现状的实证研究》，载《教育科学研究》，2019(4)。

⑤ 杨汉洲、王坤庆：《"好教师"的价值意蕴与实践向度》，载《教育研究与实验》，2019(5)。

他部分：有强烈的责任感、奉献精神和勤勉的教学态度等。[1][2]

在政策文本梳理中我们发现，国家对教师知识和能力的要求呈现越来越高的趋势。21 世纪以前，政策层面对教师知识的要求可以概括为三大类：普通文化知识、所教学科知识和教育教学知识。对能力的要求主要是"胜任教育教学工作"。进入 21 世纪，除了教师知识和教育教学能力之外，教师的学习、研究、创新能力以及信息技术应用能力不断被纳入教师素质结构中。以《中学教师专业标准（试行）》为例，教师的专业知识具体划分为教育知识、学科知识、学科教学知识、通识性知识四个领域；将教师的专业能力划分为教学设计、教学实施、班级管理与教育活动、教育教学评价、沟通与合作、反思与发展六个领域。教师的知识与能力要求都得到进一步细化。近年来，"教育家"的提法把教师专业素质提升到更高阶段，"教育家"的素质结构也更加丰富。

(三)为什么扎实：教师扎实学识的价值与意义

新时代好老师为什么要拥有扎实学识？我们追问扎实的原因，是希望在价值层面追寻问题的答案。

1. 为了更好地拥抱新知识

教师拥有扎实学识是为了以积极的心态面向未来，拥抱新知识。教育活动是"知识密集型"活动，可是教师对与其专业活动密切相关的知识、信

---

① 李树培、叶嘉妮：《师范生眼中的"四有"好老师特质分析——基于学徒观察视角的质性研究》，载《全球教育展望》，2022，51(12)。

② 余国良、黄部兵：《关于"好老师"的特质研究》，载《教育理论与实践》，2015，35(26)。

念的获得，不是源于外部力量的影响，而主要依赖于教师个人的"发现"与"建构"。正如杜威所说，一个人要成为合格的教师，第一个条件需要追溯到他对教材具有理智的准备。他应当有超量的丰富的知识。他的知识必须比教科书上的原理，或比任何固定的教学计划更为广博。[①] 因此，教师只有具备深厚的基本功，才能有效地完成教学任务。教师需要精通所教学科的专业知识，对自己所教学科的全部内容有深入、透彻的了解。

2. 为了更好地解决新问题

拥有扎实学识有利于教师应对复杂局面，更好地解决问题。教育专家冯恩洪曾谈道："教学设计要设计什么，说白了是'一讲三不讲'。全班都会的教师别讲；看书能纠的错教师别讲；合作能纠的错教师您修养好一点，让学生自己教育自己；错的比例相当高的问题，教师不讲是失职。"[②] 面对新知识，现代教师需要精准分析学情，找到学生在学习中无师自通的部分。这样既能给教师减负，也能放手发挥学生的自主性。其实，诸如此类的问题还有很多，如何分析学情，知道学生要到哪里去，以及知道如何面对新课标、新技术、新情况。扎实学识促使教师具备学科知识结构和教学机智，能够从容应对新情况，解决新问题。

3. 为了养成终身学习的习惯

扎实学识可以内化为一种学习惯性，促使新时代教师养成终身学习的

①　[美]约翰·杜威：《我们怎样思维·经验与教育》，姜文闵译，228 页，北京，人民教育出版社，1991。

②　冯恩洪：《教，贵有新道无穷：冯恩洪 50 年从教生涯实录》，206 页，上海，上海交通大学出版社，2019。

好习惯。众所周知，社会加速、知识爆炸和人工智能引领的新时代给教师带来了很多挑战。教师需要具备终身学习的能力，随时补充新理念、新方法、新技术，自主提高专业能力。于漪老师在谈"我心中的教育家精神"的时候，提到教师想"教得好"，首先要"学得好"。教师如果没有一个学习者的身份，就教不好课，跟不上时代的发展。

二、教师扎实学识的理论基础

英国哲学家波兰尼历时 9 年创作了《个人知识：朝向后批判哲学》一书，开创了"个人知识"的知识论纲领。20 世纪 60 年代，波兰尼的知识理论受到教育哲学家赫斯特（P. Hirst）、谢弗勒（I. Scheffler）及布劳迪（H. Broudy）的关注，从而被引入教育理论研究中，对教育领域许多重要问题的分析都产生了较大影响，特别是学校教育活动中大量的"隐性知识"（tacit knowledge）及其教育意义开始为人们所发现。石中英先生最早将波兰尼的理论介绍到我国。本书聚焦的扎实学识主要建立在麦克·扬（M. Young）的社会实在论的知识范式[①]下，以波兰尼的知识观为理论基

---

① 英国教育学家麦克·扬是新时代的知识观"社会实在论"的代表人物。他提出知识的社会实在性，意思是指知识既有客观实在的部分，也有社会建构的部分。知识的社会建构性体现在：除了客观知识外，所有知识都具有一定社会历史性和情境，是个体在参与过程中建构出来的，具有生成性和不确定性，反映了教育知识或课程内容与特定情境的联系。结合波兰尼的个人知识论，知识的客观实在部分是那些公认的客观性知识，认为知识是既定不变的，强调教育知识或课程内容相对于特定社会情境的独立性，如数学和物理定律、元素周期表。

础，建构整本书的理论大厦。

(一)波兰尼知识观的基本内容

波兰尼根据知识的可言明程度将个人知识分为显性知识和隐性知识两种。显性知识又叫"言明的知识"，即可以通过语言、文字、图表、数字等信息符号表达的知识；隐性知识是"难以言明的知识"，处于缄默（tacit）状态，不能以正规的形式传递。在波兰尼看来，"我们知道的比我们能够说出的多得多"（We know more than we can tell.）。

在波兰尼看来，纯粹的客观知识是科学的、精准的，具有确定性。但是知识获取与应用的过程需要个人参与，在知识个体化的过程中隐含了所有不能言说、不好言说、无法言说的部分。由于意义的隐默性和言语表达的有限性，我们永远不能完全知道我们所说的话隐含着什么。

波兰尼所认为的知识的"tacit"成分，不仅包括难以言传的心灵层面的理解（意会），还包括动物层面的一些原始认知能力。具体来说，知识的"tacit"成分主要具有以下三个特征。第一，不能通过语言进行逻辑的说明。第二，不能以规则的形式加以传递。第三，不能加以批判性地反思。上述这些概念都表示某些认知不能被我们利用语言或符号来明确表述。[①]

对于教师而言，显性知识当然是有用的，但是是不充分的，事实上支配整个教育实践活动、为教师的教育实践活动提供最终的解释性框架乃至

---

① 石中英：《波兰尼的知识理论及其教育意义》，载《华东师范大学学报（教育科学版）》，2001，20(2)。

知识信念的还有隐性知识。教师的隐性知识是指深植于教师内心，蕴含在教师头脑中的在教育教学工作场景中所表现出来的教学方法、教学和科研技能、教育机智、观念、情感与智慧等，以及围绕教育教学工作发生的特殊的人际关系知识。它是构成教师知识的重要基础。

需要向大家说明的是"tacit knowledge"的翻译问题。国内有默会知识、缄默知识、隐性知识等多种译法。石中英认为将其译为"隐性知识"可能更为准确。因为在汉语中，"缄默"是一种理性的个体行为，是因为对说话的后果有所顾忌才"保持沉默"。这显然与波兰尼所要表达的意思有很大差别。实际上，波兰尼经常将"tacit knowledge"和"implicit knowledge"（隐性知识）、"inarticulate knowledge"（不清晰的知识）互用。① 为了延续教育学场域的认知习惯，强调从形态上来表示此类知识，我们借用教育学中常用的说法"隐性知识"来指称"tacit knowledge"。

(二)波兰尼知识观的核心要点

1. 重视隐性知识的价值

波兰尼从个人知识的角度提出了隐性知识，即知识不仅是一种精确的科学，而且是客观存在，除此之外，个人信念、激情、寄托、隐默理解都属于知识的构成要素。因此，隐性知识在现实生活中大量存在，也是我们

---

① 石中英：《波兰尼的知识理论及其教育意义》，载《华东师范大学学报（教育科学版）》，2001，20(2)。

最容易忽视的部分。隐性知识的价值本身值得我们重视。忽视隐性知识将不利于教师成为真正的教育者。我们不能以为看不见、摸不着的东西就是不重要的。在教育学的"场"内，隐性知识是一双看不见的手，却能发挥巨大的能量。

2. 突出整体性及其意义

格式塔学派最早提出认知活动中"整体性"的存在，认为整体大于部分之和。波兰尼以此为基础提出了要重视整体性思维。在关注一个整体时，我们也附属地意识到它的各个部分，而这两种意识的强度是没有区别的。①波兰尼认为，部分是整体的部分，带有整体的意义，如一个音符和图案脱离了完整的曲子、图画就无法被准确地理解。波兰尼强调整体的重要性。我们扎实地掌握了一个学科的整体知识结构和体系，就掌握了学科知识的概念。学科的整体性正如构筑这幢大厦的全部结构和全景图，而教师则明确了每个知识点。

3. 强调知识的个体参与

波兰尼在书中反复提到"个人系数构成了真正的知识"，强调认知过程中个体参与的重要性。精确的理论知识的理解和运用、技能学习都离不开个人参与。科学知识不是中立的，正如科学家必须用本人的智慧和技能操作去获取、分析和理解实验数据一样。技能学习属于操作性知识，同样存在不可言说的部分，需要个人通过长期实践练习来掌握。可以说，波兰尼

①　［英］迈克尔·波兰尼：《个人知识：朝向后批判哲学》（重译本），徐陶、许泽民译，69 页，上海，上海人民出版社，2021。

的知识观突出了知识形成过程——识知（knowing）的过程。知识获取是个体不断参与和建构的过程，个体的激情、兴趣、情感、智慧都在这个过程中发挥着重要的作用，因此要关注非理智部分。

4. 提出知识传播的路径

知识传播主要分为知识共享和知识传承两个方面。一方面，波兰尼提出了"交谊共融"。"交谊"表示相互交往的伙伴情感，"共融"表示经验的共享和共同活动的参与。① 通过培养良好的伙伴关系，从经验共享到共同参与活动，有利于社会文化知识的默会和传播。另一方面，波兰尼特别强调了示范在知识传承中的重要性。那些行家技能无法通过准则而只能通过学徒制的方式流传下去。通过范例来学习就是服从权威。你服从于师傅是因为你信任师傅的行为方式，尽管你无法详细分析和解释该行为的有效性。在师傅的示范下，学徒可以通过观察和模仿，而不知不觉地学会了那种技艺的规则，包括那些连师傅自己也不是很清楚的规则。一个人如果要吸收这些隐藏的规则，那么他必须不加批判地去模仿他人。②

5. 注重隐性知识与显性知识的转化

根据波兰尼的观点，显性知识与隐性知识是相对而言的，只是由于显性知识的特点，人们更容易识别它，但两者之间能够相互作用，相互转化。以语文教学为例，语识是公共的、可以言说的显性知识；语感却是个

---

① ［英］迈克尔·波兰尼：《个人知识：朝向后批判哲学》（重译本），徐陶、许泽民译，242 页、252 页，上海，上海人民出版社，2021。

② ［英］迈克尔·波兰尼：《个人知识：朝向后批判哲学》（重译本），徐陶、许泽民译，64 页，上海，上海人民出版社，2021。

人的、直觉的，是具有格式塔特征的隐性知识。语识是对语感进行认识和言说的结果，即隐性知识的显性化，而语识在一定条件下可以向语感转化，其标志就是经个体反复使用而进入高度熟练状态，以至于能无意识地对之领会和运用。换言之，显性知识在获取过程中会向隐性知识转化。①

相关研究在此基础上建立了一个知识转换的矩阵，就说明了隐性知识和显性知识转化的途径（见图1-4）。② 具体来说，一是隐性知识向显性知识的转化有两条路径：通过社会化共享个体的隐性知识，结合别人的经历和经验，理解别人的思想和感情；通过外化把隐性知识用其他人能够理解的方式表达出来，特别是自然地交谈。二是显性知识通过内化和综合化也能

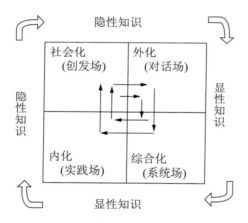

图1-4　隐性知识和显性知识的转化

---

① 王荣生：《语感、语识与语文实践活动——对语感教学的课程论思考》，载《语文教学通讯·初中刊》，2006(29)。

② Nonaka, I. & Takeuchi, H., *The Knowledge-Creating Company：How Japanese Companies Create the Dynamics of Innovation*. England：Oxford University Press，1995，p. 62.

成为隐性知识。内化指将新创造的显性知识转化成个体的隐性知识，在这个过程中，需要个体对新的显性知识与原有知识进行匹配。综合化涉及将显性知识加以综合，转化成更复杂的显性知识。传播某一方面的知识，编辑和系统化这类知识，是这个转化模式的关键。

（三）波兰尼知识观的教育意义

1. 教师不是知识的搬运工，而是知识的建构者

"过去讲，要给学生一碗水，教师要有一桶水，现在看，这个要求已经不够了，应该是要有一潭水。"[①]这是关于教师学识的隐喻，需要补充说明的是，教师并不是把"水"直接倒给了学生。学生不是空着脑袋进入学校的，他们在课前拥有自己的前期知识和经验。教师是在个人的知识和经验基础上学习新知识，根据具体情境将其转化为课堂的输出。学生接收到的知识，早已不是最初的"水"了。因此，真正的教学绝不是知识照搬照抄式的传输。教师应在承认知识客观性的基础上，投入自己的热情，积极学习和转化知识，还要保持适度的质疑精神。教师应从单纯的知识传授者转变为知识的建构者，转变为学生学习活动的设计者和指导者，以此适应新时代的新要求。教育和教学的目的就不应是通过显性知识控制学生的精神世界，而应是通过显性知识不断地拓展学生的精神世界，提高他们的认识能力。[②]

---

① 习近平：《做党和人民满意的好老师——同北京师范大学师生代表座谈时的讲话（2014年9月9日）》，载《人民日报》，2014-09-10。
② 石中英：《波兰尼的知识理论及其教育意义》，载《华东师范大学学报（教育科学版）》，2001，20(2)。

2. 教师的学习不是纸上谈兵，而是需要实践沉淀

由于认知活动的隐性部分和文本、言语的有限性，很多道理和意义无法跃然纸上，甚至是无法言明的，加上个体的理解水平差异，知识需要在观摩、交谊共融、亲身实践等方式的作用下才能逐渐被领悟。因此，教师在专业成长和学习中，应当看到成长道路上大量隐性知识的存在。陈立群老师认为：识得的东西是知识，是"知"，时间一长会忘掉的；习得的东西是技能，是"术"，时间一长也会忘掉的。真正的教育，要思要觉，悟得的东西是智慧。教的秘诀在于"度"，"度"的把握问题就是一种典型的隐性知识。

所以，好老师的养成是慢功夫。陶行知先生说："出世便是破蒙，进棺材才算毕业。"隐性知识的学习，需要教师始终处于学习状态，要靠示范引领，需要在长期实践中体悟，也需要同行和前辈的共享。教师扎实学识的获得，不仅得益于教师教育的课程与教学，与教师的学历有着密切关系，更与教师的专业自主发展、同伴合作研究、专业进修提升等分不开。[①]

3. 教师不能只见树木不见森林，而是要形成认知地图

波兰尼重视知识的整体性及其意义，他提到，我们人类的学习需要像小白鼠那样，建立迷宫的认知地图。教师，就是要从整体切入看部分，只有从新时代的学科课程标准、学科体系和育人使命的高度去学习、吃透每一个知识点，形成个人的认知地图，才能讲透每一个内容。北京教育科学研究院课程中心王凯认为，一千种玩具如何寻找？如果把

---

① 王鉴、王子君：《新时代教师评价改革：从破"五唯"到立"四有"》，载《中国教育学刊》，2021(6)。

玩具按照颜色、标准排列起来，那就好找多了。在知识领域，就是从点状到知识体系，掌握学科的大概念和核心概念，知识的牵引性就提高了。张首晟教授表示，知识面要广，读了足够多的书，要有一种抽象能力，遇见新的知识，才能够将新旧知识融会贯通，把厚厚的几本书总结成几行字，训练自己的抽象能力。这样就不容易被知识海洋冲击。

所以，教师对知识的把握，贵在对学科整体性的了解，掌握学科的大概念，形成结构性的、系统性的学科知识，拥有学科的认知地图，提高知识的抽象能力和牵引性，如此，教师在知识的海洋和教学活动中就能更加从容。知其然，也知其所以然，更知道这个知识在整个学科体系中处于什么位置，在前面哪个知识的基础上，又应该发挥什么作用。

三、教师扎实学识的主要构成

(一)作为基础的学科内容知识

1. 学科内容知识的含义

学科内容知识是一种"教什么"的知识，主要包括该门学科的研究对象和问题，学科的概念、事实和原理，以及对该门学科知识性质、特点、方法的元认识。[①] 学科内容知识与生活经验知识一起，共同构成课程知识的基础与来源。基于波兰尼的知识论和教师的日常教学实际，我们认为学科内容

---

① 徐冰鸥、潘洪建：《知识内容：基本蕴涵、教育价值与教学策略》，载《教育研究》，2013(9)。

知识是一门学科客观存在的显性知识，是在教学实践中衍生的知识，是一种静态的知识。学科内容知识既包含一门学科既定的客观知识，也包含教师在日常教学实践过程中，教授一门学科所需的知识及编制相关课程的知识。

2. 扎实意味着广博精深

扎实在学科内容知识上主要表现为知识储备的广博和学科知识掌握的精深，内化为学科结构和核心素养。教师通过日常教育教学活动，促进学科内容知识在学生精神世界的培育，有利于学生学科核心素养的发展。相应地，这就要求新时代教师应当具备的扎实学科内容知识包括广博的学科内容知识积累、完善的学科内容知识结构、内化于心的学科核心素养。人民教育家卫兴华认为，"为学当如金字塔，要能博大要能高"[①]。于漪在复旦大学求学时，碰到了许多"大先生"。于漪大学一年级的国文老师是方令孺教授，她在课堂上旁征博引，信手拈来，"引导我们超越阅读的具体文章，认识世事，了解人情，视野一下子拓宽了"。掌握扎实的学科内容知识不仅是教师胜任课堂的立身之本，还是打开学生视野、满足学生求知欲的迫切需要。

(二)作为手段的学科教学知识

1. 学科教学知识的含义

学科教学知识是一种关于"怎么教"的知识，包括"教学表征与策略的知识"和"学生理解的知识"两个核心内容。我们重点考虑教师个人如何实

---

① 教育部：《人民教育家先进事迹——卫兴华》，http：//www. moe. gov. cn/jyb _ xwfb/moe _2082/2021/2021_zl37/shideshiji/202105/t20210511_530841. html，2024-03-10。

现知识转化的过程，因此，学科教学知识具体是指使教师能够基于特定的学科内容和学生的理解能力，选择恰当的教学策略，发挥教学机智，让相对复杂的学科内容更易于被学生理解的知识。这一知识贯穿于教学活动的全过程，是教师顺利开展教学活动的关键。学科教学知识本身蕴含大量操作性知识和教学机智等不可言说、不好言说的内容，其本质是一种隐性知识。

2. 扎实意味着灵活和智慧

学科教学知识是教师在教学过程中不可或缺的知识基础，其核心特质是"为了学生更容易理解而转化学科知识使其最具有可教性"，学科教学知识属于典型的隐性知识。因此，扎实的学科教学知识主要体现在它的灵活性上。马卡连柯说，一个教师要"学会用十五种至二十种声调来说'到这里来！'"①。可见，教师说话的声调都在表达教育意图，更别提他的思想、精神和情感。② 针对文科学生学不好数学的问题，东北师范大学教授高夯将高校面向文科学生开设的"文科数学"改为"人文数学"，从培养和锻炼文科学生理性思维的角度，在培养目标、培养内容、培养方式等方面进行了全新改革和探索，最终改变了文科学生的"数学很可怕"的认知。他的学生说，"高中老师更多讲如何做题，但高老师主要教我们那些数学知识是怎么来的，如何与学过的知识建立联系"③。

---

① ［苏联］安·谢·马卡连柯：《论共产主义教育》，刘长松、杨慕之译，445 页，北京，人民教育出版社，1981。

② 郭华：《"恩师"及其现代困境》，载《山西大学学报（哲学社会科学版）》，2022，45(5)。

③ 教育部：《躬耕数学 点亮学生梦想——记 2020 年全国教书育人楷模、东北师范大学教授高夯》，http://www.moe.gov.cn/jyb_xwfb/moe_2082/zl_2020n/2020_zl48/202009/t20200916_488208.html，2024-03-10。

(三)作为动力的教育研究能力

1. 教育研究能力的含义

教育研究能力是教师在教育研究活动中，发现教育教学问题、提出教育教学问题、解决教育教学问题所需要的知识和技能。其中，教师是指各级各类教师。教师开展研究的对象可以是实践形态的存在，也可以是理论形态的存在。研究类型包括基础研究和应用研究。但对于中小学或幼儿园教师而言，他们研究的对象更偏向于实践形态的存在，更多开展的是行动研究。

2. 扎实意味着专业、规范和前沿

教育研究能力决定着教师对学科内容知识和学科教学知识获取的深度与广度，是教师持续更新显性知识的基础，是教师学识增长的不竭动力。具体而言，扎实的教育研究能力是专业的，是指教师开展教育研究时要具备的专业素养和能力，具体是指理论素养、研究方法、数据分析等方面的专业知识和技能。它是教师开展教育研究的基础和关键。扎实的教育研究能力是规范的，其规范性体现在教师在教育研究过程中，能够恪守教育研究的规范和标准，保证研究的科学性、严谨性和可靠性。扎实的教育研究能力是前沿的，即教师能够与时俱进，瞄准课堂田野中的新问题、真问题，掌握新的研究方法和工具，解决当下课堂的痛点(见图 1-5)。于漪有一句名言：知心才能教心。学生处在变化发展中，因此教师要不断研究学生成长中的三个世界：生活世界、知识世界、心灵世界。这三个世界要和谐发展，教师就不仅要把握学生的年龄特点，还要把握时代、社会、家庭因素在他们身上的反映、对他们的影响。

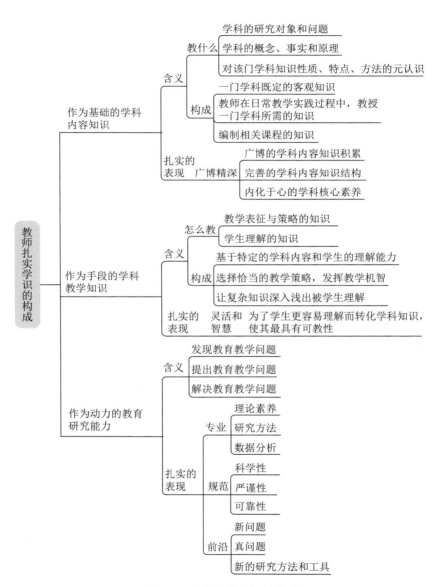

图 1-5　教师扎实学识的构成

第三节　教师扎实学识养成的实践思考

历史上每一次科学技术的重大进步都会推动教育的发展。例如，造纸术、印刷术开拓了知识的传播途径；工业革命带来了集体学习、班级授课制，推动了教育的普及；信息技术推动了个性化学习、终身学习；生成式人工智能给未来教育带来了遐想。本节立足数智时代背景，探讨"新时代教师的角色定位""教师扎实学识的育人价值""教师扎实学识养成的路径思考"三个问题。面对新科技，教师如何乘"云"而上，聚"数"而为，进而实现自我转型，提升课堂教学质量，值得我们进一步思考。

一、新时代教师的角色定位

2022 年 1 月，教育部启动实施国家教育数字化战略行动。2022 年 3 月，国家智慧教育公共服务平台正式上线启用，全面赋能学生学习、教师教学、学校治理、教育研究和国际合作，不断推动教育变革和创新。教育部部长怀进鹏在 2024 世界数字教育大会上提出，我们将实施人工智能赋能行动，促进智能技术与教育教学、科学研究、社会的深度融合……以智助教，研发智能助教，支撑教师备授课，实现减负增效，让教师有更多精力去从事创造性教学活动、育人活动。时代变迁赋予了教师新的使命，教师作为教育主体，应在教育教学中发挥"人"的独特价值。新时代对教师的角色定位提出了新的要求。

(一)与时俱进，转变提升的先行者

作为人类灵魂的工程师，教师应是时代变革中转变提升的先行者。习近平总书记指出："教育数字化是我国开辟教育发展新赛道和塑造教育发展新优势的重要突破口。"教育数字化，这里的"化"可以理解为以数字技术使教育发生变化，主要指向教育系统中物和人两个层面的数字化过程。前者指教育基础设施和环境的数字化改造升级；后者涉及教育活动中人的数字化意识、数字化思维、数字化素养的转变提升。这里的先行者主要从知识、技能和教师素养三个部分来展开。

一是知识转变提升。作为教书育人的主体，教师时刻面临着"昨天和今天的知识在明天可能就会过时的困境"。[①] 教师是时代航船上的眺望者，是探究社会发展规律的先行者，是离真理最近的人群。广东省中学语文学科名师工作室主持人王木森在一次讲座中提到，环境和受教育者有了新的面貌特点，作为新时代教师，我们也要更新自己的教育观念，开阔自己的教育眼界。数字化时代教师不仅面临内部学科知识、教育教学知识的增加，也面临外部社会，利用数字的流动性和无边界性，不断组合知识，并通过新知识和新技术渗透、改变教育。

---

① 许家盘、李如密：《"多主体需求"驱动下的教师学习：意蕴、模式与策略》，载《当代教育与文化》，2023，15(5)。

二是技能转变提升。何克抗教授指出，"当前如果有人仍然坚持认为，信息技术只不过是一种工具、手段，难以对教育发展真正产生革命性影响，那可以肯定：不是他浅薄无知，就是有偏见"。[①] 教育数字化离不开人的作用，尤其是教师的作用。这里的教师不是传统的教师，而是具备数字素养，具有人机互动、人机协同能力的教师。数智化时代，课堂上涌现出各式各样的教学软件和应用程序，如教学管理系统、在线互动平台、多媒体制作工具等。这些工具极大地丰富了教学内容和形式，在一定程度上提高了教学效率。教师应主动学习使用这些工具，通过参加线上课程、工作坊或与同行交流等方式提升自己的技能。

三是教师素养转变提升。2022 年 11 月，教育部发布《教师数字素养》行业标准，旨在扎实推进国家教育数字化战略行动，完善教育信息化标准体系，提升教师利用数字技术优化、创新和变革教育教学活动的意识、能力和责任。数字素养是新时代教师的立身之本。教师应重视提高自身的数字素养与技能，以更好地应对数智化时代人才培养的挑战，更好地胜任未来的工作，成为数智化时代高水平的未来教师。

技能与课程深度融合、数字素养提升等成为教师成长的新动力和新方向。作为培养新质生产力和未来人才的引导者与合作者，教师必须不断更新和学习新知识与新技能，如此才能更好地适应时代发展所带来的各种压力和挑战，才能更好地满足个人的价值追求。

---

① 周伟：《数字化转型时代，我们该如何胜任教师角色》，载《中小学信息技术教育》，2023(12)。

(二)突破思维，不断前瞻的创新者

教师要成为终身学习、实践反思和不断创新的实践者。这既是习近平总书记对教育工作者的期许，也是时代进步和教育发展的需要。[1]《中国教育现代化2035》明确将"建设高素质专业化创新型教师队伍"作为面向教育现代化的十大战略任务之一。

习近平总书记强调："创新是一个民族进步的灵魂，是一个国家兴旺发达的不竭动力，也是中华民族最深沉的民族禀赋。""创新"一词，在《马克思主义哲学大辞典》中的解释为"人类的创造性活动"，是"人类自觉能动性的集中体现"。在教育领域，创新在改善学习效果和提升教育质量、增强教育获得和使用的公平性、满足社会日益增长的高质量教育需求等方面扮演着重要角色。学术界对"创新型教师"概念的界定尚未达成一致意见。例如，朱旭东教授在研究中提出创新型教师一定要具有丰富的想象力和好奇心、创新思维和创新行动，对教育实践的"元反思"能力、问题解决能力；能形成教育教学特色风格，能通过研究来表现自己教育教学思想的独特个性。[2] 李琼等学者在研究中提出创新型教师要具备创新意识、创新思维、创新行动和创新自觉。[3] 创新是教师的核心竞争力，是成为名师的基石，是成为教育家的良方。

---

[1] 刘希娅：《弘扬教育家精神 以实际行动推动教育强国建设》，载《人民教育》，2024(1)。

[2] 朱旭东：《"高素质、专业化和创新型"教师内涵建构》，载《中国教师》，2017(11)。

[3] 李琼、裴丽：《建设高素质专业化创新型教师队伍——基于〈中国教育现代化2035〉的政策解读》，载《中国电化教育》，2020(1)。

教师是学生思想的领路人，也是创新的领路人。要带领学生探索学术前沿，教师必须首先迈向前沿。① 深圳市龙华区同胜学校校长黄宇慧提出，在孩子十三岁时，要为他们三十岁之后的社会竞争力着想，未来需要什么，现在就要提前培养，让学生有适应未来需求的创新思维和自主学习能力。时代在变化，教师不能固守原来的思路，要主动与新技术融合，做不断前瞻的创新者。中国教育学会外语教学专业委员会会员焦晓骏老师认为，面对一个个鲜活的生命，只要每位教师都能改变一点点，在细节上多动脑筋，和谐的校园环境就不遥远。教育是一种充满智慧的创造性劳动，教育智慧则源于对教育的热爱。高超的临场智慧、与学生的互动，这些常常决定了真实的教学效果，不断创新的思维有助于保持高昂的激情和充沛的精力。

创新人才是决定国家未来和命运的重要因素，教育是人才培养的摇篮，其本身也需要不断创新。因此，新时代教师应具有较高的创新素养与创新能力，能够担当"创造性教学"和"为创造力而教"的双重使命。只有具有创新素养与能力，教师才能扮演好"做学生创新思维的引路人"的角色。

(三)技术赋能，智慧教育的践行者

信息社会来临，传统课堂逐步成为智慧课堂，有了很多新鲜事物。人工智能逐步"入侵"传统的课堂教学，改变了传统教育的运行规则，实现了

---

① 《秉持勤学笃行、求是创新的躬耕态度——四论学习习近平总书记关于弘扬教育家精神的重要指示》，载《中国教育报》，2023-09-14。

"无时不有、无处不在地学习"和"一人一张课程表"。随着越来越多的应用程序被开发和使用，教育教学生态被重构，教师的角色被赋予新的"智慧"内涵。

知识性的教育将会被人工智能取代，教师的工作重心将会发生转移。余胜泉教授认为，人工智能已成为教育的好帮手，能应用科技的教师更加有竞争力。科技取代不了教师，但会用科技的教师将取代不会用科技的教师。《中共中央　国务院关于全面深化新时代教师队伍建设改革的意见》提出，到2035年实现"教师主动适应信息化、人工智能等新技术变革，积极有效开展教育教学"①。

长沙市芙蓉区育英学校数学教师尹佐兰的数学课堂为我们提供了生动案例。尹老师积极钻研，利用智慧教育设备改变教学方式，优化课堂教学结构，使学生在轻松愉快的氛围中学习，促进了学生的全面发展。平常，她会通过智慧教室的教师端推送题目给全体学生，学生在课桌上答题或者做游戏，在互动游戏中学生的数学思维得到了很好的锻炼。学生也表示，"上课就像玩游戏一样，很轻松就学会了数学"。在日常的练习或者复习中，尹老师会使用智慧课桌推送相关题目给全体学生，学生在课桌上答题，题目形式多样，有选择题、判断题等。尹老师有时候还会推送板书给学生，让大家有自由发挥的空间。学生在智慧课桌上轻松完成练习巩固，教师结合现场生成的数据，精准施教。例如，学生作答正确率很高的题目

---

① 《中共中央　国务院关于全面深化新时代教师队伍建设改革的意见（2018年1月20日）》，载《光明日报》，2018-02-01。

就可以略讲，教师可根据学生的答题情况开展个性化教学。

　　毋庸置疑，智慧课堂是教育数字化转型的产物，亦是教师数字化教学的主阵地，发展数字化教学能力是智慧课堂的必然要求。教师作为应对数字化技术挑战的主要角色，需要有效应用信息化教育手段，注重教育信息资源的创新开发与利用；制定数字技术使用的指导方针，并有效地指导学生使用人工智能。技术为人类的选择与行动创造了新的可能性，但决定数字化教学效果的并不是技术本身，而是技术背后的人。教师应该发挥人的主体性，有效补充、更新自己的技术知识体系，协同开展教育教学活动，助力学生能力发展。

　　数字化转型要真正落地，教师是关键。教师不能坐等技术来变革教育，而要积极面对和拥抱新技术，要从内心真正接受这种变化，在课堂教学中积极尝试数字技术支持下的教与学，由内而外转型，要从思想观念上、从内心深处真正认识这个时代的深刻变化，这才是真正数字化转型的开始。

二、教师扎实学识的育人价值

　　在数智化时代，教师育人价值的彰显离不开扎实学识。实际上，教师的育人价值是无比珍贵的。因为教师的育人过程存在很多默会部分：解题思路、教学机智、教学个性化设计、价值观的引导、师生关系的构建等。这些都是难以言传的，也是智能类机器和其他技术无法胜任的。以解题活动为例，教师引导学习者自己发现问题、解决问题，学习者置身于困境中，经过"愤""悱"，再由教师进行"启""发"之后，他们所获得的不仅仅是深深嵌入脑海里的知识，而且是自己在问题的发现和解决过程中形成的方法、路径。① 新时代每一次教育变革都是对教师学识的一种挑战。做好引路人，走向"大先生"，教师扎实学识是根本保障。

（一）扎实学识是教师教书育人的关键

扎实学识之"扎实"，是一种态度。师者为师亦为范，育人又育德。教师不能只满足于现状，要与时俱进，不断汲取新知识，更新自己的知识结构，拓宽自己的知识面，树立终身学习的理念，在具体情境中丰富自身的教育实践。

"扎实"就是一种认真，一种沉淀，一种自律。行走在教育教学的道路上，教师且行且学且成长。

北京十一学校原校长，全国优秀教师李希贵先生说："我真正的学习生活是从读书开始的，我真正的教育人生也是从读书开始的。读书，使我顿悟了教育；教育，使我顿悟了人生。"②教师多读书，不止于学识的积累与更新，更益于思想之花常开、生命之树常青。对于学生，教师渊博的学识、睿智的谈吐、和善的笑容、真切的关爱便是馥郁芬芳的花丛，一经入目，必动其心。

苏霍姆林斯基在《给教师的一百条建议》一书中，讲了一个很生动的故

---

① 于家杰、刘伟、毛迎新：《人工智能时代教师存在的价值》，载《现代教育技术》，2020，30（7）。

② 李希贵：《为了自由呼吸的教育》，212 页，北京，高等教育出版社，2005。

事。有一天，一位有三十三年教龄的历史教师上了一堂观摩课。课上得很成功，听课的教师都忘了记笔记，听得入了迷。课后一位邻校的教师问这位历史教师："你花了多少时间来准备这堂课?"历史教师回答："这节课我准备了一辈子，而且，一般地说，每堂课我都准备了一辈子。但是，直接针对这个课题的准备，也可以说是实验室的准备，则仅花了约十五分钟。"①

用一生的时间来准备每堂课，这种准备指什么？苏霍姆林斯基指出，这就是阅读，就是终身与书籍结下友谊。要拥有渊博的学识，要上好每堂课，教师就必须博览群书，补充自己的知识，使自己的思想之流如潺潺流水，永不枯竭。

(二)扎实学识是引领学生成长的基石

教师不仅是知识的传授者，而且是学生做人做事和个人发展的指导者，是塑造学生品格、品行、品位的"大先生"。其中，教师的扎实学识是引领新时代学生成长的基石。

徐特立先生认为，教师有两种人格：一种是"经师"，是教学问的；另一种是"人师"，是教怎样做人的。在教学中，每一位教师都要做到"经师"与"人师"的统一。② 完成新时代学生成长引路人的使命，教师需要广博精深的学科知识做好"经师"，灵活、智慧的教学方法建构教学实践活动，更

---

① ［苏］B. A. 苏霍姆林斯基：《给教师的一百条建议》，周蕖、王义高、刘启娴等译，27 页，天津，天津人民出版社，1981。

② 陈桂生：《徐特立研究：从人师到人民教育家》，177 页，上海，华东师范大学出版社，2012。

需要专业、规范、前沿的研究能力推动课程模式创新，提升育人效果。教师广阔的视野、高尚的人格更能发挥"润物细无声""人师"的作用。这也是新时代教师扎实学识引领学生成长的真实写照。

"学为人师，行为世范。"在学生眼里，教师"吐辞为经、举足为法"，他们的一言一行都会给学生带来重要的影响。我国著名数学家陈景润在回忆自己的经历时说："老师知识渊博，又诲人不倦。他在数学课上，给同学们讲了许多有趣的数学知识。不爱数学的同学都能被他吸引住，爱数学的同学就更不用说了。"[1]一名学生给广东省特级教师王青写信道："老师，真羡慕您的知识那么丰富，永远忘不了您给我们背诵名著片段和带我们赏析唐诗宋词时的情景。我一定努力读书，将来像您一样'腹有诗书气自华'……"

车尔尼雪夫斯基说："想把学生培养成什么样的人，自己首先就应该成为什么样的人。""经师"易求，"人师"难得，教师要善于学习新知识、新技术、新理论，做学生为学、为事、为人的示范，促进学生成长为全面发展的人。

(三)扎实学识是达成育人目标的阶梯

教育是国之大计、党之大计，教师是教育工作的中坚力量。"三寸粉笔，三尺讲台系国运；一颗丹心，一生秉烛铸民魂。"[2]新时代新征程，教师不断涵养扎实学识、潜心教书育人，一定能落实立德树人根本任务，培

---

[1]　徐迟：《哥德巴赫猜想》，39 页，北京，人民文学出版社，2017。

[2]　习近平：《做党和人民满意的好老师——同北京师范大学师生代表座谈时的讲话（2014 年 9 月 9 日）》，载《人民日报》，2014-09-10。

养出更多堪当民族复兴重任的时代新人。

新时代教师想要达成育人目标，摆在第一位的应是扎实学识。当今社会正处于深刻变革的时代，从国际角度看，我们国家面临着日益复杂的国际局势，急需拔尖的创新人才，早日解决技术"卡脖子"的问题。从国内角度看，教育正在经历技术革新带来的数字化转型。可以说，教育承担着新时代育人的伟大使命，如何做好为党育人、为国育才，实现教育高质量发展，扎实学识是目标达成的重要阶梯。

教书育人者，必先要受教育；立德树人者，必先要立己德；铸造灵魂者，必先要铸自身。为人师者，必须有扎实学识才能达成育人目标。子曰："其身正，不令而行；其身不正，虽令不从。"（《论语·子路》）要做到入心入脑的"言传"，教师就必须"学高"，如果学不够高，"言传"的效果就会大打折扣。习近平总书记说，教师重要，就在于教师的工作是塑造灵魂、塑造生命、塑造人的工作。[1] 教师自己不躬身勤读，腹有诗书，志向高远，练就扎实学识，怎么挑得起对学生"三塑造"的重任？

张云阁老师认为：在意识形态的战场上，冲在最前线的是思政课教师。思政课理论性强，需要旁征博引，结合当下国情实际、学生思想实际，才能把经典的课程讲得通俗易懂。[2] 教世界教育史的曹孚教授，上课

---

[1] 习近平：《做党和人民满意的好老师——同北京师范大学师生代表座谈时的讲话（2014年9月9日）》，载《人民日报》，2014-09-10。

[2] 教育部：《一生一心 为学生引路——记2020年全国教书育人楷模、海南大学教授张云阁》，http://www.moe.gov.cn/jyb_xwfb/moe_2082/zl_2020n/2020_zl48/202009/t20200915_487989.html，2024-03-10。

时"手无片纸，口若悬河，各个国家教育的发生、发展、特点、利弊，讲得具体生动，有理有据，似乎他在那些国家办过教育一般"①。可见，掌握扎实学识不仅是教师的立身之本，还是实现新时代育人目标的迫切需要。

三、教师扎实学识养成的路径思考

习近平总书记指出："一个人遇到好老师是人生的幸运，一个学校拥有好老师是学校的光荣，一个民族源源不断涌现出一批又一批好老师则是民族的希望。"②对于教师来说，在教育数字化转型时期，教师既要守正，不忘初心；又要创新，从外在驱动和内在自觉两个方面提升自己，以恰当的"变"实现更好的"不变"。

(一)坚守初心，牢记育人的使命

为党育人、为国育才是每一位教师的初心使命。在第三十六个教师节到来之际，习近平总书记希望广大教师不忘立德树人初心，牢记为党育人、为国育才使命，积极探索新时代教育教学方法，不断提升教书育人本领，为培养德智体美劳全面发展的社会主义建设者和接班人作出新的更大贡献。

---

① 教育部：《人民教育家先进事迹——于漪》，http://www.moe.gov.cn/jyb_xwfb/moe_2082/2021/2021_zl37/shideshiji/202105/t20210511_530839.html，2024-03-10。
② 习近平：《做党和人民满意的好老师——同北京师范大学师生代表座谈时的讲话（2014年9月9日）》，载《人民日报》，2014-09-10。

立德树人是新时代教育的重大使命，立德是为了树人，树人必须先育德。立德树人是教育之根本任务，教师应以德立身、以德立学、以德施教，在是非、曲直、善恶、义利、得失上率先垂范、以身作则，引领学生形成良好的道德品质。

新时代教师不能只做搬运知识的教书匠，更要成为启智润心，促进学生成长的"大先生"。《礼记·曲礼》中就将教师称作"先生"："从于先生，不越路而与人言。遭先生于道，趋而进，正立拱手"，充分体现了古人对师者的敬意与崇拜。而"大"，就是一个人张开手脚、顶天立地。"先生"冠之以"大"，突出了为人师者所需要的境界和风范。"大先生"是"学生为学、为事、为人的示范"。先生之"大"，大在学问。渊博的学识是成为"大先生"的基础，正如"水之积也不厚，则其负大舟也无力"（《庄子·逍遥游》），无扎实学识，难当师之大任。先生之"大"，大在品德。人无德不立，抛弃了品德操守，就难以成为一个大写的人。先生之"大"，大在格局。正所谓"三尺讲台系国运，一生秉烛铸民魂"①，教师承担着培养时代新人的任务，必须心怀"国之大者"，对"国之大者"心中有数。

(二)终身学习，遇到更好的自己

教师是教育工作的中坚力量，需要通过持续学习来丰富自己的专业知识和教学方法，在顺应时代发展的同时遇见更好的自己。习近平总书记在

---

① 于漪：《卓越教师第一课——于漪谈教师素养》，1 页，长春，东北师范大学出版社，2020。

2013 年教师节致全国广大教师的慰问信中指出，"牢固树立终身学习理念，加强学习，拓宽视野，更新知识，不断提高业务能力和教育教学质量，努力成为业务精湛、学生喜爱的高素质教师"①。"树立终身学习理念"是教师成长的必然选择。

"树立终身学习理念"即内在自觉，是教师自我成长的关键。自觉是一个人内在的精神驱动力，内在自觉即"主动发展、终身学习、不断更新的自我追求的动态过程"。② 教师内在自觉是完成专业任务、促进专业发展、实现教书育人的必要保障。③ 自主学习是教师终身学习的方式之一。现代科技的发展为教师自主学习提供了现代化的技术手段，教师可自主选择利用电化课程、计算机课程、教材、刊物、学术交流、课题研究等多种形式，在自己方便的时间、地点分散学习。

高质量的教育需要高质量的教师。教师只有成为社会上最善于学习的典范，才能承担起教师职业的神圣职责。教师要成为积极主动的学习者，学习不能被动，只有主动学习，才能进入知识的殿堂，才能在知识高速发展的时代，掌握最基本的知识发展规律，也才能引导学生学习。教师的见闻决定着所教学生知识的广度和深度。"给学生一碗水，教师要有一潭水。"读万卷书和行万里路既是教师知识的"源头活水"，又是教师开阔视野的"双翼"。在人机协同育人的新模式下，教师知识性的教学虽然可以由人工智能辅助，但这并不意味着教师可以松懈对待学科知识的学习。学生运

① 《习近平向全国广大教师致慰问信》，载《人民日报》，2013-09-09。
② 何小忠：《教师专业自我发展及其策略探析》，载《中小学教师培训》，2006(10)。
③ 孙德芳：《教师学习：从外在驱动到内在自觉》，载《中小学教师培训》，2010(7)。

用基础知识解决问题的高阶思维能力还需要教师来培养，特别是对学生学科核心素养的培养，促使教师必须不断拓展自己对学科知识掌握的广度和深度，深化对知识的理解，不断更新知识结构。

(三)不断更新，打破认知的高墙

于漪老师说，"我的心中有两把尺子：一把尺子量别人的长处，一把尺子量自己的不足"[①]。教师唯有不断更新自己的教育理念，拥有扎实学识，才能更加自信地站在讲台上。

党的十八大以来，中共中央对发展继续教育提出了明确的要求。党的十八大报告提出要"积极发展继续教育，完善终身教育体系"；党的十九大报告提出要"办好继续教育，加快建设学习型社会"；党的二十大报告提出要"统筹职业教育、高等教育、继续教育协同创新"；《中国教育现代化2035》提出要完善继续教育制度，强化高等学校科技服务职能。新时代教师追求自我更新、打破认知的高墙，主要有以下四条路径。

第一是通过读书，催生教育智慧。一个人的理论素养越高，越能在实践中见微知著，行稳致远。教师博览群书、兼收并蓄，才能支撑起知识的天空，满足现代教育发展的需求。第二是通过课堂，激发生命活力。教师应该积极改革课堂，运用自己的创造力，挖掘蕴含其中的无限生机和活力，把课堂营造成学生的学习乐园，提升师生的生命质量。第三是通过研

---

① 《一位师者 60 年的坚守与追求——记上海市杨浦高级中学名誉校长、语文特级教师于漪》，载《中国教育报》，2010-09-14。

究，升华专业灵气。学校作为教师教育生活的主阵地，可以通过教研活动、学术讲座等形式提升教师的研究能力，营造丰富的研究文化氛围，增强教师的问题意识。第四是通过反思，积淀教育智慧。教育反思是提升教师专业水平的法宝，是教师专业发展和自我成长的核心因素。教师应具有较强的反思能力，并通过反思不断更新教育观念，改善教学行为，提升教学水平，使自己真正成为教学和研究的主人，进而实现专业发展，并经由"自我反思""自我评价"而获得真实的"自我意识"。

教师的专业生涯需要整个一生都坚持不断学习，以实现教师的可持续发展。"不断更新"将成为教师生活的常态，也是教育强国建设的重要组成部分。一个有高远目标的教师才能引领学生一路有意义地前行，始终做有远见的人。

本章立足数智化这一新的时代背景，深入分析了新时代好老师扎实学识产生的时代背景、基本概念及其实践思考。在时代背景部分，我们分别从政策、历史和技术三个角度剖析新时代好老师扎实学识的政策要求、历史经验和现实挑战，做到了在仰望星空的时候不忘记脚下的路。在基本概念部分，我们明确了数智时代知识的最新含义，在新时代知识范式观照下，以波兰尼个人知识论为理论基础，建构了学识的概念框架，从而明晰了教师扎实学识这一新概念的内涵、外延及其特点。在实践思考部分，教师扎实学识主要可以分为广博精深的学科内容知识，灵活且智慧的学科教学知识，专业、规范和前沿的教育研究能力。再前进一步，我们还对新时代教师角色的变革、育人价值及成长路径做了讨论，希望能够帮助新时代的教师加深对扎实学识内涵和意义的理解。

习近平总书记强调："今天的学生就是未来实现中华民族伟大复兴中国梦的主力军，广大教师就是打造这支中华民族'梦之队'的筑梦人。"[1]亲其师信其道。扎实学识是作为筑梦人的教师站稳讲台、教书育人、引领学生发展的根本保障。作为筑梦人，教师要率先垂范，要坚守初心，扎根教育沃土，哺育芬芳桃李。路虽远，行则将至；事虽难，做则必成。教师应秉持初心，终身学习，不断创新，努力做一名新时代好老师。

---

① 习近平：《做党和人民满意的好老师——同北京师范大学师生代表座谈时的讲话（2014 年 9 月 9 日）》，载《人民日报》，2014-09-10。

第二章

新时代好老师需要
扎实的学科内容知识

教师是教育发展的第一资源，是立教之本、兴教之源。教师是推动教育高质量发展的根本条件，是推动教育改革创新的基本力量。学科内容知识则是教师教育教学过程中不可或缺的基础。本章围绕教师教什么的问题，立足于学科内容知识概念本质，辅之以生动案例，层层展开章节内容，助力新时代教师队伍从理论、研究、实践多层面全方位夯实学科内容知识。第一节重点解析了学科内容知识的内涵、类型和特征，详细介绍了与学科内容知识相关的政策沿革，并阐发其重要意义。第二节结合我国基础教育课程改革的趋势，精准剖析了教师需要具备哪些学习条件和手段，才能掌握扎实的学科内容知识。第三节从国外经验和特色出发，从职前、职后培训等多角度切入，深入分析了我国教师该如何实现学科内容知识的管理和创新。

第一节　何为教师扎实的学科内容知识

面对当下我国教育高质量发展的需求和教育数字化转型的背景，如何利用政策支持和社会力量为教师队伍掌握扎实的学科内容知识奠基，为建设一支高质量的教师队伍赋能，成为我们教育工作者不得不思考的问题。广大教师群体需要先对学科内容知识的概念、类型、特征和相关政策要求有一个清晰的认知，在此基础上理解扎实学科内容知识对自身、对学生、对整个教育体系的意义，从而更好地投身教书育人工作中，不断实现个人的成长和进步。

一、学科内容知识的内涵解析

(一)学科内容知识的内涵

在中国社会语境中，教师与知识一直是一套组合概念，教师承担着传递知识的任务，正所谓"师者，所以传道受业解惑也"，教师和知识对学生成长的价值是不可估量的。在西方，从斯宾塞(Spencer)发问"什么知识最有价值"，到其给出一致的答案——"科学"是最有价值的知识；再到阿普尔(Apple)通过提出"谁的知识最有价值"，指出课程知识与权利关系的密不可分，注重强调意识形态再生产的重要作用；以及麦克·扬宣扬的"强有力的知识"，它正是一种系统化的概念体系，具有较强的区分性和专业特征，能够将学生带出自身经验范围。[①] 当我们谈及知识时，常会自然而然地将知识划分至科学世界和生活世界。传统技术理性的观点一般认为教师只是科学世界的传声筒，但这种观点在某种程度上忽略了教师在知识生产过程中的"主体性"，并对教师的批判反思和创新建构的能力视而不见。作为知识的传递者，教师不会在知识传递与生产过程中将科学世界与生活世界完全割裂开，相反，教师常常需要利用生活世界的经验知识帮助学生更好地理解科学世界的专业知识。

知识是人类活动经验的总结与概括，主要包含内容、形式与旨趣三个维度，其中知识内容是知识的本质与核心。知识内容是内在于知识形式之中的观念、思想、主张[②]，并通过生产、生活、实践不断积累、演进、重组、优化，逐渐定格于"学科框架"中，以学科的形式构成一定的知识内容体系。一些共识在知识生成过程中也逐步达成，即学科内容知识就是科学知识，具有结构化、逻辑化、体系化的特点，是学校课程与教学的基础；学科内容知识与生活经验知识一起，成为课程知识的基础与来源，并能被课程知识改组和改造。基于对知识论的理解和探索，教师在日常教学实践中，不仅需要教授一门学科的知识，还需要不断对掌握的学科内容知识进行反思，思考知识对象，探究知识论问题，在不断拓宽自己的学科视野的同时，培养学生的学科思维方式，从而增强学生知识学习的批判性和自主

---

① 胡阳、赵婧：《质量提升时代的"课程知识选择"》，载《当代教研论丛》，2023，9(10)。

② 潘洪建：《论知识维度及其掌握》，载《安徽师范大学学报（人文社会科学版）》，2013，41(4)。

性，引导其成为真正的求知者。

因此，学科内容知识是一门学科客观存在的知识，一种静态的知识，也是在教育教学实践中衍生的知识。学科内容知识旨在解决教师"教什么"的问题，既包含一门学科既定的客观知识，也包含教师在日常教学实践过程中，教授一门学科所需的知识及编制相关课程的知识。

(二)学科内容知识的类型

知识的类型是多种多样的，由于分类标准不同，知识类型也必然无法穷尽。研究者进行了不同划分，如抽象知识和具体知识，内隐知识和外显知识，陈述知识和程序知识，具体知识、方法论知识和普遍原理知识等。[①]同时，学科内容知识的核心要义是解决教师"教什么"的问题，课程作为学校教育的核心载体，课程知识选择也尤为重要。课程知识选择作为一个复杂系统的工程，教育工作者势必需要不断寻求知识配置的最优方案。[②]此外，学界以舒尔曼的研究为典型衍生了很多相关研究，了解舒尔曼的教师知识分类及相关改进分类，也有助于我们对学科内容知识的类型有一个相对全面的认识。因此，我们应该对学科内容知识本身进行审视和反思，从多重视角出发，探寻科学的分类标准，给出适切的知识配置方案。

1. 舒尔曼的教师知识及分类

从舒尔曼的角度来看，学科内容知识就是内容知识和课程知识的总和

---

① 冯忠良等：《教育心理学》(第二版)，303 页，北京，人民教育出版社，2010。

② 胡阳、赵婧：《质量提升时代的"课程知识选择"》，载《当代教研论丛》，2023，9(10)。

（见图 2-1）。

---

1. 一般的教学知识，特别是那些超越学科的课堂管理和组织的广泛原则与策略。
2. 对学习者及其特点的了解。
3. 对教育环境的了解，从小组或课堂的运作、学区的治理和财政，到社区和文化的特征。
4. 了解教育的结果、目的和价值，以及它们的哲学和历史基础。
5. 内容知识。
6. 课程知识，特别是对作为教师"专业工具"的材料和程序的掌握。
7. 教学内容知识，即内容和教学方法的特殊结合，这是教师独有的领域，是他们自己特殊的专业理解形式。

图 2-1　舒尔曼关于教师知识的主要分类①

这些类别旨在突出内容知识的重要作用，并将基于内容的知识置于更大的专业知识教学环境中。前四个类别涉及教师知识的一般维度，是至关重要的，剩下的三个类别定义了具体内容的维度，共同构成了舒尔曼所说的教学研究中缺失的范式——内容维度。当然，舒尔曼强调教师知识的内容维度并不是为了降低教学理解和技能的重要性。内容知识是指主题及其组织结构的知识。舒尔曼认为，了解一个学科的教学需要的不只是了解学科的事实和概念，还必须了解学科的组织原则和结构，同时确定合法的行为和言论的规则，以及能够理解不同主题对一门学科的重要程度是不同的。课程知识则包含在给定水平上为特定学科和主题的教学而设计的全部课程，与这些课程相关的教学材料，以及在特定情况下使用特定课程或课程材料的注意事项等。此外，舒尔曼还指出了课程知识中两个对教学很重

---

① Shulman, L. S., "Knowledge and teaching: Foundations of the New Reform," *Harvard Educational Review*, 1987, 57(1), pp. 1-22.

要的维度，他称之为横向课程知识和纵向课程知识。横向课程知识将所教授课程的知识与学生在其他课堂（其他学科领域）上学习的课程联系起来。纵向课程知识包括在学校的前几年和后几年在同一学科领域已经教授和将要教授的主题与问题，以及体现它们的材料。①

2. 舒尔曼教师知识的改进分类

鲍尔和他的研究团队结合对教师实践的分析研究，改进了舒尔曼对教师知识的分类（见图 2-2）。该研究团队专注于探究教师在教学中需要做什么，研究教学所需要的工作。研究重点放在教师需要如何了解这些内容，确定教师还需要了解哪些知识，以及教师在实践中如何及在何处使用这些知识。②

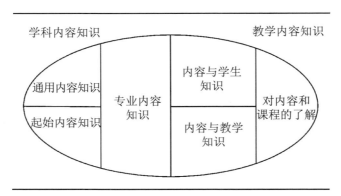

图 2-2　用于教学的学科知识领域

①　Shulman，L. S.，"Those Who Understand: Knowledge Growth in Teaching,"*Educational Researcher*，1986，15(2)，pp. 4-14.

②　Ball，D. L.，Thames，M. H.，& Phelps，G.，"Content Knowledge for Teaching: What Makes It Special?"*Journal of Teacher Education*，2008，59(5)，pp. 389-407.

在这项研究中，参照舒尔曼的概念丛，我们也可以将学科内容知识等同于通用内容知识(common content knowledge，CCK)、起始内容知识(horizon content knowledge，HCK)、专业内容知识(specialized content knowledge，SCK)、内容与学生知识(knowledge of content and students，KCS)、内容与教学知识(knowledge of content and teaching，KCT)的总和。

通用内容知识是指在教学以外的设置中使用的学科知识和技能。教师需要了解他们所教的材料，当学生给出错误的答案或当教科书给出不准确的定义时，他们必须能够意识到。当教师在黑板上写字时，他们还需要正确地使用术语和符号。这里所谓"通用"并不是指每个人都具备这些知识，而是指一种在各种各样的环境中均可能用到的知识，而不是教学所独有的。

起始内容知识有助于教师建立学科教学全局观、有效地开展教学、提高教学效率。

专业内容知识是教学中所特有的学科知识和技能。它是一种学科知识，一般主要用以实现教学目的。在寻找学生错误的模式或评估非标准方法是否普遍有效时，教师必须做一种其他人不需要做的学科工作。

内容与学生知识是对学生的了解和对学科的了解相结合的知识。教师必须预测学生可能会想什么，他们的困惑是什么。当选择一个例子时，教师需要预测学生会觉得什么有趣和有激励作用。在分配任务时，教师需要预测学生可能会做什么，以及他们会觉得它容易还是困难。教师还必须能够从学生使用语言的方式中听到和解释学生正在出现的、不完整的思维。这些任务中的每一项都需要具体的学科理解和对学生及其学科思维的熟悉之间的相互作用。

内容与教学知识结合了对教学的了解和对学科的了解。教师为教学安排特定的内容，选择从哪些例子开始，用哪些例子让学生更深入地了解内容。在课堂讨论中，教师必须决定什么时候停下来做进一步说明，什么时候用学生的评论来说明学科观点，什么时候提出新问题或提出新任务来促进学生学习。这些任务中的每一项都需要具体的学科理解和对影响学生学习的教学问题的理解之间的相互作用。[1]

结合舒尔曼及后续其他人的相关研究成果，我们能够认识到，学科内容知识这一概念可以是包罗万象的，其分类标准不是静态的、一成不变的，不同学科的教师在不同的情境中，会对其使用的知识类型做出不同的界定，并做出不同的知识管理选择。例如，数学老师需要分析学生做错题的原因所在，学生在此过程中采取了什么步骤、做出了什么假设。一位数学老师可能使用的是专业内容知识，另一位老师则很可能使用内容与学生知识。所以，教师的学科内容知识是如何使用的，哪些因素决定了这一类型的学科内容知识的使用，往往是显性因素和隐性因素相交织的，如何辨别不同的学科内容知识在教育教学情境中的使用，需要具体问题具体分析。

3. 学科内容知识的典型分类

除了舒尔曼对教师知识的分类之外，人类出于交流、学习、教学、研究、传播等应用目的，总是致力于把知识分门别类，如科学、文学、法律

---

① Ball，D. L.，Thames，M. H.，& Phelps，G.，"Content Knowledge for Teaching：What Makes It Special?" *Journal of Teacher Education*，2008，59(5)，pp. 389-407.

和历史等，也产生了更为普遍的分类方式——自然科学、社会科学和人文学科。李醒民曾这样定义科学："科学是人运用实证、理性和臻美诸方法，就自然以及社会乃至人本身进行研究所获取的知识的体系化之结果。""这样的结果形成自然科学的所有学科，以及社会科学的部分学科和人文学科的个别领域。"①

①自然科学。自然科学是以观察和实验的经验证据为基础，对自然现象进行描述、理解和预测的科学分支。科学的外延主要是物理科学和生命科学两大类，主要包括数学、物理学、化学、天文学、地学、生物学六大学科，还可包括个别学科，如气象学。

②社会科学。社会科学以社会作为研究对象，其目标在于认识各种社会现象并尽可能找出它们之间的关联。正如哈耶克所说的："它（社会科学）研究的不是物与物的关系，而是人与物或人与人的关系。它研究人的行为，它的目的是解释许多人的行为所带来的无意的或未经设计的结果。"②社会科学涵盖经济学、政治学、行政学、军事学、法学、犯罪学、伦理学、社会学、教育学、管理学、公共关系学、新闻传播学、人类学、民族学、民俗学、心理学、历史学等。

③人文学科。人文学科是关于人和人的特殊性的学科群，主要研究人本身或与个体精神直接相关的信仰、情感、心态、理想、道德、审美、意义、价值等各门科学的总称。人文学科主要包括：现代与古典语言学、文

①　李醒民：《知识的三大部类：自然科学、社会科学和人文学科》，载《学术界》，2012(8)。
②　［英］弗里德里希·A. 哈耶克：《科学的反革命——理性滥用之研究》，冯克利译，17页，南京，译林出版社，2003。

学、历史学、哲学、宗教学、神学、考古学、艺术等具有人文主义内容和人文主义方法的学科。

总的来说，任何单一的学科内容知识分类标准都不足以完全回答教师"教什么"这个经典的问题，最好的策略就是以开放的心态包容自然科学、社会科学和人文学科，以多元的思维考量课程知识与教学知识，以宽广的胸襟接纳日常教学过程中的不确定性，以求取适度为目的，在知识的多重属性之间寻找平衡点，甄选适合学生最优化发展的学习内容。

(三)教师学科内容知识的特征

知识是一切实践和创造活动的基础，学科内容知识则是所有课程的根本基础。从教育心理学视角来看，学生学习的主要任务之一就是掌握人类长期积累形成的系统的科学文化知识，教师则将自身积累的学科内容知识转化成课程，帮助学生学习领会、消化吸收。教师在日常教育教学过程中要实现学科内容知识的育人价值，需要充分表达和实现学科内容知识的内在属性，即文化属性、社会属性和辩证属性。首先，知识是一种"文化存在"和"文化资本"，具有文化敏感性、文化包容性和文化依存性；其次，知识还是一种社会现象，是人类长期的认知实践和特定社会背景的产物，具有社会制约性；最后，知识是主客一体的产物，具有知识意义的多维性。[①]

---

① 郭元祥、吴宏：《论课程知识的本质属性及其教学表达》，载《课程·教材·教法》，2018，38(8)。

历史上形形色色的要素主义教育学者(他们把传递文化要素作为教育的基本使命)、永恒主义教育学者,以及 20 世纪五六十年代的结构主义课程论者,都主张"课程内容即学科内容知识"。即使在今天,世界各国的教育实践依然把学科内容知识作为课程的主要内容。① 人类正迈向知识经济时代,学校课程内容变得拥挤不堪,这就意味着需要选择恰当的学科内容知识作为课程内容。正如郭元祥等人指出的:"知识是一粒思想的种子、智慧的种子、美德的种子。""知识是有待发育的精神种子,是引导学生认识和理解世界、反思和提升自我的一面镜子。"②因此,教师通过日常教育教学活动,促进学科内容知识在学生精神世界的发育,有利于学生学科核心素养的发展。这就要求新时代教师应当具备扎实的学科内容知识,具体包括广博的学科内容知识积累、完善的学科内容知识结构、内化于心的学科核心素养。

1. 广博的学科内容知识积累

教师的扎实学识在于自身学科内容知识的积累,特别是知识的广博程度。自然科学知识、社会科学知识和人文学科知识作为当代知识界广泛认同的三类知识,在与认知对象的关系、自身发展方式、适用范围和检验方式上呈现出不同的特征,较为全面、合理地反映了人类知识的总体结构,能够从不同视角拓展着教师思想的广度,也制约着教师课程开发与实施的

---

① 张华:《课程与教学论》,192 页,上海,上海教育出版社,2000。

② 郭元祥、吴宏:《论课程知识的本质属性及其教学表达》,载《课程·教材·教法》,2018,38(8)。

向度和力度。[1]

　　同时，教师还要注重公共知识与个人知识的转换。"知识是有待发育的精神种子"，公共知识展示了一种"可能世界"的理性模样，即所谓"关于世界的知识"，教师能够帮助学生更好地理解这个世界，获得"进入世界的知识"。但教育工作更加关心学生内在的变化和发展，包括认知、情感、意志、价值观和个性的发展。对于学生的成长而言，教师不仅需要引导学生理解知识的文化内核，还需要引起学生内在精神世界的发育和发展，并作为主体进入一个"现实世界"。课堂中学生对知识的处理和加工方式，并非仅仅是对符号的接受和处理，而是对知识内核的深度理解和领悟。[2]

　　2. 完善的学科内容知识结构

　　教师的扎实学识在于其拥有完善的知识结构。从教师所需知识的功能出发，我国教育界通常将教师的知识划分为三个维度：本体性知识、条件性知识、实践性知识。[3] 教师不仅要具备特定学科及相关文化背景知识，还要具备认识教育对象并运用好课堂情境的知识和技能。学科内容知识凝结着科学、社会、人文等诸多意义，教师对学科内容知识的教学表达本身就是对知识内容意义的揭示和表达。好的教学不是教师按照教材把知识点一个不漏地讲完，而是有赖于教师超越对学科内容知识的简单语言叙述和表面讲解，立足于自身扎实的学科内容知识结构，引领学生探究、理解和

　　① 杨修平：《习近平总书记"四有"好老师的教育哲学意蕴》，载《中国教育学刊》，2018(7)。
　　② 张琼、胡炳仙：《知识的情境性与情境化课程设计》，载《课程·教材·教法》，2016，36(6)。
　　③ 杨修平：《习近平总书记"四有"好老师的教育哲学意蕴》，载《中国教育学刊》，2018(7)。

应用知识，学会分析和解决问题，从而拓展学生学科内容知识学习的广度和深度。

3. 内化于心的学科核心素养

教师的扎实学识在于内化于心的学科核心素养。教师能够基于学科本质将课程目标进一步凝练为学科核心素养，关注学生修习学科课程后应达成的正确价值观念、必备品格和关键能力。这种从"知识"到"核心素养"，从"学科本位"到"学生本位"的转向，呼唤教师自身学科核心素养的深度凝练和有效传递。教师在日常教育教学活动中，要更多地从发展学生学科核心素养的课程目标出发，站在学生学习和成长的角度重新思考课程与教学问题，清晰把握本学科对于学生发展的独特价值和贡献，准确认知本学科的体系结构和思想方法，熟练掌握有利于学生核心素养培养的独特途径和方法。① 在学科核心素养指导下，课堂教学不仅是教师把学科内容知识作为事实或者结论告诉学生，而且是教师能够教会学生对具体知识做深入分析，引导他们自觉探究知识的多维属性，深度感知苏格拉底的"知识即美德"、培根的"知识就是力量"等先哲所指向的知识的意义，从而达成师生学科核心素养的内化于心。

二、学科内容知识的政策沿革

自 1949 年以来，特别是自 1978 年改革开放以来，我国的基础教育课

---

① 刘月霞、郭华：《深度学习：走向核心素养》（理论普及读本），6 页，北京，教育科学出版社，2018。

程经历了一系列改革，中小学课程教学在很多方面都发生了深刻的变化。透视我国基础教育课程改革的历史，总结其中的经验教训，不仅对我国未来的教育改革有明显的理论意义与实践价值，而且为教师在激流勇进的教育改革中夯实学识指明了方向。

1949 年以来，我国先后进行了 8 次基础教育课程改革。这 8 次改革总体上可以分为"模仿和探索时期（1950—1965 年）""内化和巩固时期（1978—1998 年）""改革和发展时期（1999 年至今）"三个阶段。可以说，其中每一次改革，都带有鲜明的中国特色和时代特征，也蕴藏着丰富的中国经验。

（一）模仿和探索时期（1950—1965 年）

中华人民共和国成立初期，一方面是国内形势的需要，另一方面是受到苏联的影响，我国采取统一的课程管理模式。我们根据苏联的"教学计划""教科书"等概念和理论，以"教学论"取代"课程论"，取消选修课，形成了高度统一的课程政策。1950 年 8 月，《教育部关于颁发中学暂行教学计划（草案）及中等学校暂行校历（草案）的命令》，开篇即指出："关于普通中学教学计划及中等学校始业制度，迄今尚未作统一的规定……但在工作要求上，实有统一规定的必要"；并说明"现中国即将全部解放，规定统一的标准，已具备条件"[①]。

1952 年 3 月，教育部颁发《小学暂行规程（草案）》和《中学暂行规程（草

––––––––––––––––––

　①　何东昌：《中华人民共和国重要教育文献（1949—1975）》，49～50 页，海口，海南出版社，1998。

案)》，对包括课程设置和教学计划等在内的学校各项工作做出统一规定，并且明确要求"小学课本由中央教育部统一编辑""中学各种课本须采用中央教育部审定或制定者"。①

1953 年到 1957 年，国家先后颁发了 5 个中学教学计划、4 个小学教学计划……还发布了十多个补充通知……这些教学计划和补充通知，也深受苏联的影响，对中小学的课程设置、教材使用、教学时数、作息校历等，都做出了明确的统一规定。②

（二）内化和巩固时期(1978—1998 年)

1978 年 1 月，教育部颁发了《全日制十年制中小学教学计划（试行草案）》。同年 9 月，教育部发布并试行《全日制小学暂行工作条例（试行草案）》和《全日制中学暂行工作条例（试行草案）》，突出"以教学为主的原则"。在课程设置上，小学设置政治、语文、数学、外语、自然常识、体育、音乐、美术 8 门课程；中学设置政治、语文、数学、外语、物理、化学、地理、历史、生物、农业基础、生理卫生、体育、音乐、美术 14 门课程。③

1983 年 11 月，教育部颁发高中数学、物理和化学三科教学纲要，并针对不同学校分别提出了"基本要求"与"较高要求"。

----

① 何东昌：《中华人民共和国重要教育文献（1949—1975）》，139～143 页，海口，海南出版社，1998。

② 何东昌：《中华人民共和国重要教育文献（1949—1975）》，187～790 页，海口，海南出版社，1998。

③ 何东昌：《中华人民共和国重要教育文献（1976—1990）》，1592～1594 页，海口，海南出版社，1998。

1985年6月，国家教委又印发了调整初中数学、物理、化学和外语4科教学要求的意见，对教学内容和习题的深度、广度进行了调整。1986年4月，随着《中华人民共和国义务教育法》在全国人大通过，以及中小学教育教学工作步入正轨，推动九年义务教育的普及工作逐渐取代课程教学改革成为我国基础教育领域的工作重点，但对中国特色的中小学现代化课程体系的探索一直在进行中。

1987年2月，国家教委颁布了全日制中小学18个学科的教学大纲，规定了全国统一的基本教学要求和较高要求。1988年8月，国家教委颁发《九年制义务教育教材编写规划方案》；9月，又印发了《义务教育全日制小学、初级中学教学计划（试行草案）》和24个学科教学大纲的初审稿。[①]

1992年，国家教委印发了《九年义务教育全日制小学、初级中学课程计划（试行）》（以下简称《课程计划》）和24个学科教学大纲（试用），提出要"面向全体学生""因材施教，促进学生个性的健康发展"等一系列改革理念。《课程计划》涉及小学思想品德、语文、数学、自然、社会、音乐、美术、体育、劳动9科，初级中学思想政治、语文、数学、英语、俄语、日语、物理、化学、生物、历史、地理、音乐、美术、体育、劳动技术15科，共24科组成。[②]

1993年，中共中央、国务院印发《中国教育改革和发展纲要》，开启了

---

① 何东昌：《中华人民共和国重要教育文献（1976—1990）》，2799～2801页，海口，海南出版社，1998。

② 何东昌：《中华人民共和国重要教育文献（1991—1997）》，3362～3364页，海口，海南出版社，1998。

我国教育改革与发展的新时代，正式将"两基"作为新的奋斗目标。①

1996 年印发的《全日制普通高级中学课程计划（试验）》第一次将"课程管理"作为课程计划中的单独一部分列出，并编订了语文、数学、英语、思想品德、历史等 12 个学科的教学大纲。②

1998 年，在贯彻落实《中华人民共和国教育法》及《中国教育改革和发展纲要》的基础上，教育部发布了《面向 21 世纪教育振兴行动计划》作为跨世纪教育改革和发展的实施蓝图。③

(三)改革和发展时期(1999 年至今)

1999 年起，教育部基础教育司组织上百名专家，及时利用在研制面向 21 世纪新课程过程中所获得的研究成果，对当时义务教育阶段小学语文、数学两学科，初中语文、数学、英语、物理、化学、生物、地理和历史等学科的教学大纲进行了修订。此次修订对教学大纲中一些比较陈旧的知识和不恰当的内容及要求进行了删减，强调学生要学会学习，所有学科都增加了要求学生探索和实践的内容，强调教育内容要反映时代的发展，并与社会和学生的实际生活紧密联系。

2000 年，教育部发出扩大普通高中新课程方案试验的通知，印发《全

---

① 何东昌：《中华人民共和国重要教育文献（1991—1997）》，3467～3473 页，海口，海南出版社，1998。

② 教育部：《教育部关于全国使用〈全日制普通高级中学课程计划（试验修订稿）〉和各学科教学大纲（试验修订版）的通知（已失效）》，http：//www. moe. gov. cn/srcsite/A26/s7054/200101/t20010120_166072. html，2024-01-20。

③ 《面向 21 世纪教育振兴行动计划（摘要）》，载《光明日报》，1999-02-25。

日制普通高级中学课程计划(试验修订稿)》，对 1996 年编写的高中课程计划、教学大纲和各科教材进行了修改与推广试验。随后颁布的还有全日制普通高级中学语文等 7 科教学大纲(试验修订版)，以及义务教育阶段语文、数学和英语等 5 科教学大纲(试用修订版)。这一年，教育部还先后印发了初级中学物理、化学等 5 科教学大纲(试用修订版)，义务教育阶段体育与健康、音乐、美术 3 科教学大纲(试用修订版)，以及全日制普通高级中学英语、日语、俄语、体育与健康教学大纲(试验修订版)。[①]

2001 年 6 月，经国务院同意，在全国基础教育工作会议上，正式印发《基础教育课程改革纲要(试行)》，决定从 2001 年秋季开始在国家基础教育课程改革实验区进行义务教育课程改革实验工作。为此，印发了供实验区使用的《义务教育课程设置实验方案》，颁布义务教育阶段 17 个学科、18 个课程标准的实验稿，审定各个学科的中小学课程实验教材，颁布了一系列教材管理的文件，并于秋季首先在全国国家级实验区进行实验。小学阶段以综合课程为主。小学低年级开设品德与生活、语文、数学、体育、艺术(或音乐、美术)等课程，小学中高年级开设品德与社会、语文、数学、科学、外语、综合实践活动、体育、艺术(或音乐、美术)等课程。初中阶段设置分科与综合相结合的课程，主要包括思想品德、语文、数学、外语、科学(或物理、化学、生物)、历史与社会(或历史、地理)、体育与健康、艺术(或音乐、美术)以及综合实践活动，积极倡导各地选择综合

---

① 何东昌：《中华人民共和国重要教育文献(1998—2002)》，511～780 页，海口，海南出版社，2003。

课程。

2002 年 4 月，为了配合从 2003 年起高考时间提前一个月的改革，教育部重新调整并印发了《全日制普通高级中学课程计划》，同时修订并印发了全日制普通高级中学语文等 7 科的教学大纲。[①]

2004 年 3 月，国务院批转《2003—2007 年教育振兴行动计划》，再次强调要"深化基础教育课程改革""构建和完善新世纪基础教育课程体系，全面实施义务教育新课程，逐步推进普通高中新课程"。[②]

2011 年 12 月，教育部印发义务教育语文等 19 门学科的课程标准，于 2012 年秋季执行。

2017 年 1 月，教育部印发《义务教育小学科学课程标准》，并于当年秋季执行。2 月，包括 14 门课程的普通高中课程方案和课程标准修订完成，并经国家教材委员会审查通过，由教育部印发。

2019 年 1 月，教育部启动义务教育课程修订工作，新一轮的义务教育课程改革悄然开始。

2022 年 4 月，教育部印发《义务教育课程方案和课程标准（2022 年版）》，主要涉及新修订的义务教育课程方案和语文等 16 门学科的课程标准。此次修订进行了系统性设计，在课程内容结构、学业质量标准等方面都有较大变化。比如，地理课程标准在修订前主要以区域地理学的领域

---

① 何东昌：《中华人民共和国重要教育文献（1998—2002）》，1190～1191 页，海口，海南出版社，2003。

② 何东昌：《中华人民共和国重要教育文献（2003—2008）》，334～340 页，北京，新世界出版社，2010。

（地球与地图、世界地理、中国地理、乡土地理）平铺设计安排课程内容，学科逻辑很强，但对学生的学习立场考虑得不够；修订后则体现学生的学习立场，建构出学科活动与学科知识融为一体的地理学习内容体系：以认识宇宙环境、地球环境与人类社会关系这条核心线索为主干，将运用地理工具和参与地理实践这两条支撑线索贯穿其中，形成学科知识与学科活动融为一体的课程内容体系。①

从中华人民共和国成立初期的模仿和学习苏联，逐步转入独立自主的改革发展，再到改革开放之后在国际交流中的不断探索和改革，直至进入新世纪之后更加综合、全面和系统的课程改革创新，我国中小学课程体系的中国特色逐渐形成。这70多年的中小学课程改革历程蕴藏着大量有中国特色和世界价值的历史经验，值得我们深入地发掘和总结。

基础教育课程改革是基础教育改革最基本、最核心的改革，世界各国都予以高度重视。课程改革从理念转化为行动，既是世界各国基础教育改革常常面对的一大难题，也是决定课程改革成败的关键问题。② 积极发掘蕴藏在我国70多年基础教育课程改革中的历史，特别是改革开放以来的基础教育课程改革史之中的成功经验和未成功的心得，并以这些丰富的历史经验为出发点，积累经验，砥砺前行，就一定能够在未来的基础教育课程改革的道路上走得越来越远。

---

① 吴刚平：《教育部印发〈义务教育课程方案和课程标准（2022年版）〉——让核心素养落地　为知识运用赋能》，载《光明日报》，2022-04-22。

② 项贤明：《基础教育课程改革如何从理念转化为行动——基于我国70年中小学课程改革历史的回顾与分析》，载《课程·教材·教法》，2019，39(10)。

三、学科内容知识的意义

结合我国素质教育"知识本位"转向"素养本位"的教育变革趋势，以及我国传统的"学科本位"课程向"学生本位"课程的真正跨越，学科内容知识的显性部分和隐性部分不断转化。从某种程度上说，学科内容知识隐性部分的开发利用方式也逐渐成为一个重要的研究课题，教育界也更加重视教师扎实的学科内容知识的意义。

(一)教育变革要求教师扎实的学科内容知识

智能时代的快速更迭使整个教育生态系统呈现出前所未有的样态，教育信息化对传统课程教学产生了颠覆性的影响，包括教学环境的智慧化、教学内容的个性化、学习互动的即时化。同时，为了回应"课堂革命"带来的诸多挑战，基础教育课程改革不仅要聚集课堂并践行从"课堂出发"的变革①，而且要正视发展学生核心素养给教师群体带来的艰巨挑战，注重发展和提升教师的核心素养。在基础教育阶段，教师的核心素养就是指教师在教育教学实践中逐渐形成的，能够满足教育教学和自身专业发展所需的必备品格与关键能力。② 但这种从"知识本位"转向"素养本位"的变革，并

①　钟启泉：《从"知识本位"转向"素养本位"——课程改革的挑战性课题》，载《基础教育课程》，2021(11)。

②　张斌：《基于"四有"好教师培养的中小学教师核心素养研究》，载《教师教育论坛》，2018，31(10)。

不意味着知识和素养是二元对立的，相反，知识是素养的核心元素，核心素养需要扎实的基础知识来支撑，素养的培养建立在知识的基础之上。正如杜威所说的，教学的问题在于使学生的经验不断地向着专家所已知的东西前进。因此，落实核心素养的教育教学工作是为了让学生活学活用。为此，夯实教师的核心素养更应该从扎实其学科内容知识入手，教师做到对知识的迁移运用，从而将学科内容知识教明白、教深刻，并启发、示范和培养学生学会合理运用学科内容知识，使其能力在知识的基础上"自然而然地生长出来"，因为"知识的学习正如树木的生长，旧枝干滋养着新枝干，旧知识也支撑着新知识"①，通过学科内容知识的教学来促进师生双方素养的全面提升。②

(二)课程质量以教师扎实的学科内容知识为基础

基础教育是学生发展的重要阶段，但由于目前我国现实教学与理想的学力目标还存在着巨大的鸿沟，坚守课程改革，提升课程质量变得至关重要。面对未来社会的发展，人人都应具备核心素养，基础教育阶段的课程往往承载着提高一个国家公民的道德境界、认知水平、审美能力这一至关重要的作用，这就有赖于教师用扎实的学科内容知识在基础教育阶段"穿针引线"，"从课堂出发"实现师生双主体的知识增长和素养培育。教师要

---

① 张旭亚、殷世东：《回归核心知识：美国赫希课程思想及其启示》，载《教育学报》，2023，19(5)。

② 周序、任远一：《试论知识和素养的关系：义务教育新课标的启示》，载《中国教育学刊》，2023(7)。

立足于自身学识基础，精准把握课程知识的时代定位，精心选择课程内容。而课程内容选择作为课程开发过程的基本环节和有机构成，是根据特定的教育价值观及相应的课程目标，从学科内容知识、当代社会生活经验或学习者的经验中选择课程要素的过程。[①] 为此，教师在课程设计时，应按照义务教育课程标准的要求，准备结构化的知识体系，多用问题解决代替机械训练环节，从而帮助学生实现知识的灵活运用以及不同学科知识之间的串联，达到减负增效、事半功倍的学习效果。同时，教师若要在知识生产机制和获取方式不断变革的时代浪潮中站稳脚跟，一方面要以持续迭代和夯实自己的学科内容知识为根本，训练自己的跨学科思维和多元视角；另一方面也要不断优化课程设置，用自身的扎实学识联结经验与理论，触发学生的灵感，激发学习的动机，与知识对话，从而提高课程质量，实现学生核心素养的发展。

(三)教师专业发展呼唤教师扎实的学科内容知识

教师专业发展是指教师在整个专业生涯中，通过终身专业训练，习得教育专业知识，实施专业自主，表现专业道德，并逐步提高自身从教素质，成为一个良好的教育工作者的专业成长过程。近年来，教师专业发展理性取向所指向的就是教师向专家学习某一学科的内容知识和相关教育学知识，即教师自己拥有的学科内容知识和借以将这些知识、技能传递给学

---

① 张华：《课程与教学论》，191 页，上海，上海教育出版社，2000。

生的教育学知识。[①] 但教师专业发展的考量维度是多元的，当下社会既看重教师自身涵养的学识，又看重教师凝练的教学技能与智慧；既看重教师的学科素养，也看重教师的核心素养，这也就更加考验教师的知识转化能力。引导学生学会知识转化是教师的使命所在，而教师的知识转化意识和能力则影响着学生知识的转化效率。[②] 教师的学科内容知识经由教师备课、课程内容选择和整合转化为课程知识，课程知识又经由教师的理解和建构转化为教师的学科内容知识，与此同时，教师的学科教学知识也在学科内容知识和课程知识的教学中，通过教师的反思、理论与实践的对话、教学实践与内化转化而成。为此，教师只有将学科内容知识具体化、场景化，通过将概念知识改造为具体的、可教的知识，师生双方才能在这一过程中更为充分地理解知识并转化知识，教师不仅为学生提供了知识转化的示范，而且使学生在知识转化过程中获得全面发展。

第二节　教师如何掌握扎实的学科内容知识

在明确了扎实的学科内容知识对教师的重要性之后，教师更需要掌握扎实的学科内容知识。那么如何才能掌握扎实的学科内容知识？扎实需要

---

① 陈琦、刘儒德：《当代教育心理学》（第2版），91页，北京，北京师范大学出版社，2007。

② 张志泉、陈振华：《论教师的知识转化力》，载《中国教育学刊》，2023(3)。

一个过程。教师首先应该厘清自身应知应会的学科内容知识，包括历史变迁中不断变化的学科内容，以及教育变革中呼唤新时代教师应当掌握的内容。再者，教师需要关注学科内容知识最新的学习方式和运用手段，如此才能以学促教，全面提升自身的专业水平，夯实自身的核心素养。

一、应知应会的学科内容知识

教师作为担负着教书育人、立德树人责任的专业群体，终日与知识、学生相伴，是学校重要的知识载体。教师要想掌握扎实的学科内容知识必然要先明确所处学科在历史长河中的演进，把握教育变革对这门学科的最新要求，提升自身的知识转化能力，融汇知识经验，从而实现"具身体悟""视域融合""意义回归"①教育的智慧和本真。

(一)历史变迁中的学科内容知识

同学校教育的历史一样，历史变迁中的学科内容知识可以追溯到久远的原始社会。最初的教育活动与人类的生产生活融为一体。随着生产力水平的提高，物质财富逐渐增加，一部分人就从体力劳动中脱离出来，专门从事脑力活动，语言文字也在同时丰富和发展，独立的教育机构——学校便逐渐孕育产生了。学校的出现标志着人类教育活动进入一个自觉的历史

---

① 李栋、田良臣：《"转识成智"：课程知识教学的"破"与"立"》，载《教育理论与实践》，2015，35(7)。

时期。

在原始社会后期，就出现了专门对幼儿和青少年进行教育的特殊场所，这就是学校的萌芽。青少年在这里接受训练和学习，并参加社会劳动，如建筑房屋、耕种、收获、照看牲畜等；学习唱歌、跳舞、游戏，学习礼仪和行为规则。在西周，学校被称为"辟雍"，是少数奴隶主贵族读书的场所。古代的学校被称为庠、序、学、校、塾，在产生时并不都是专门的教育机构，而兼为习射、养老的场所。西汉时学校分中央和地方两种，中央设太学，是最高学府；地方置学宫，主要传授统治者所推崇的儒学。在唐代，办学达到极盛时期，学校分类更细，由中央直接设立的学校有"六学""二馆"。"六学"指国子学、太学、四门学、律学、书学、算学，隶属国子监，"二馆"指弘文馆、崇文馆。宋以后，官学教育基本承袭唐制。至明清，由于科举制的发展，学校成为科举制的附庸和装饰品。清末开始兴办近代教育。1902 年，清政府颁布了《钦定学堂章程》（亦称"壬寅学制"）。"壬寅学制"规定了各级各类学堂的性质、培养目标、入学条件、入学年限、课程设置和相互关系。例如，《钦定中学堂章程》课程设置有修身、读经、算学、辞章、中外史学、中外舆地、外国文、图画、博物、物理、化学、体操 12 门。1904 年清政府公布的《奏定学堂章程》是中国近代由国家颁布的第一个在全国范围内实行推行的系统学制。因其颁布于旧历癸卯年，故称"癸卯学制"。1905 年年末，清政府颁布新学制，废除科举制度，并在全国范围内推广新式学堂，西学逐渐成为学校教育的主要内容。到 1907 年，新式学堂遍设各地。辛亥革命以后，新学制公布，学堂一律改称学校，并沿用至今。

1949 年后，我国建立了全新的教育体系，人们普遍获得了受教育的机会。改革开放以来，中国的教育事业蓬勃发展，初步形成多层次、多形式，学科门类齐全的教育体系。

时至今日，我国教育领域仍旧在不断变革，教育部从 2014 年 12 月正式启动修订普通高中课程标准，至 2022 年 4 月颁布新版义务教育课程标准，历时 8 年，完成了基础教育领域涵盖普通高中和义务教育阶段的 2 个课程方案和 36 门课程标准的研制与修订工作。如果说新课标的研制和修订是一场静悄悄的思想革命，那么新课标的实施和落地则是一场更广泛、更深刻的实践变革，在塑造学生核心素养的同时，也在促进教师的专业成长。

(二)教育变革中的学科内容知识

2001 年，我国开启了第八次课程改革的征程。基础教育课程改革指向的素质教育愿景，从"知识本位"转向了"素养本位"，对学校和教师群体提出了更高的要求，教师和学生应掌握的学科内容知识也逐渐发生了变化。

由"知识本位"到"素养本位"实际上是一种适应时代发展的智慧。"素养本位"批判了"知识本位"理念下的教师中心、课堂中心和教学中心偏向，将关注点移至学生的素养形成和真实成长上。"知识本位"理念过分强调以基础知识和基本技能的掌握为主要目标，过度采取"以教定学"、死记硬背的教学方式，片面关注用成绩和分数来衡量教育质量。教育真正需要关注的是"人"，从"知识本位"转向"素养本位"，注重的是人的真实成长，否定的是把知识作为"本位"而不是"知识"本身。

诚然，不同学科培育学生核心素养的着力点和侧重点会有所不同，正如培根所言：读史使人明智，读诗使人灵秀，数学使人周密，科学使人深刻，伦理学使人庄重，逻辑修辞使人善辩，凡有所学，皆成性格。一门学科对学生的发展价值，除了一个领域的知识以外，还可以为学生认识、阐述、感受、体悟、改变丰富多彩的世界并实现自己的愿望，提供不同的路径和独特的视角、发现的方法和思维的策略、特有的运算符号和逻辑，以及一种只有在这个学科的学习中才可能获得的经历和体验，一种独特的学科美的发现、欣赏和表达能力。①

核心素养的养成意味着学习者在真实的环境中，能够解决问题的整体能力的表现，而不是机械的若干要素的总和。为了回应新时代对人才培养的需求，教育部印发的《义务教育课程方案和课程标准（2022年版）》，强调统筹设计综合课程和跨学科主题学习，开展跨学科主题教学，强化课程协同育人功能。学科与学科之间的区别只是对知识及其体系的一种抽象的分门别类，为了应对年轻一代在未来生活中将要面对的复杂社会和整合式问题，需要跨越学科的界限开展综合学习，这不仅有助于深化学生对各门学科内容的理解，更有利于促进学生迁移与应用知识，进而进行更有宽度和更有实践意义的学习。

学科内容知识的选择、组织和呈现也是决定知识能否转化为素养的关键。核心素养更加强调知识的结构化、整合化，防止知识的孤立化、片面

---

① 叶澜：《重建课堂教学价值观》，载《教育研究》，2002(5)。

化。传统教学遵循从单个知识点的识记到理解再到应用（解题）的认知路径。例如，数学学科的"知识点教学"，"一个定义、三项注意、几个例题、大量练习"的教法，虽然让学生学会了解题，却没有形成相应的数学素养；语文学科的"挖坑式教学"，教师在规定的课时里教生字新词、课文、习作，学生看似完成了识字、阅读、作文等任务，但语文素养却始终没有形成。类似这种碎片化、点状式的教学割裂了知识的内在联系，严重妨碍了学生核心素养的形成，特别是损害了学生整体思维和复杂思维能力的发展。[1]

因此，各学科教师为了彰显各自的学科核心素养，可以参照学科群（见表 2-1），"上通下联"地把握学科核心素养在教育教学实践中的传递与渗透。"上通"就是教师在教学实践中能够从学科的本质出发，发挥学科的独特价值，注重探讨与学科本质休戚相关却又超越了学科范畴的"通用能力"的培育，包括问题解决能力、逻辑思维、沟通技能、元认知等，进而发现学科的新的魅力与命脉。"下联"就是教师还会从学科的本质出发，并从学科本质逼近核心素养的视角，来修正和充实本学科的内容知识体系，进而发现学科体系改进与改革的可能性。[2]

---

[1]　朱晓进：《著名特级教师教学思想录·小学语文卷》，721 页，南京，江苏教育出版社，2012。

[2]　钟启泉：《学科教学的发展及其课题：把握"学科素养"的一个视角》，载《全球教育展望》，2017，46(1)。

表 2-1 把握学科核心素养的学科群①

学科群	特征	内容
语言学科群	语言能力与意义创造	以语言能力(包括听、说、读、写)为主要对象,旨在为儿童当下及未来的语言生活品质的提升而组织的教学内容的总体
数理学科群	认知方略与问题解决能力	从数理的角度综合地、发展性地考察和处理客观现象的态度与技能
艺体学科群	艺术表现力与鉴赏力	包括音乐、体育、美术、舞蹈、戏剧、戏曲、影视等在内,传递基于情感的理解方式,丰富人性的形成,实现身心的健全发展
STEM 学科群	跨学科能力	在两个学科结合的同时,又保留各门学科的特征和区别,利用学科不同的视角更好地求解某个问题,从而强化"有意义学习"

二、学科内容知识的学习方式

鉴于当代社会之复杂、变化之迅速远超以往,我们势必要讨论教师该如何拓宽对知识的理解和转化的途径,并达到夯实自身学科内容知识的目的。只有教师具备扎实学识,才能够明确知识和学生所处的位置,把知识

---

① 钟启泉:《学科教学的发展及其课题:把握"学科素养"的一个视角》,载《全球教育展望》,2017,46(1)。

内容的"百宝箱"打开，带领学生与知识相遇。此外，我们也要从社会变迁层面，考量数智时代及媒介对教师学科内容知识的影响。

(一)深度学习：培育师生核心素养的基础

从一般意义上说，深度学习就是在教师的引领下，学生围绕着具有挑战性的学习主题，全身心积极参与、体验成功、获得发展的有意义的学习过程。[①] 深度学习是学生感知觉、思维、情感、意志、价值观全面参与的、全身心投入的活动。[②]

在"机器像人一样思考"的数智时代，教师用恰当的手段促进学生的深度学习正是教育领域重要的"现代技术"，也是培育师生核心素养的基础途径。学生的知识学习在很大程度上取决于教师学科内容知识的掌握程度，但教师的工作不仅是传递知识，而且是帮助学生通过知识学习形成核心素养，最终目的是实现学生的全面发展。教师为此需要不断吸纳新的学习方法来增进学科内容知识，帮助自身扎实学识，培育和发展自身的核心素养。指向核心素养的深度学习和大单元教学设计既是学科教育落实立德树人、发展素质教育、深化课程改革的必然要求，也是学科核心素养落地的关键路径。深度学习鼓励教师深入探讨教学规律，研究学生的学习规律，并将其在教学实践中具体化，带领学生主动参与、积极建构，从而真正帮助学生学习与成长。

---

① 郭华：《深度学习及其意义》，载《课程·教材·教法》，2016，36(11)。
② 崔允漷：《学科核心素养呼唤大单元教学设计》，载《上海教育科研》，2019(4)。

大单元教学设计作为深度学习的重要实现方式之一，提倡的是追求理解的教育设计，在综合性主题等核心议题中进行探究，通过设立一个挑战性目标，利用生活化情境，解决现实议题，发展学生的高阶思维，实现创造性迁移，最终导向深度学习。在大单元教学设计过程中，教师要依据大单元的概念将知识串联成一个系统，强调教学实施的逻辑、生活和课本内容的整合、核心素养与学科知识的关联，随后着眼于单元目标，选定教学侧重点，确定课时，开展教学活动。具体说来，主要包括三大步骤。

第一步是确定大单元设计。在确定本学期本学科的单元数的基础上，依据学科核心素养的相关要求，厘清本学期的大单元逻辑以及单元名称。同时保证一个单元至少要对接一个学科核心素养，依据某个核心素养的要求，结合具体的教材，将相关知识或内容结构化。

第二步是按单元设计专业的学习方案。单元学习方案应该是一个完整的学习故事，要包括单元名称与课时、单元目标、评价任务、学习过程、作业与检测、课后反思。

第三步是介入真实情境与任务。教师可以把真实的世界直接当作课程的组成部分，引导学生在真实情境中感受和理解知识，让学生"做事"，以实现课程与生活的关联，从而实现学以致用、知行合一。[①] 在平时，教师也要善于发现社会生活的情境与学科知识的联系，分门别类地建好素材文件夹，多观摩、多讨论、多听取建议，磨砻淬砺，集思广益，以便在备课中及时提取案例。

---

① 崔允漷：《学科核心素养呼唤大单元教学设计》，载《上海教育科研》，2019(4)。

以初中历史为例，在八年级下册第一单元"中华人民共和国的成立和巩固"的教学中，教师首先要从自身对文本的理解出发，分析本单元课程教学的侧重点，明确核心知识。具体来说，本单元包括了五个学习要点，课程教学内容的综合性相对较强，但各个子课题之间又有相对独立的关系。

在整体单元教学中，中国人民政治协商会议第一届全体会议和开国大典体现了新民主主义革命的基本胜利，和平解放西藏、抗美援朝、土地改革是巩固新民主主义革命成果的重要举措。从"为实现中国梦而奋斗"的大概念角度，本单元教学内容体现了国家独立、人民解放、和平安定、耕者有其田的梦想。

因此，教师可以结合中华人民共和国的成立和巩固两个方面进行课程教学的推进，划分两个单元的学习主题；也可以围绕中国梦的实现，划分四个学习主题。划分好主题后，再对课时内容进行适当增删，凸显出本单元的课程教学主题，并为相关主题分配充足的课时，确保重难点知识能够被学生完全掌握。

在明确课程教学主题的背景下，教师运用更加具有创新性和拓展性的教学工具，使整体教学过程更加生动，学生也会对这部分知识的教学过程产生深刻的印象，整体单元的课程教学效果因此而得到优化。

比如，教师可利用现阶段关于建党、建国的纪录片，以及当时的照片、绘画、音乐、文学作品、史料等相关学习资料，在主题式教学背景下，将这部分内容的主题设置为"五星红旗下的新中国——新中国成立与巩固的历史"。以此为基础，鼓励学生以合作探究的方式在网络平台或多媒体平台上收集中国人民政治协商会议第一届全体会议、开国大典、抗美援朝、土地改革等事件相关的跨学科资源素材，通过协同合作、自主探讨，对这一阶段的历史进行总结和分析。学生基于更加具有典型性的纪录片、电影、电视剧资料进行学习理解，感受更生动、直观，也便于进入具体的历史故事和历史事件中，感知和了解这一阶段的发展历史。

参见刘娴兴：《主题式学习模式指引下的初中历史大单元教学实施策略》，载《中国教师》，2023(6)。

(二)超越技术：夯实教师学科内容知识的根基

随着 5G 网络的高速发展及移动终端的普及，人们实现了信息接收和传播的即时性与交互性，实现任何人、任何时间、任何地点，通过终端获得任何想要的信息。与此同时，教育形态也发生了翻天覆地的变化，教师的课堂变得更加开放，教学媒介的变革(见表 2-2)彻底打破了知识传授的时间和空间限制，提高了教师的劳动效率，增强了教与学的互动性，增强了学生的自主学习能力。

表 2-2　变革中的媒介教学形态

媒介类型	教学形态
传统型媒介	微博、视频、微课、慕课
即时交互型媒介	翻转课堂、半翻转课堂、VR 技术

在以往传统的教学形态下，教师在相对封闭的空间、固定的时间给学生授课，已有的知识体系足以让教师胜任在这种封闭空间下的教学。但是在全新的教育形态下，教学空间由封闭变为开放、教学对象不固定、教学难度增加。同时，全新的教育形态需要教师利用一些技术手段才能完成教学任务，再加上教学环境、授课对象会发生改变，这些新的变化都会对教师在传统教育形态下形成的知识体系形成一定的冲击，需要教师与时俱进，做出相应的调整。

正如里贝斯（B. Ribes）所说的："信息就是知识，知识就是力量。"[1]一方面，政府、学校和专家团队需要从源头培养教师的信息素养，帮助教师掌握新技术，学会利用新技术发掘、选择和处理信息。另一方面，教师也要逐步在教育教学实践中，将即时交互型与传统型教学形式并重。虽然当下的教育形态相较于传统教育形态而言有诸多的变革，但并没有改变教育的基本方法和途径，教师仍然处于主导地位，教学过程的实施设计，以及对课堂的掌控，还是由教师来完成的。因此，教师自身也需要逐步提高对教育信息化的接纳程度和对电子信息技术的运用程度。教师知识体系包含的内容除了传统的维度之外，还需增加信息技术维度、跨学科跨专业维度等，以适应全新的教育形态的知识体系的构建。[2]

立足当下，教师所要做的就是学习技术，并通过夯实学识来超越技术。无疑，学科内容知识是教师知识体系中最核心也是最基本的维度构

---

① 石中英：《知识转型与教育改革》（第 2 版），5 页，北京，教育科学出版社，2020。

② 岳铁艳：《全媒体教育形态下的教师知识体系多维建构》，载《教学与管理》，2018(18)。

成，它包含教师胜任课程教学任务的知识储备，事关知识掌握的深度与广度，以及对知识的整合与拓展能力。借助即时交互型媒介，教师能够拓宽对课堂教学情境的认知，加深对学生情况的了解，增加对学生整体学习能力的考量，从而提升对课堂的整体掌控能力，并在此基础上对自己的教学过程进行合理调整，实现因材施教。所以，面对全新的教育形态，教师所要做的不是抗拒，而是要拥抱和利用技术。

（三）组织赋能：推进教师学科内容知识的转化

知识是一种潜在的无形力量，而能力往往是知识显现在个体行动中的有形力量。在日常教育教学中，教师与学生需要协同努力才能达成知识向素养的转化，且教师若有意识地将学习方法运用到实践中，其自身的知识和能力也会随之增强，而转化意识越强，知识向素养转化的效果也越好。[1]为此，教师要有意识地借助外部力量，尤其是依靠组织赋能，只有这样才能在实践共同体中获得核心素养的提升。帕克·帕默尔（Parker J. Palmer）强调，"教学就是要开创一个实践真正的共同体的空间"[2]，从而提升和改进认知、教学和学习等教育目标。以往许多研究也证实了专业学习共同体能够对教师专业发展、学生学业提升和学校效能改进产生积极影响，因此还催生了具有本土化特色的中小学教师专业学习共同体教研组制度。[3]　正

---

① 张志泉、陈振华：《论教师的知识转化力》，载《中国教育学刊》，2023(3)。

② ［美］帕克·帕尔默：《教学勇气——漫步教师心灵》（十周年纪念版），84 页，吴国珍等译，上海，华东师范大学出版社，2014。

③ 单志艳：《走向中国特色教师专业学习共同体的教研组变革》，载《教育研究》，2014(10)。

如郭华所说，教研是我国基础教育教学隐形的翅膀，是强师提质的法宝，因此教研员与教师在基础教育提质增效方面发挥着同等重要的作用。本书第四章将会详细阐明教师该如何夯实和提升自己的教育研究能力，本部分聚焦于如何引导教师运用好组织力量，筑牢自身学识，自觉提升教育教学水平，增强自信，实现个人成长，成为一名好老师。

2019 年，《教育部关于加强和改进新时代基础教育教研工作的意见》指出要"充分发挥教研机构在推进区域课程教学改革、教学诊断与改进、课程教学资源建设、培育推广优秀教学成果等方面的重要作用"。区域教研在引领区域课程改革、指导教师教育实践、为教师核心素养提升赋能等方面发挥着重要作用。教研机构和学校要在整体规划的基础上，围绕教师需求的主题，将教研主题与校本教研有机结合，有规律、分层次、持之以恒地开展教研活动，从而形成完善的区域教研体系，促进教师专业成长。[1]教研员也应该有计划地在引导教师主动学习、实践、反思上下功夫，创新研发适合区域内学校和教师教研的简明做法与程序，帮助教师逐步提升教书育人的水平。

海淀智慧教育云是全国第一个区域性教育专有云。智慧教育云具有统一门户服务和统一开放接口服务、统一安全认证服务、统一数据中心服务、云计算与存储服务、大数据分析与决策支持能力、情景感知能力。海淀教育所有数据运行于智慧教育云，包括教师和学生的注

---

[1] 卫向阳：《科学建构区域教研体系　促进教师专业成长》，载《辽宁教育》，2023(20)。

册信息、学校信息、过程数据等，有利于保护师生的信息安全。直播网络带宽和直播课堂的视频 CDN 服务，能保障海淀区约 30 万名中小学生和教师直播时网络畅通。

教育科研课题的开展会产生大量的教育教学成果。借助数字化设备，北京市海淀区教育科学研究院（以下简称海淀教科院）将教师的优秀课件、教案、教学设计、微课、课例等收集起来，不断完善各类教学资源，如种子教师研修资源、精品课堂实录资源、学科实验微课程资源、空中课堂资源、美育课程资源、传统文化课程资源、电子图书资源、科学教育课程资源、虚拟实验资源、网络安全资源，建成各类教学资源库，实现优质教学资源的共建共享，不仅为教师提供了丰富的资料，而且为教科研人员提供了多元表征的真实案例，启发教科研人员从理论视角分析教学案例，挖掘教学中存在的问题，找到教育研究的方向。

海淀区借助海淀区中小学资源平台、海淀区云课堂直播平台与智慧教室的录播系统，开展技术赋能的"同课异构"教研模式探索。通过平台，不同学校的教师可以更加便捷地交流和分享，促进教师之间的合作、分享、交流、提升，以对比的方式，找出优点和不足。同时，平台也可以提供一定的可视化工具，让教师更好地展示自己的教学成果和经验。

海淀教科院科研管理平台致力于以"一体、二网、三层、四目标"为核心的区域教育科研管理。"一体"指集立项、开题、中检、结题于一体的全过程管理，"二网"指教科研管理平台和 App 两个终端，"三层"指区域、学校和教师三大群体，"四目标"指教科研管理平台集管理、培训、交流和宣传于一体。海淀区共有各级各类科研课题 5000 多个，借助科研管理平台，教科研人员能很好地对如此庞大的课题做到全过程网络化管理，为学校教科研工作插上"隐形的翅膀"。同时，为确保一线教师在研究过程中可以便捷地向教研员寻求帮助，海淀教科院建立了教科研联系人制度，为每一所学校指派一名专职教研员，跟进并指导学校各项课题的研究，辅助学校教师完成科研管理工作。此外，海淀教科院建立了海淀区教科院问卷调查系统，教师可以通过在线问卷调查、学生评价、同行评审等方式，对教学质量进行评估和反馈，及时了解自身教学的不足和改进方向，促进教学水平的提高。

参见卞丽、郑志宏、殷玥：《教育数字化转型下的中小学教科研模式探索——以北京市海淀区为例》，载《中国教师》，2023(12)。

除了区域组织的力量，学校才是教师发光发热的主阵地，是教师筑牢学识、培育核心素养的主舞台。一方面，学校可以制定导师制、师徒制等规章制度，通过业务研讨、听课、评课、上汇报课、教学比武等形式，给初任教师导思想、带业务、传作风，即所谓"传帮带"作用，加强本校教师队伍建设。其中，较为普遍的是师徒制，具体是指初任教师拜有经验教师为师，在教学中实行一对一指导，师徒之间通过互相听课、评课、交流经验等方式促进专业发展和学校文化传承。[1] 此外，目前很多学校通过开启

---

① 高忠明、郭晓琴：《从国外教师入职培训看我国的初任教师培训》，载《教学与管理》，2012(15)。

"名师工作坊""名师大讲堂"的方式，宣传本校优秀教师知识管理创新的方法，帮助教师持续精进自身的知识转化力。

　　另一方面，学校还可以邀请校外专家来为本校教师队伍建设持续注入力量。一般意义上的专家是指在某一领域从事专项研究并具有专门知识的人。专家是学者，却不一定亲自介入实践过程，教师要善用专家的力量。专家能够帮助教师基于现实条件寻找更为合理的改进途径，使教学质量提高。专家能够通过明确的理论指向引导教育改革，即向教师阐明教育改革与教育实践的关系，使理论在教师实践中有实际内容地、高质量地落地。同时，专家依靠自己的身体力行，与教师共同研究和解决问题，潜移默化地使教师领会教育改革的精神要点，引导教师积极向好地发展。[①]

　　此外，建设高素质、专业化、创新型教师队伍是我国教育现代化的战略任务，"教师成为研究者"既是国家教育现代化的需要，也是教师职业发展的需要。推动教师提高教育研究能力，成为新时代教育研究者，是促进中国特色的教师教育体系构建的重要一环。因此，学校还要为教师打造好教科研平台，使各科教师在教师岗位上绽放光彩，引导教师从问题着手发展到课题研究，并通过课题成果提升自身的教学质量和核心素养，实现从知识到素养的跨越。

　　　校本教研是提升教师教育教学能力的重要方式，也是促进课堂教学改革、提高办学质量的重要路径。重庆市大渡口区实验小学构建了

---

① 郭华：《教学的模样》，251页，北京，教育科学出版社，2022。

　　"三圈教研"的校本教研模式，即常态教研、主题教研、学术活动"三圈"，积极探索校本教研与教师专业发展的关系。

　　常态教研解决的是教师日常教育教学中的具体问题，能有效促进教师教育教学基本功的夯实和提升。重庆市大渡口区实验小学常态教研的内容主题为教师做好模块化的清单式的"实施地图"——在教研中推进每个环节的具体内容。在活动推进中，教研组提前公布教研清单，教师根据自身的实际情况，选择相应的板块。教研组组长根据教师的选择再做适当的微调，最终形成教研的参与安排，并按照计划推进实施。有了这样的清单和模块，教研得到明显改善，在参与面上做到了全员卷入。每位教师都能找到适合自己的内容并展开研究，实现了不同需求教师的个性发展。同时，为有效评价校本教研的开展效果，重庆市大渡口区实验小学借助教学督导的方式进行，即学校集中督导—学科专项追踪—专家督导反馈，逐步形成闭环实施。

　　主题教研是学校办学思想和发展思路在教学板块的落地，是一所学校发展的主动脉。结合学校教研工作实际，重庆市大渡口区实验小学将主题教研的实施流程与课题研究过程相结合，开展"124主题教研"，即围绕1个主题、2年一个周期、每周期4个阶段开展主题教研。具体表现为学校确定1个研究主题，针对这个主题以2年为一个研究周期。在周期内的4个学期，每学期为一个阶段，分别是教研组内共同研究、师徒结对研究、骨干教师引领和"百堂献课"。整体包含主题阐述、课例实践、过程回顾、互动研讨、总结深化五个环节。

　　学术活动是教研的主基调，是教师专业精进之路。在研究成果方面，为保障教师的专业持续精进和成功转化，重庆市大渡口区实验小学采用项目式的方式，教师可以根据自己的研究内容，寻找具备相同、相近研究主题和内容的教师组成研究团队。在学术交流方面，学校结合教育教学的特点和国家级或地区级的学术活动，组建学校"教师团"，为教师提供"走出去、讲出来"的平台。

参见李竹、吴浩：《扎根·涌现·精进：让校本教研成为教师专业发展的能量场》，载《中国教师》，2024(4)。

三、学科内容知识的运用手段

不同时代对教师知识体系有不同的诉求，但在当下与未来，完善的知识体系仍旧不仅是教师个人的核心竞争力，还是学校软实力的主要组成部分。教师是人才培养的直接践行者，学科内容知识是教师的立身之本，教师只有坚持不懈地完善并用好自己的知识体系和学科间融合的能力，持续拓宽和深化自己的知识结构，满足学习者多样的学习动机和多元的学习需求，才能把最先进的学科知识和素养传递给学生。

(一)批判思维：学科内容知识运用的必要前提

一直以来，学校以知识、技能传承为基本使命，以品行、能力的培养为根本任务，在我们早已迈进全新的知识社会，知识成为首要社会资源的同时，我们仍旧对教育工作和教师角色怀揣着希冀：好老师拥有系统的知识体系、开放的教学方法、多元的技术手段，以及开拓进取的科研精神。

基于此，发展教师的批判性思维和发展学生的批判性思维一样重要，既需要通过课程教学中知识的传递，培养学生的怀疑、批判、探究意识，又需要持续精进自身的素养，养成批判性思维。实际上，不同教师的批判性反思能力还存在相当大的差异，而且在其教师生涯中也有持续发展的空间。

国际公认的批判性思维权威、美国批判性思维国家高层理事会主席理查德·保罗（Richard Paul）指出，批判性思维是为了提高思维能力而分析、评估思维的过程，它是一种评价、比较、分析、批评和综合信息的思考能力。保罗认为批判性思维能力主要由与认知相关的思维技能和与思维品质相关的情感特质两部分组成，并将其细分为 35 个分项，包含 26 项思维技能和 9 项情感特质（见表 2-3 和表 2-4）。① 参照这 35 个分项，教师也可以从一种新的、批判性的视角来设计课堂教学，帮助学生获得对应的分项技能。

表 2-3　批判性思维 26 项思维技能

宏观技能		微观技能
精炼概念化的观点，避免简单化	深度拷问，提出并探索问题的症结	对比思想与现实行动间的差距
比较相似情景，将思想作用于新情况	分析或评价论点、信念或理论	使用批判性词汇来考量自己的思维
提出信念、论点或理论	归纳、评估解决方法	发现显著相似性和差异性
阐明问题、结论或信念	分析、评价行为或政策	分析、评价假设
澄清、分析词汇或词组的意义	批判性地阅读，阐明并评论文章思想	区分有关和无关事实

---

① 　陈亚平：《教师提问与学习者批判性思维能力的培养》，载《外语与外语教学》，2016(2)。

续表

宏观技能		微观技能
为评价制定准则，澄清价值和标准	批判性地听取谈话对方的思想	做出合理的推断、预测或解释
评价信息来源可信度	将跨学科的思想联系起来	提供原因、证据和事实
采用苏格拉底式讨论方式，对观点进行质疑	采用对话式推理，比较观点或理论	辨识相互矛盾的观点
采用辩证推理，评价观点或理论		探索思想和行动的含义以及后果

表 2-4　批判性思维 9 项情感特质

善于独立思考	能洞察以自我为中心和以群体为中心的观点	善于探索情感背后的思想和思想背后的情感
公平	正直	勇于追求真理
谦卑，不随意下结论	自信	坚毅

真正的知识是在不断修改和对世界不断理解的基础上得来的。批判性思维的核心是用积极和主动的态度评价各种观点，是一种能够超越自我、批判地反思自己的思想本质的能力。因此，批判性思维正是教师掌握和提升其知识与素养的必要前提。同时，不断学习作为批判性反思的直接要求，也是现代社会中教师发展的基本观念，批判性反思与不断学习的能力成为教师专业发展的重要保证。批判性反思是一种不断审视、分析、质疑和解疑的思维活动，它能敦促教师为了改进教学活动而辩证思考，主动寻求突破。只有不断地学习，教师才能对其他批判性反思的结果进行处理，进而增强自身批判性反思的能力。此外，教师还要对自己的教育教学工作

进行经常性的自我审视与自我小结，通过不断总结以形成新的教育思想并改造教育实践。①

期中考试刚刚结束，就这次学生的答题情况及他们在这一阶段的学习状况，一位政治老师做了认真反思。在反思中他看到学生取得了一些成绩，但同时也发现了许多值得思考的地方。

一、存在的问题

第一，对学生要求不严格。

第二，对成绩不理想学生的辅导力度不够。

第三，部分学生的分析、理解能力较差，对学生日常习惯的养成培养不到位。

第四，在教学中对基础知识不够注重。

第五，练习册及其他资源的充分利用率不够。

二、今后教学应抓好以下工作

首先，加强学生实践能力培养。

其次，在教学过程中，重视学法指导。学生是学习知识活动的主体。只有学生积极地、能动地参与课堂教学，才能获得良好的学习成果。因此，教师在教学中要以学生为主体，创设师生互动，甚至是生生互动的教学氛围。

---

① 徐凤香、肖淑英：《培养教师批判性反思与不断学习的能力》，载《现代教育科学（小学教师）》，2009(3)。

　　最后，很重要的一点也是在这次考试中反映很突出的问题——学生答非选择题的能力差。因此，教师在今后的教学中应加强学生解题思路、解题技巧和解题能力的训练和培养。

　　这是一个关于教学反思的案例。教师的反思工具比较简单，主要是通过考试审视学生的答题情况，再结合自己以往的教学，写出教学反思。在本案例中，教师的反思仍然主要集中在技术性反思这个层次。教师提出存在的五个问题都是技术性的，如辅导力度、练习册的使用等。后面提出的对策也大多是关于如何更好地实现教学目标、如何更好地提高学生成绩等技术性方法。当然，在这位教师的反思中也有实践性反思。教师此时关注的不再是如何把知识有效地传递给学生，而是在价值观和信念的层面上进行反思，要注重学生在教学过程中的主体地位。但总体看来，还是技术性反思居多。

　　不过，教师的反思应该是一个不断循环前进的过程。教师的教育教学不能止于反思。反思的目的是推广或改进。在自我反思中，教师可以借助日记、传记、图例以及档案分析工具。在与他人合作的反思中，教师可以借助讲故事、信件交流、同伴交谈、教师访谈以及参与式观察等工具。同时，由于每个教育教学问题可能都会涉及技术性、实践性和批判性的反思，因此教师不能单单强调某一层次的反思。此外，还应加强教师的实践性反思和批判性反思，引导教师关注道德和伦理标准问题，以及对社会和政治背景的考察与反思。

　　参见张丽：《教师如何反思：从理论认识到案例剖析》，载《中国教师》，2019(3)。

(二)课例研究：学科内容知识运用的重要环节

课例研究是教师运用学科内容知识的重要环节，也是对批判性思维的进一步遵循。广义上的课例研究是指教师对课堂教学开展的合作性研究。狭义上的课例研究则是指以课例为载体，即以某一节具体的课为研究对象，通过不断打磨和优化课例，培养教师解决教学实际问题的能力的研究方法。[①] 课例研究作为一种帮助教师在行动中成长的研究方法，为教师运用学科内容知识、改善教学方法、提升教学质量、助推专业发展提供了清晰的抓手。

课例研究的过程一般包括制定教学目标、设计教学活动、评估课堂效果、反思和修改课例。在整个过程中，课例研究团队围绕课例主题进行备课，根据团队预设的教学目标和教学策略说课，围绕课例教学设计思路上课；有组织地要求观课教师选择自己感兴趣的观察维度进行观摩和记录；通过不同的维度和多重手段评估实际教学效果，以及对问题的解决完成度进行自我反思、集体讨论和专家评课。[②]

在课例研究中，通过确定课例研究主题，教师可以激活和焕新自己的学科内容知识。教师通过从中找寻有价值的问题、确定有意义的主题来获得主体成长，包括借鉴先进教学经验并将其本土化，总结未达到预设效果

---

① 魏宏聚、辛晓玲：《基于归纳思维和印证思维的课例研究》，载《河南大学学报（社会科学版）》，2024，64(2)。

② 朱斌谊：《论课例研究对初任英语教师学科教学知识运用的促进作用》，载《智库时代》，2019(20)。

的教学案例，实践教学理论中所提出的问题，开发与利用教学资源和设备。教师可以从真实课例中逐步学会如何确定教学目标、设计教学主题，从而激发将学科内容知识转化成教学实践知识的热情，学会发现问题并解决问题，促进自身专业成长。

教师通过课例研究能够与学科内容知识对话，并进行知识转化。教师展开教学的实际过程主要依据课程设计，教师要对课程标准、所用教材、教学内容和学生情况进行分析，这也是评估教师学科内容知识水平的重要指标。同时，教师在协同课例研究团队完成课程设计后，课堂将成为学科内容知识转化的第二个场所，教师通过参与课例研究课堂得以实践学科内容知识。课例研究的参与方式主要分为两种：一种是通过授课，将学科内容知识转化成学生能有效获得的教学活动任务；另一种是通过观摩课例研究中的课堂教学，选择适当的观察点，有针对性地观察授课教师和学生。亲自授课与课堂观摩两种方式有助于教师获得直接教学经验，进一步实践和完善教师学科内容知识。

　　甘肃省武威市凉州区两位教师以六年级语文上册第一单元的《西江月·夜行黄沙道中》一课为主要内容，以依次在三个平行班开展的教学活动为载体开展课例研究，将 AI 课堂教学行为分析系统作为课堂观察评测工具，经历了"基于原经验的设计—基于问题的改进设计—基于反思的新设计"的研究过程，总结前期教学改进成果，并优化了课程设计。

　　第一步：解题导入。①出示课题，齐读课题。"读题目时，为什么要在中间停顿一下？""你还知道哪些词牌名？""这首词的题目是什么?"②理解词作题意。"通过阅读题目,我们可以了解到词人夜行的地点在哪里?""黄沙道,今在何处?""根据注释,谁能解读一下这首词的题意?"

第二步:初读感知,把握词作大意。①小组合作:先自由读一读这首词,再比一比谁读得更加正确、流利、有节奏,能读出词的韵味。②小组交流:通过借助注释、看图、调换顺序、补充词语等以及与小组同学的交流,用自己的话说说这首词的意思。③小组展示:请学生以多种形式朗读——正确、流利地朗读;教师逐一出示词句,说出词句大意。④交流点拨:教师相继点拨个别重点词语的意思,引导交流如何正确理解词句意思。

第三步:有感情地朗读,领会词人的情感。①听教师范读词的上阕,小组交流:用自己的语言描述眼前浮现的美景。②小组交流:说说怎样能将上阕读得有感情。试着读一读。③小组合作:有感情地朗读词的下阕,并总结朗读要点。④读了这首词,你感受到了什么?这首词表达了词人怎样的感情?⑤小组展示:用自己的语言描述眼前浮现的美景,并有感情地朗读上阕和下阕。⑥交流点拨:其他小组挑战读,要读得优美、舒缓、抒情、沉浸、享受,表达出愉悦、喜悦的情感来。

第四步:练习拓展,感受宋词魅力。①假如我是词中人。小组合作:假如你是词中的农民、诗人或者青蛙,看到这一片长得这么好的庄稼,你会说什么呢?试着表演一下他们的对话。小组展示:分三组表演诗人与农民、青蛙之间,诗人与农民之间的对话。交流点拨:从刚才的表演中,我们感受到了什么?②在流动的音乐中默写词作。学生配乐默写词作，个别展示，师生共评。

参见邓飞、徐慧霞：《基于 AI 的课堂教学行为分析循证课例研究——以小学语文六年级上册〈西江月·夜行黄沙道中〉为例》，载《甘肃教育》，2024(7)。

(三)课程开发：学科内容知识运用的关键策略

课程承载着知识，传递着教育价值。校本课程开发则是学校教育哲学的体现，是我国基础教育改革创新的重要切入点。当前，校本课程开发主要是指以学校为决策主体，多元主体共同参与，学校课程规划、实施、评价及其价值实践和实现的过程。[①] 与此同时，知识在课程中并非只以"客体化"方式存在，知识可以转变为"主体性存在"构造课程，课程为人与知识"相遇"和"对话"创设了可能情境。[②] 学校课程如果不能恰如其分地处理好课程与知识的关系，反而有禁锢人类思想的风险。因此，立足于知识的本质和特征的课程开发迫在眉睫，教师的学科内容知识也成为课程建设的重要基石。

长期以来，支配教育生活的现代知识具有客观性、普遍性和中立性。所谓客观性，就是指"符合"，即与事物的本质属性以及事物之间的本质联系相符合。普遍性则是指知识超越了社会和个体的条件限制，被普遍接纳。这种普遍性也有助于形成一种巨大的知识共同体，分享着同样的知识

---

① 李秀伟：《中小学校本课程开发的异变问题与改进》，载《教育研究》，2014(5)。
② 郭晓明：《知识与教化：课程知识观的重建》，载《华东师范大学学报(教育科学版)》，2003，21(2)。

标准、认识方法、陈述形式、辩护手段，并推进知识进步。中立性也被称为"价值中立"或者"文化无涉"，指明知识是纯粹经验和理智的产物，与认识对象无关。知识生产过程不可避免地会受到文化传统和文化模式的制约，所以文化性应该是知识的基本属性。同时，任何知识都存在于一定的时间、空间、价值体系、语言符号等文化因素中，知识还具有境域性。此外，所有的知识生产都受社会价值的指引，价值的要求是后现代知识生产的原动力。所有知识在传播过程中还会受到权力因素的制约，因此它还是社会总体权力实践的一部分。① 而考虑到知识状况的变化对教育实践和教育改革的影响，基于现代知识性质的特征和后现代知识性质的转变，课程开发置身于学校时空和文化中，家校社各方力量共同参与无疑为当代知识理解与运用提供了更为便捷的渠道。

鉴于知识性质的转变，学校教育若想真正地承担起知识的重量，对知识运用自如，超越对知识的记忆、掌握、理解与应用，追求知识鉴赏力、判断力与批判力的发展，还需要依赖学校课程的开发和改进。具体说来，学校首先要做到改革科学课程，充分尊重学科内容知识的文化性。学校课程开发要改革传统现代知识观支配下的科学课程，实事求是地在科学课程中纳入和反映人们对科学活动与科学知识性质的新认识，从而使学生从小树立起一种正确的科学观。其次还可以开发社会课程，着重反映学科内容知识的境域性。学校课程的开发与建设要选择、保存、传递和发展本土知识，注入和唤起本土知识体系的价值意识，同时加强个体对本土文化的认

---

① 石中英：《知识性质的转变与教育改革》，载《清华大学教育研究》，2001(2)。

同。最后还应该加强人文课程，多重考量学科内容知识的价值。学校在开发和改进课程的过程中，要重视人文知识给予社会和个体的精神滋养，以培养青少年一代正确的世界观、人生观和价值观。

第三节　教师如何实现扎实学科内容知识的管理与创新

当前，知识正在迅速成为社会首要的生产要素，逐渐从"知识经济"向"知识社会"转变。[①] 价值由"生产力"和"创新"来创造，二者都将知识运用于工作中。在知识社会中，主导力量一定是"知识工作者"。[②]"新知识的创造与应用成为创造物质财富的最新形式"[③]的社会已然成为现实。当今社会不仅更加关注知识，也更加依赖于引导知识创造的机构和人——学校与教师，因此，我们重新审视教师如何进行知识管理和创新工作的重要性不言而喻。

一、教师管理学科内容知识的经验与特色

一个国家的知识创新，需要通过教育提高个体知识创新的意识和能

---

① ［美］彼得·德鲁克：《知识社会》，赵巍译，18 页，北京，机械工业出版社，2021。

② ［美］彼得·德鲁克：《知识社会》，赵巍译，7 页，北京，机械工业出版社，2021。

③ ［美］詹姆斯·杜德斯达：《21 世纪的大学》，刘彤、屈书杰、刘向荣译，14～15 页，北京，北京大学出版社，2020。

力。① 而教育要着力培养学生的创新精神和实践能力，就需要教师牢固树立改革创新意识。② 为此，学校一方面要注重培养职前教师的创新意识和管理能力，另一方面也要为在校教师的知识管理和创新工作提供条件。此外，为深入学习贯彻党的二十大精神，落实"推进教育数字化，建设全民终身学习的学习型社会、学习型大国"要求，教育部决定广泛开展全民终身学习活动。③

(一)职前职后：教师学科内容知识管理的经典案例

韩国作为亚洲国家，与我国同属东亚汉字文化圈，都深受儒家思想的影响，并有尊师重教的传统。"终身教育教师"制度是韩国终身教育发展体系中的一项特殊制度，其专业化发展水平、独立的法律地位和角色定位的特色经验，对我国建立健全终身教育体系，提升教师群体的知识素养具有一定的借鉴意义。此处对韩国教师教育和教师学科内容知识管理的经验展开分析，以期对我国不断基于国情变革教师教育和优化教师培养方案有所助力。

1. 教师学科内容知识的职前培养

近年来，韩国政府大力开展教师教育改革，通过建立一系列教师资格认证制度、全方位评估各级教师教育机构等方式，逐步提升了教师教育质

---

① 石中英：《知识转型与教育改革》(第2版)，7页，北京，教育科学出版社，2020。

② 《习近平总书记教育重要论述讲义》，213页，北京，高等教育出版社，2020。

③ 教育部：《教育部办公厅关于广泛开展全民终身学习活动的通知》，http://www.moe.gov.cn/srcsite/A07/zcs_cxsh/202306/t20230626_1065853.html，2023-06-16。

量。目前，韩国中小学教师培养集中呈现两个趋势：第一，小学教师培养偏重师范性，只有部分特定大学，即 10 所四年制教育大学和 3 所综合大学(教员大学、梨花女子大学、济州大学)，开设小学教师教育课程，招收优秀高中毕业生进行培养。[①] 第二，韩国小学教师职前教育培养既重视全面实用的基础培养，又注重专业技能的不断提高，其课程设置一方面强调知识储备和理论修养的充分准备，另一方面也强调重视儿童身心特质和儿童生活能力的全面考虑。与我国偏重创新和科研的小学职前教师培养方式相比，韩国的培养方案在某种程度上更贴近小学教师实际，也有助于职前教师尽早进入小学教师角色(见表 2-5)。[②]

表 2-5　韩国小学教师教育课程表[③]

教育素养课程	人性	教师人性Ⅰ
		教师人性Ⅱ
	能力	安全
		沟通·交流
	融合	创意融合
		人与生活
		社会与文化
		自然与科学
		艺术与体育

---

① 万作芳、张博：《韩国如何培养教师》，载《中国教师报》，2021-12-08。

② 金香花、全丽娜：《中韩小学教师职前教育比较研究》，载《湖南第一师范学院学报》，2018，18(3)。

③ 万作芳、张博：《韩国如何培养教师》，载《中国教师报》，2021-12-08。

教职课程		教职理论	
		教职素养	
	教育实习	现场教育实习	学校实习
			参观实习
		教育奉献	
		应急处理及心肺复苏实习	
专业课程		专业基础	
		小学教育学	
		教科教育与实际	
		深化课程	
自由选择课程			
师德教育课程			

关于我国教师学科内容知识的职前培养，以北京师范大学的教育学专业学生为例，本科生培养的过程性考核注重思想品德及师德素养、教师教育课程、教育实习与实践、专业能力、技能培训五个维度。其中，"思想品德及师德素养"要求自觉遵守教育法律法规，依法履行教师职责，忠诚于人民教育事业，勤恳敬业，乐于奉献，无违法违纪行为；"教师教育课程"要求必须修读过"教育学""教育心理学""德育原理""课程论""教学论"，且成绩合格；"教育实习与实践"要求在中等职业学校参加累计时长不少于一学期的教育实习、教育研习，且成绩合格；"专业能力"要求毕业前达到专业培养要求；"技能培训"要求必须学习教育部发布的"教育类研究生和公费师范生线上教师教育专题培训免费课程"，并不少于 20 学时。

教育专业硕士培养则重视理论与实践相结合，实行双导师制，校内外导师共同指导学生的学习和研究工作。根据培养目标、课程性质和教学内容，灵活选用多样化的教学方式与方法，在教学中注重实践与反思，采取案例教学、模拟教学、小组合作学习等方式；注重课内与课外学习相结合，关注学生的主动学习与创新学习；充分利用互联网等现代教学技术手段，开展线上学习与线下学习相结合的混合式教学。教育实习、教育见习、教育研习是北京师范大学教育硕士的必修环节，计6学分。其中，教育实习是教师专业化发展的重要环节，旨在培养实习生的事业心、责任感和荣誉感，使其将所学的基础理论、基本知识和基本技能，综合运用于学校教育教学实践，发展其独立从事教育、教学工作的能力，成为掌握现代教育理念、具有较强实践与创新能力的、高水平的教育工作者。教育学部全日制教育硕士在提交学位申请前，必须参加教育实习并取得合格的成绩。

此外，国内师范院校对师范生的学科内容知识管理和提升还在不断推陈出新。例如，北京师范大学近年来在北京与珠海两个校区联动开启了未来教师循证教育教学实践能力提升计划比赛和系列活动。比赛分为课程开发与教学设计比赛、主题教育活动设计比赛、"三字一话"能力比赛三项，其中"三字一话"能力比赛包括前期打卡环节的评奖，系列活动则包括前期线上课程讲授与辅导、中期自学提升和后期比赛与展示交流。这类活动和比赛也为职前教师提升教育教学实践能力，储备教育教学实践技能，在今后成为一名"四有"好老师，打下坚实的专业基础。

2. 教师学科内容知识的职后管理

1999年，韩国出台了"终身教育法"，中间经历了两次修订（2007年、

2016年），2017年韩国政府又出台了"终身教育振兴基本计划"，推动学习型城市、学习型社区的建设。韩国重视对终身教育教师的专业化培养，韩国"终身教育法"就终身教育教师的相关问题做了明确规定，包括终身教育教师的准入资格、培养机构、聘用程序、经费补助等。此外，韩国的"终身教育法实施令""终身教育法实施规则""高等教育法""学分银行法"也对终身教育教师制度明确的、独立的法律地位做了补充性规定。

　　韩国终身教育教师制度的核心就是教师资格认定制度，该制度明确了终身教育教师的准入、任职、培养、研修等制度规范。韩国终身教育教师的培养课程主要分为两大门类，即必修课程和选修课程。必修课程包括五大门类，主要包括终身教育过程论、方法论、经营论、开发论以及实习；选修课程分为二大门类若干门课程，其中，实践领域包括儿童、青少年、女性、老人等若干领域的教育课程，而成人学习与咨询也极为重要，也被列入实践领域。而方法论方面的选修课程包括的课程门类更为丰富，如人力资源开发、企业教育、心理学、职业生涯规划等方面的课程内容。终身教育教师要想取得教师资格或顺利毕业，在选修课程领域至少应选取两门课程，毕业分数超过80分才为考核合格。教育实习作为五大必修课程之一，通常是由培养机构和终身教育机构共同组织实施，以提升终身教育教师的专业水平及教育适应能力，实习者在完成实习任务之后，由终身教育机构对其进行考核，合格之后就可以获得相应的学分。此外，韩国将终身教育教师分为三个等级，不同的等级在资格认证与晋升方面对学习者的学历、经历、课程等提出了不同的要求。任何人要取得终身教育资格，必须完成"终身教育法"规定的课程、学分等方面的要求。[①]

　　我国教师职后管理也逐步走向现代化创新发展。随着《中国教育现代化2035》提出，建设高素质专业化创新型教师队伍成为重大战略任务。面对新一轮科技革命，为推动教育的数字化转型发展，2018年4月，教育部印发《教育信息化2.0行动计划》，我国开始施行以全国中小学教师信息技术应用能力提升工程、人工智能助推教师队伍建设行动为代表的，一系列以提升教师数字素养为目标的教师培训项目，从而推动教师数字素养提升以应对新技术带来的教育变革。[②]

　　与此同时，我国还颁布了教师职业能力最新要求。2021年，教育部研究制定了《中学教育专业师范生教师职业能力标准（试行）》（以下简称《标准》）等五个文件，对中小学等阶段教师的职业能力提出了具体要求。其中，《标准》将教师的学科内容知识放在"教学实践能力"这一级指标下进行考察。《标准》要求中小学阶段教师应该"掌握专业知识"，主要包括"教育基础""学科素养""信息素养""知识整合"四个方面。以中学教育为例，"教育基础"是指掌握教育理论的基本知识，能够遵循中学教育规律，结合中学生认知发展特点，运用教育原理和方法，分析和解决教育教学实践中的问题。"学科素养"是指了解拟任教学科发展的历史、现状和趋势，掌握学科的基础知识、基本理论、体系结构与思想方法，能分析其对学生素养发展的重要价值，理解拟任教学科的核心素养的内涵。"信息素养"是指了解

---

①　郭伟：《韩国"终身教育教师"制度及其借鉴》，载《成人教育》，2018(8)。

②　屈曼祺、李宝敏：《强师之路：我国中小学教师培训制度推进历程、变迁特征与展望》，载《中国教育学刊》，2023(11)。

信息时代对人才培养的新要求。掌握信息化教学设备、软件、平台及其他新技术的常用操作，了解其对教育教学的支持作用。具有安全、合法与负责任地使用信息与技术，主动适应信息化、人工智能等新技术变革并积极有效开展教育教学的意识。"知识整合"是指了解拟任教学科与其他学科的联系，了解学习学科相关知识，掌握学科教学知识与策略，能够结合社会生活实践，有效开展学科教学活动。了解融合教育的意义和作用，掌握随班就读的基本知识及相关政策，基本具备指导随班就读的教育教学能力。[①]

此外，以北京师范大学为代表的培养单位，也开始发起"四有"好老师启航计划，多措并举鼓励引导更多优秀教师到基础教育领域就业，并不断提升自己的任教水平。在职后培养方面，除了荣誉表彰和物质奖励之外，学校本着"扶上马，送一程，服务终身"的校友工作理念，为新任教师提供一揽子职后培训和能力提升支持，包括名师校友指导、免费集中培训、学校走访慰问、举办基础教育领域校友公益论坛、协助建立"青年教师成长工作室"等，为新任教师专业成长全程保驾护航。

（二）在线培训：彰显教师学科内容知识管理的亮点特色

2017 年国务院发布的《新一代人工智能发展规划》明确提出，"利用智能技术加快推动人才培养模式、教学方法改革"，因此实时迭代教师在线培训模式、更新教师知识技能也成为时代发展的必然。教师在线培训模式

[①] 　教育部：《教育部办公厅关于印发〈中学教育专业师范生教师职业能力标准（试行）〉等五个文件的通知》，http://www.moe.gov.cn/srcsite/A10/s6991/202104/t20210412_525943.html，2021-04-21。

依托互联网等电子信息技术，将教师职后培训目标、内容、实施过程、评价等因素有机结合成某种标准样式。[①] 如何开展卓有成效的教师职后培训，完善我国中小学教师在线培训模式，既需要我国向内自省开展研究调研，又需要向外学习其他国家的亮点特色。

美国中小学教师在线培训模式就是在发现问题和解决问题的过程中发展起来的，美国的相关经验可以为我国中小学教师在线培训的发展以及在此过程中的教师知识管理带来一定的启示。一方面，制定在线培训的标准，保证网络教学的质量。北美在线学习委员会[②]作为保障美国在线教育质量的重要组织，相继发布了《全美网络课程质量标准》《全美网络教学质量标准》《全美网络项目质量标准》，以保证美国在线培训课程内容的质量。北美在线学习委员会还将在线培训指导教师、领域内专家、教育技术专家引入网络课程评估工程中，保障美国在线课程的整体质量，推动提升中小学教师信息素养。[③] 另一方面，注重参训教师的团队学习方式以及在线的经验交流和共享，以此建立一个中小学教师在线学习共同体。新的和更广泛的专业发展方式使教师不再是培训班的被动接受者，而是自主、积极参与活动的学习者，同时还能够提高中小学教师的培训效率。[④]

---

① 仇淼：《美国中小学教师的在线培训模式研究》，博士学位论文，西南大学，2021。

② 北美在线学习委员会于 2003 年 9 月正式成立，之后因委员会工作范围拓展，于 2008 年 10 月更名为国际 K-12 在线学习协会（ International Association for K-12 Online Learning，iNACOL ）。

③ 叶宝生、曹温庆：《从网络课程、网络教学和网络项目的三个标准看美国网络教育》，载《电化教育研究》，2010(9)。

④ 仇淼：《美国中小学教师的在线培训模式研究》，博士学位论文，西南大学，2021。

目前美国中小学教师在线培训模式呈现出多样化、多模式并行的发展趋势，但在线培训内容主要集中在以下几类：一是与教师所教授学科相关的专业知识课程以及教育学理论课程；二是提高中小学教师日常教学实践能力的相关课程；三是与时俱进的课程，如最新的电子信息技术的实际运用；四是增进课堂管理知识和能力的课程，包括妥善处理学生之间相处问题的能力等；五是中小学教师的个性化、自主发展课程。[①]

在经济全球化、知识社会和数智时代的大背景下，学生的个性化发展和创造力被视为竞争力的主要来源，但学生的个性发展和创造意识还需要教师的引导，所以我国探索教师专业成长更应该步履不停，特别是要将教育技术与日常教育实践相融合，通过革新教育技术和运用为参训教师模拟日常教育教学情境，促进教师在情境中进行学科内容知识的建构和学科教学知识的积累，推动教师在线培训模式的发展。

(三)数智时代：打破教师专业发展评价的单一维度

参照美国教师专业发展评价维度，从 2001 年《不让一个孩子掉队法案》发布开始，美国中小学教师专业发展的目标就转向了教师个人专业成长和学生成绩提高相结合。[②] 2010 年，奥巴马政府提出"有效教师"就是"优秀教师"的概念。2015 年年底签署的《让每个孩子都成功法案》提出"重新塑造教师评价体系，使其成为教师专业成长的工具"。至此，美国教师专业发展的评估

---

① 仇淼：《美国中小学教师的在线培训模式研究》，博士学位论文，西南大学，2021。

② 段晓明：《美国田纳西州教师评价政策：问题与改进》，载《当代教育科学》，2021(1)。

不再单纯关注学生的学习成果，而是将教师的生命成长和专业成长纳入评估标准中，重视教师的差异性和内生的需求，体现对教师的生命关怀。

随着基础教育改革的推进，我国也不再仅仅以学生的考试分数来衡量教师的能力，而是逐步建立了科学的评价体系，多维度、全方位对教师进行综合评价考核，让教育回归本质。而教师知识的管理、评价和创新作为教师专业发展的重要环节，必然也会被纳入这些评价的考量中。传统教学要求教师从"知识与技能、过程与方法、情感态度与价值观"三个维度设立教学目标，但核心素养的提出是对"三维目标"的继承与超越，对教师专业水平的要求也随之提高。因此，教师的专业发展评价体系也应打破传统，有所突破，以更加适应新时代教师的专业发展。

教师的能力是多方面的，对教师能力的评价方式应该更加注重全面和综合。一方面，可以通过搭建教师活动平台，多方面关注教师能力发展，建立与数智时代相适应的教师发展评价机制。另一方面，可以拟定教师活动评价机制，活动评价需要制度保障，有可操作的量化指标，让参与者有获得感、成就感，找到自己在活动中的价值。[①] 此外，还可以逐步建立教师专业发展过程性评价体系，让评价促发展，以评价促创新。不仅要关注教师目前的知识和教学水平，还要十分注重培养教师知识素养和教学能力提高的过程，为教师终身发展提供指导，同时切实地提高教师参与评价的意愿值。在教师专业发展的过程性评价中，采用综合措施进行多方面评价，实现诊断同反馈并重、教学评价与教学研究并重，保障过程性评价结

---

① 胡大云：《构建多维度全方位的教师评价体系》，载《四川教育》，2023(17)。

果的真实性、可靠性、准确性、权威性。[①]

二、教师创新学科内容知识的方式与手段

在知识的沃土中，学科内容知识犹如一粒种子，蕴藏着无限的生机和潜力。然而，仅仅播下种子是不够的，教师需要成为辛勤的园丁，悉心呵护和培育一棵棵幼苗，使其茁壮成长。促进学科内容知识创新的方法，就像园丁手中的工具，帮助教师松土、浇灌和施肥。通过使用有效的促进策略，教师可以创造能够激发学生创新思维的环境，让他们扎根于知识的沃土中，汲取养分，茁壮成长。

(一)拓宽学科视野："大知识观"下的知行合一

韩愈《师说》云："师者，所以传道受业解惑也。""传道""受业""解惑"是教师的三大职责，其中"传道"是教师最重要也是最基本的任务，"受业"和"解惑"都与"传道"有关。做好新时代的"传道"工作，教师要坚持知行合一，不断提高自身素质，同时用自己的一言一行引导学生，只有这样才能更好地将知识的种子播撒进学生的心田。

1. 何为"大知识观"

部分学者认为洪堡(W. von Humboldt)是第一个提出大知识观概念的

---

① 李腾飞：《新时代教师专业发展过程性评价体系初探》，载《教育实践与研究》，2023(15)。

人，他的思想和对研究型大学的愿景为跨学科研究和知识整合构建了一个框架，这正是大知识观的核心。国际上对大知识观的研究在 20 世纪下半叶逐渐丰富起来，但并未有统一的概念化的研究。著名教育理论家艾瑞克·唐纳德·赫希(E. D. Hirsch)在《知识为什么很重要：将孩子从失败的教育理论中拯救出来》中提到的"核心知识"(core knowledge)体系就是大知识观的一种体现。他认为核心知识是人们在交流、阅读时所需要的基本知识和背景信息，包括历史、宗教、风俗、文学、艺术、地理、科学等领域的事实和多样化的人文背景知识。他主张学校教育应该围绕这些核心知识进行教学。① 1986 年，美国国家科学研究委员会发布《本科科学、数学和工程教育》报告，首次明确提出"科学、数学、工程和技术教育集成"的纲领性建议，这标志着 STEM 教育的开端，同时该报告对跨学科知识的重视也是大知识观在科学领域的一种体现。② 大知识观对知识广泛而深入的理解，超越了特定主题或领域的专门知识，涵盖了跨学科的广泛知识。

我国对大知识观的理解和研究可以分为三个角度：追根溯源、与时俱进和统筹综合。

从追根溯源角度，大知识观最早起源于战国时期，在道家教育思想中，庄子的大知识观独具特色。庄子认为，"道"是非常高深、宏大的，普通的"知"无法达到，只有"不知之知"才能达到"道"。庄子称前一种知为

---

① ［美］艾瑞克·唐纳德·赫希：《知识为什么很重要：将孩子从失败的教育理论中拯救出来》，张荣伟译，9 页，福州，福建教育出版社，2022。

② 余胜泉、胡翔：《STEM 教育理念与跨学科整合模式》，载《开放教育研究》，2015，21(4)。

"小知"，后一种知为"大知"。例如，"大知闲闲，小知间间"（《庄子·齐物论》）、"小知不及大知，小年不及大年"（《庄子·逍遥游》）说明了"大知"的宽广辽阔和"小知"的狭隘局限。在中国古代教育思想的发展中，大知识观也有突出的地位，闪烁着耀眼的文化光彩，认真探索它的核心内容及其特点，对于建设中国特色社会主义现代化教育事业和构筑社会主义教育思想体系，都具有重要的意义。[①]

从与时俱进角度，我国学者从教育教学这个角度，将人工智能大知识观构建为一个相对完整的知识体系，包括学科基础、技术基础、重点方向与领域、行业应用、伦理法律五大方面。第一方面涉及的人工智能学科基础与教师的学科内容知识的更新迭代最为密切相关，主要包括哲学、数学、物理学、逻辑学、语言学、脑与神经科学、认知科学、伦理学、数据科学等与人工智能交叉的各基础学科知识[②]，重点强调多学科交叉对于人工智能的重要作用。

从统筹综合角度，树立大知识观，不仅要将概念、本质、原理、规律、关系和联系等基本性知识与关联性知识看作知识，还要将操作、方法、技能、策略等方法性知识，以及兴趣、情感、态度、意志、智慧、价值观等观念性知识纳入知识的范畴，也就是说要从广义的视角看待知识，而不能狭隘地理解知识的内涵。树立大知识观应把握以下三点。一是知识的构成。知识由基本性知识、关联性知识、方法性知识和观念性知识等构

---

① 任桂平：《庄子的大知识观与语文教学》，载《晋中师范高等专科学校学报》，2002，19(3)。

② 莫宏伟：《关于人工智能的五个认识观点探究》，载《科技风》，2023(4)。

成，而不仅仅由基本性知识和关联性知识构成。二是知识的认知水平。知识的认知水平包括识记、理解、应用和创新等层次，而不仅仅是识记和理解。三是知识的形成。一般是先形成基本性知识，接着形成关联性知识，在此基础上形成方法性知识，然后进一步形成观念性知识。[①]

2. 课程改革中的大知识观

《义务教育课程方案和课程标准(2022 年版)》体现了大知识观的理念。课程改革中引入了大观念、大任务或大主题驱动的问题式学习、项目学习、主题学习等综合教学形式，重构课程内容，优化呈现方式，使各部分内容彼此间建立有机联系，实现"少而精"，做到"纲举目张"。事实上，各课程标准在课程内容结构化设计方面都强调以核心素养为主轴，构建大任务、大观念或大主题等以问题解决为目标的课程内容结构单位和教学单元组织形态，并以此作为学习内容聚合机制和学习动机激发机制，有效清理、归纳、整合学科知识点或主题活动内容，在学习内容安排层面落实减负、增效、提质。大知识观强调教师要具备丰富的学科内容知识、学科教学知识和一般教育学知识等多方面的知识。那么，在大知识观的指导下，教师应该如何行动呢？

在教学设计上，教师需要基于学科内容知识，明确教学目标和内容，选择合适的教学材料和资源；基于学科教学知识，选择与学生认知水平相匹配的教学策略，设计循序渐进的教学活动；基于一般教育学知识，考虑学生的学习风格、兴趣和需求，营造积极的学习环境。

---

① 王修建：《树立大知识观》，载《中学生物教学》，2022(10)。

在课堂教学中，教师需要灵活运用多种教学策略，如讲授法、讨论法、探究法等，激发学生的学习兴趣和主动性；同时创设问题情境，引导学生思考、分析和解决问题，培养他们的批判性思维能力；也及时关注学生的反馈，调整教学节奏和内容，确保学生对知识的理解和掌握。

在作业布置上，教师需要设计有针对性的作业，巩固学生的学习成果，促进知识迁移和应用。作业要类型多样，既有基础题，也有拓展题和实践题，以满足不同学生的学习需求。教师也提供及时、有效的反馈，帮助学生发现不足，查漏补缺。

在学生评价上，采用多元化的评价方式，如平时表现、作业、测验等，全面评价学生的学习情况。其中，评价标准要清晰透明，注重评价学生的学习过程和进步。教师要善于利用评价结果，为后续教学内容和教学策略提供依据。

在自身专业发展上，教师需要不断更新知识体系，通过阅读、研修、参加培训等方式，提升对学科内容知识、学科教学知识和一般教育学知识的理解。积极参与教育科研和教学实践，总结经验教训，在优化教学方法的同时，也要常常与同行交流学习，分享教学心得，共同提高教学水平。

总之，大知识观下的教师行动应该贯穿于教学的全过程，从教学设计到课堂教学，再到作业布置、学生评价和自身专业发展，环环相扣，缺一不可。教师应立足于学科内容知识、学科教学知识和一般教育学知识，遵循基于学生、学科为本、知识融合和反思实践的原则，不断优化教学实践，促进学生的全面发展。

(二)创新思维方式：人工智能助力教师专业发展

人工智能究竟是"潘多拉魔盒"还是"阿拉丁神灯"暂且未知，但就其当前展现出的无限可能，已使得诸多教育领域的设想不再是空中楼阁。人类制造工具，也应成为工具的主人，充分认识人工智能的可能性与不可能性，合理、有效地利用人工智能技术将有利于教育生态的演进。

1. 顶层设计给予指导

当前，人工智能技术已渗入人类生活的各个领域，社会对人才的需求正在发生改变，教育的变革也相应引发。2017 年，国务院印发的《新一代人工智能发展规划》提出要发展"智能教育"，推动人才培养模式和教学方法改革。[①]《教育部 2018 年工作要点》提出"启动人工智能＋教师队伍建设行动计划"[②]。智能社会的演进使教师专业发展产生新的转向，教师专业目标从知识传递向培育学生高阶思维能力、问题解决能力、人机协作探究能力转变，教师专业思维从学科教学思维向人机协同教学思维、创新设计思维、终身学习思维转变。

2018 年，《教育信息化 2.0 行动计划》提出要推进智能教育，开展以学习者为中心的智能化教学支持环境建设，推动人工智能在教学、管理等方

---

① 《新一代人工智能发展规划》，27 页，北京，人民出版社，2017。

② 教育部：《教育部 2018 年工作要点》，https：//www. moe. gov. cn/jyb＿sjzl/moe＿164/201807/t20180716＿343155. html，2018-03-01。

面的全流程应用等。① 2021 年,《教育部等六部门关于推进教育新型基础设施建设构建高质量教育支撑体系的指导意见》指出:到 2025 年,基本形成结构优化、集约高效、安全可靠的教育新型基础设施体系,并通过迭代升级、更新完善和持续建设,实现长期、全面的发展。建设教育专网和"互联网+教育"大平台,为教育高质量发展提供数字底座。② 2022 年,教育部发布了《教师数字素养》行业标准,从数字化意识、数字技术知识与技能、数字化应用、数字社会责任、专业发展五个一级维度做出了规定,要求教师掌握并灵活运用数字技术获取资源、解决教育问题和优化教学活动。教育数字化转型迫切要求教师从知识型教师转变为素养型教师。素养型教师应具备数字化意识,主动学习和掌握数字技术,探索数字化教学模式,参与数字教育资源开发和数字化评估,担当数字化社会责任,创新性地解决教育教学问题,培养学生的信息素养、计算素养和数据素养,引导学生掌握数字化学习技能。③

2. 智能技术综合权衡

在数字化转型背景下,学科之间的融合和交叉变得更加密切,学生的需求更加多元化,教师跨学科能力的重要性日益凸显。教师除了需要具备

---

① 教育部:《教育部关于印发〈教育信息化 2.0 行动计划〉的通知》,https://www.moe.gov.cn/srcsite/A16/s3342/201804/t20180425_334188.html,2024-05-11。

② 教育部:《教育部等六部门关于推进教育新型基础设施建设构建高质量教育支撑体系的指导意见》,https://www.moe.gov.cn/srcsite/A16/s3342/202107/t20210720_545783.html,2024-04-21。

③ 教育部:《教师数字素养》,https://www.moe.gov.cn/srcsite/A16/s3342/202302/W020230214594527529113.pdf,2022-04-25。

教育教学基本素养和专业知识技能之外，还需要了解其他相关学科的知识，并具备智慧教学设计能力、智能内容融合能力、智能技术应用能力、智慧课堂管理能力、教学数据分析和评估能力，由此形成跨学科能力，以适应不断发展变化的教学环境，为不同学生提供个性化的学习支持和精准化的教学方案。

　　但需要注意的是，智能技术在教学中是一把双刃剑。一方面，它可以帮助教师根据学生的需要定制学习内容，从而提高教学效率。智能技术为教师备课带来了革命性的变革，它提供了丰富的教学资源、个性化的备课建议、自动化的任务，以及协作备课和数据分析等功能。利用智能技术，教师可以提高备课效率，找到高质量的教学材料，并根据学生的学习情况调整自己的教学策略，这最终将促进学生的学习和成长。另外，虚拟现实、增强现实和游戏化等智能技术可以提高学生的学习兴趣与参与度。在线学习平台和移动应用程序可以让学生随时随地学习，打破传统课堂的限制。智能技术有助于收集和分析学生的数据，帮助教师发现学生的优势和劣势，并提供有针对性的支持。此外，智能技术可以自动化某些任务，如评分和反馈，从而减少教师的工作量，让他们有更多的时间专注于教学。智能技术解放了教师的时间，让他们专注于更具创造性和战略性的工作，从而促进教学质量的提高。

　　另一方面，智能技术也给教学带来了一些挑战。智能技术依赖于可靠的互联网连接和设备，技术故障可能会中断教学过程；在线学习平台可能会面临网络攻击和数据泄露的风险，需要采取适当的安全措施；过度依赖智能技术可能会减少师生之间的面对面互动，导致学习动机缺乏公共空间人群监督，课堂纪律管理难，教师产生失控感和无把握感等问题。[①] 同时，智能技术也可能使学生过于依赖现成的信息和自动化工具，从而限制他们的批判性思维和创造力。

智能技术能解除教师重复、烦琐工作的桎梏，使教师的专业角色特性得以逐渐显现，但教师自身智能素养缺失也会导致智能技术的不当使用，影响教学实践的进程和效率。此外，教师过分依赖智能技术教学导致其与学生的关系逐渐疏远等问题也需要引起重视。[②] 教师需权衡利弊，探寻自身不可替代且超越技术经验、符合时代教育诉求特质的角色定位，并采取措施最大限度地发挥优势，降低潜在风险。[③]

(三)持续批判反思：教学相长中增进教师知识涵养

课堂是教师与学生知识碰撞的舞台。在与学生的互动中，教师不断反思自己的教学方法和策略，根据学生的反馈与表现及时调整教学内容和方式。这种反思和调整的过程促使教师不断审视自己的知识储备，发现自身知识的盲点和不足，从而有针对性地学习和提升自我。此外，学生的多样化背景和思维方式也为教师提供了拓展知识视野的契机。面对学生的疑问和挑战，教师需要跳出固有思维模式，从不同的角度思考问题，寻找新的

---

① 张东娇：《大班额线上案例教学的循证实践研究——以〈教育管理学〉课程为例》，载《教育学报》，2023，19(1)。

② 褚君、李永梅：《智能时代教育变革的技术力量及其教育风险规避》，载《现代教育技术》，2022，32(6)。

③ 洪玲：《智能时代中小学教师专业发展：内涵转向、困境根源及路径模型》，载《中国教育信息化》，2023，29(10)。

解决办法。这种思维的碰撞和拓展促使教师不断更新知识结构，丰富知识内涵，提升核心素养中至关重要的知识转化能力，从而促进自身综合素质的整体提升。

教学相长中的知识涵养增进是一个螺旋上升的过程。教师在教学中不断学习，在学习中不断提高教学水平，在提高教学水平中又进一步拓展知识视野。通过这种良性循环，教师的知识涵养得到不断充实和深化，为学生的成长和学科的发展助力。

1. 教学实践：学科内容知识的实践化路径

在一场真实的教学中有必不可少的三个准备环节：一是教师对学科内容知识的充分理解和掌握；二是教师对教学的充沛精力和感知力；三是教师在实践中所需要的精湛教学技巧。

在对学科内容知识的理解与掌握上，教师除了对本学科内容的知识体系与重点难点应有全面、深入的掌握以外，还需要涉及三项要求：一是要了解学习当前的主题需要哪些知识基础或先决条件；二是要了解当前所学的主题和实际应用之间有哪些联系；三是要了解学习当前主题对学生今后的发展有何帮助。

在教师个人的思想与态度上，依据杜威的观点看，教师作为一个社会团体的明智的领导者依靠的不是职位而是广博、深刻的知识和成熟的经验。教师必须对个人所教的学科有特殊的准备，对所教的学科具有真正的热诚，并把这种热诚富有感染力地传递给学生，否则教师不是漫无目的地随波逐流就是呆板地受制于教科书的束缚。灵活地处理意想不到的偶然事件和问题的能力，依靠教师对所教学科具有新鲜和充分的兴趣与知识。①

在"传道受业解惑"的教学实践中，成功的教师不能仅仅对某一个概念、原则或原理有直觉的或个人的理解。为了促进学生的理解，他们必须自己先理解向学生表征概念的方法，他们必须要有转化内容以适合教学目的的知识。用杜威的话来说，他们必须对学科内容知识心理化。② 在教学过程中，教师所拥有的、已经加工到了自动化程度的学科内容知识，一方面决定着教师"教什么"，另一方面也主导着教师如何调节、控制课堂教学进程，即主导着教师"怎么教"。

例如，一位正在讲授物理题的教师，他所面对的外部情境就包括"题设情境"因素。教师在感知这一因素之后，与此直接相关联的、已经加工到了自动化程度的物理学知识，如公式、定律等，会被提取并隐现于脑海中。教师有时还会从某一个知识点出发向外跨学科延伸。与这一知识点直接相连的、已经加工到了自动化程度的一般科学文化知识，如历史、哲学等方面的知识，也会被提取并隐现于脑海中。同时，教师在感知是否有学生在睡觉、说话、做小动作，哪个学生比较专心等课堂情境因素之后，与此直接相关联的、已经加工到了自动化程度的教育专业知识，如课堂管理知识等，同样会被激活并隐现于脑海中。教师时而整顿纪律，时而有意停顿等，这些闪现的念头和做出的处理，无疑都是从隐现的教育专业知识中涌现出来的。③

---

① 姜美玲：《教师实践性知识研究》，博士学位论文，华东师范大学，2006。

② 廖元锡：《PCK——使教学最有效的知识》，载《教师教育研究》，2005，17(6)。

③ 万文涛：《教师实践性知识论纲》，载《中小学教师培训》，2006，22(6)。

教学实践是知识和技能的综合，它要求教师具备对学科内容知识的深刻理解、对学科教学知识的熟练掌握的能力，以及对学生的学习需求的敏锐洞察力。通过拥抱教学实践的挑战和机遇，教师可以培养学生的求知欲和对知识的终身热爱。

2. 学科教学知识：教师夯实学科内容知识的指南针

在学科知识的汪洋大海中，学科教学知识宛如一座灯塔，为教师指明前行的方向。学科教学知识不仅为教师提供了学科内容的理论根基，而且还指明了将知识有效传授给学生的实践路径。

研究表明，专家教师与新手教师之间最显著的差异在于学科教学知识。学科教学知识使专家教师能够从多个角度看待教学内容，从而灵活选择适合主题的教学方法。更重要的是，教师所具备的学科教学知识决定着教学既要基于学生的发展又要促进学生的发展，通过适当的方法激发学生的兴趣、培养其学科能力、加深其对内容的理解，促进其全面发展。[①] 学科教学知识为教师自身具有的复杂而成熟的理解与形成学生的理解之间架起了一道桥梁。[②]

学科教学知识是教师夯实学科内容知识的基石，也是教师有效实施教学的利器。学科教学知识是教师深入理解学科内容知识的钥匙，它帮助教师把握学科的核心概念、结构和规律，领悟学科背后的思想方法和思维方式。有了这把钥匙，教师才能真正驾驭课堂，游刃有余地带领学生探索学

---

① 杨彩霞：《教师学科教学知识：本质、特征与结构》，载《教育科学》，2006，22(1)。

② 徐碧美：《追求卓越——教师专业发展案例研究》，陈静、李忠如译，64 页，北京，人民教育出版社，2003。

科内容知识的奥秘。同时，学科教学知识也是教师教学策略的指南针。它为教师提供了多种多样的教学方法和技巧，指导教师如何激发学生的学习兴趣，如何培养学生的思维能力，如何帮助学生理解和掌握知识。有了这个指南针，教师才能根据学生的实际情况和学科特点，设计出科学有效的教学活动，让课堂教学充满活力和成效。有了这把钥匙和这个指南针，教师才能在教学实践中游刃有余，带着学生抵达知识的彼岸。

毫无疑问，在当前竞争激烈的教育环境中，好老师需要扎实的学科内容知识作为其教育教学的基石，它为教师提供了培养未来新生力量所需的信心和素养。教师掌握扎实的学科内容知识，有助于自己深入理解知识的结构和关联，设计引人入胜的课程，让学生深度参与到学习过程中。同时，教师通过向学生展示自己广博、精深的知识涵养，可以极大地激发学生的好奇心和探索知识的欲望，从而促进学生的自主学习和全面成长，而不是局限于识记知识的表层。

第三章

新时代好老师需要
扎实的学科教学知识

新时代教育的地位与意义日益凸显，好老师的角色也在逐渐演变。从传统意义上说，好老师可能被定义为懂得教书育人、关爱学生的人，但随着社会的发展和教育理念的更新，人们对好老师的期待也更加全面和深入。一位好老师需要成为学生的导航者、思想的引领者、创新的推动者。在这样的背景下，扎实的学科教学知识成为塑造好老师不可或缺的一环。扎实的学科教学知识不仅关乎教学的质量，而且影响学生成长的方向和质量。本章从扎实的学科教学知识的定义开始，介绍了其概念、构成、特征、研究历程，接着从学科教学知识的学习、转化与形成、应用角度介绍了教师如何掌握扎实的学科教学知识，最后根据学科教学知识发展的新趋势介绍了学科教学知识的管理的方式、问题及改进方式。

第一节　何为教师扎实的学科教学知识

本节主要介绍学科教学知识的内涵及研究历程。一方面，通过梳理学科教学知识产生的背景与发展的历程，概括总结学科教学知识的内涵，并辅以具体的教学案例来深化理解，在此基础上厘清学科教学知识的构成，以及扎实学科教学知识的具体表现。另一方面，介绍现代学科教学知识的发展与研究历程，明确学科教学知识当前的研究进程和政策层面的有关规定，从而全方位地理解何为扎实的学科教学知识。

一、教师扎实的学科教学知识的内涵解析

(一)教师学科教学知识的概念

1. 教师学科教学知识的产生

学科教学知识这一概念最早出现在 20 世纪的美国。当时美国的许多州在教师资格认定过程中存在着诸多问题，对学科知识的测验停留在事实知识记忆的层面，教学知识仅仅涉及准备教案和评价、识别学生的个别差异、教师管理和教育政策等，完全看不到学科的影子。基于此，舒尔曼分别批评了 19 世纪和 20 世纪 80 年代美国教师资格考试的步骤、内容与教学标准。他认为前者过于重视对教师教学内容知识的要求，却从本质上忽

视了教学法；而后者过于注重教学法却完全不关心教师的教学内容知识。这样产生的结果是，教师要么了解教学内容知识但缺乏教学法知识，要么拥有教学法知识却忽视了教学内容知识。这也反映了在教师教育领域中，长期存在着学科知识与教学知识孰轻孰重的争论，学科知识和教学知识也长期处于分离的状态，并未实现真正融合。①

1983年夏，舒尔曼受邀参加得克萨斯州奥斯汀大学举行的一次全国教育研究会议。在会议上，他以"教学研究中缺失的范式"为题发表演讲。后来他回忆道："这个题目激发了与会者激烈的讨论，他们很好奇地推测缺失的范式到底是什么，许多人认为是'教师认知'，因为这是我在密歇根州立教学研究所的主要研究课题，也有一些人认为是'环境'或是'教师性格'。虽然我没有做正式的调查，但是当时没有一个人提到我所指的缺失的范式的内容。在演讲的最后，我给出我的结论，缺失的范式是'学科内容知识与教育学之间的互动'，几乎在场的所有人都目瞪口呆。"②我们可以将这次报告看作学科教学知识的萌芽。

此后，舒尔曼关于学科教学知识的想法不断完善。1986年，舒尔曼从一项对职前教师学科知识与一般教学法之间关系的研究中得到启发，提出了整合的构想，认为单独的学科知识或教学法并不足以支撑起教师的教学

---

① 但武刚、万灿娟：《学科教学知识转化：内涵、过程及路径》，载《外国中小学教育》，2019(3)。

② Gess-Newsome, J. & Lederman, N. G., *Examining Pedagogical Content Knowledge: The Construct and Its Implications for Science Education*, Netherland, Kluwer Acdemic Publishers, 1999.

实践，只有整合并产生新的知识形式——学科教学知识，才能帮助教师顺利开展教学。学科教学知识由学科知识衍生而来，是最具有可教性的学科知识。① 舒尔曼在《理解者：教学中的知识发展》中首次提出了学科教学知识的概念，并将其界定为"把学科内容以易于他人理解的方式组织呈现出来"②。

在《知识和教学：新改革的基础》中，舒尔曼重新定义了学科教学知识，不再把学科教学知识归属于学科知识范畴之下，而是将其作为多种知识的综合。学科教学知识包含了教师关于学习者的知识、课程的知识、教学情境的知识和教学法的知识③，其作用机制就是用专业学科知识与教育学知识的综合去理解特定的单元的教学是如何组织、呈现，以适应学生不同兴趣和能力的。它与具体的教学情境和特定的教学内容相联系，帮助教师确定要对课题的哪些方面给予讲解，如何向学生展现这些内容，选择哪些比喻、例证，通过哪些教学活动让学生理解内容。如果教师拥有扎实的学科教学知识，在教学过程中便可信手拈来，从而提高教学效率和强化教学效果。

2. 教师学科教学知识概念的演变

学科教学知识这一概念的提出，引发了人们对教师教育尤其是教师知识研究的极大兴趣，越来越多的研究者开始关注这一概念，并在舒尔曼提

---

① Shulman，L. S.，"Those Who Understand：Knowledge Growth in Teaching，"*Educational Researcher*，1986，15(2)，pp. 4-14.

② Shulman，L. S.，"Those Who Understand：Knowledge Growth in Teaching，"*Educational Researcher*，1986，15(2)，pp. 4-14.

③ 白益民：《学科教学知识初探》，载《现代教育论丛》，2000(4)。

出的学科教学知识这一概念的基础上不断完善，甚至出现了两种新的发展趋势。

一种趋势是研究者打破舒尔曼把学科内容知识和学科教学知识作为教师知识下位知识的分类，把学科内容知识看作学科教学知识内部的成分之一。比如，马克斯(R. Marks)把学科内容知识作为学科教学知识结构的核心部分，把学科内容知识细分为学科教学的目标、学习学科知识的价值、学科知识中蕴含的重要思想，以及学科中具有代表性的问题[①]，并通过实证研究证明了学科教学知识中包含着"为了特定教学目的的学科知识"[②]。

另一种趋势是以动态整合的观点来理解学科教学知识的组成成分。许多学者认同舒尔曼对学科教学知识的解读，同时不断完善学科教学知识的组成成分。例如，格罗斯曼(P. L. Grossman)在舒尔曼的基础上将教师知识划分为四个组成部分，分别为学科知识、教学知识、情境知识和学科教学知识[③]，认为学科教学知识为其他三个组成部分融合而成，并与其他三个组成部分相互影响。鲍尔(D. L. Ball)把学科教学知识分成了教学的知识、学生的知识以及课程知识三个部分。[④] 但是如果只是一味地把学科教学知识内部的各个成分分离开来，那么这些分离后的知识对教师而言是没

---

① Marks, R., "Pedagogical Content Knowledge: From a Mathematical Case to a Modified Conception,"*Journal of Teacher Education*，1990，41(3)，pp. 3-11.

② Shulman, L. S., "Those Who Understand: Knowledge Growth in Teaching,"*Educational Researcher*，1986，15(2)，pp. 4-14.

③ Grossman, P. L., *The Making of a Teacher: Teacher Knowledge and Teacher Education*，New York，Teachers College Press，1990.

④ Ball, D. L., Thames, M. H., & Phelps, G., "Content Knowledge for Teaching: What Makes It Special?"*Journal of Teacher Education*，2008，59(5)，pp. 389-407.

有用处的。教师只有把这些成分糅合，并在实践中灵活应用，才能开展良好的教学活动。换言之，学科教学知识内部的各个成分并不是以一种分离的状态存在，而是以彼此交互的方式存在。科克伦（Cochrane）等人认为，舒尔曼"转化"的观点是合理的，但他只关注了学科知识在教学实践中发生的变化。他们强调，学科教学知识应当是一种整合了教学知识、情境知识、学生知识和学科知识的新知识，"转化"应当同时发生在各个成分之间，从而形成一个新的结构。

除此之外，一些学者基于学科教学知识，提出了一些新的理论。例如，斯滕伯格（R. J. Sternberg）试图通过建立教学专长的模型来分析专家型教师的专业知识。他们得出的结论是，专家型教师与新手教师的差异不仅在于知识量上的差异，而且还在于知识在他们记忆中组织方式的差异。专家型教师拥有经过良好组织的教学法知识。这就意味着专家型教师拥有的知识以脚本、命题结构和图示的形式出现，比新手教师的知识整合得更完整。[1]

总之，有关学科教学知识的研究成果可谓纷然杂陈。不同研究者提出的学科教学知识的概念不尽相同，对学科教学知识的要素及侧重点的认识也各持己见，甚至连最基本的学科教学知识概念内涵的界定也是众说纷纭。学科教学知识究竟是一种独立的知识还是多种知识形态的综合，抑或是一种知识基础，还是一种综合运用其他知识的能力或智能？诸如此类模

---

① 王芳：《美国学科教学知识（PCK）的研究：意义、问题领域及启示》，硕士学位论文，上海师范大学，2014。

糊的界定导致教师在面对这一概念时经常感到困惑，从而影响学科教学知识的使用。不仅如此，学科教学知识还与其他有关教学的知识，如教学策略、课程知识、教学心理知识，呈现杂糅之势，以致模糊了专业本色，深刻影响了教师专业成长价值的发挥。

尽管学界关于学科教学知识的争论有很多，但大多数研究者对学科教学知识本质的认识还是可以达成共识的，即帮助教师把学科知识转化为可让学生学习的形式的知识。"也许你知道二十多种解释进化或光合作用的方式，但是如果一种方式没有目的性或者不能与你了解的学生学习课程知识的方式相连接，我们也无法称其为 PCK（学科教学知识）。"①学科教学知识一定是教师基于对特定学科内容和学生的综合理解，选择教学表征与策略，在将学科知识转化为学生理解的知识过程中所使用的知识。② 无论学科教学知识的理论研究如何演绎，这一核心要旨都始终不会动摇。③

3. 教师学科教学知识的内涵

学科教学知识自提出以来，一直被学界广泛地讨论。学科教学知识不仅是教师专业知识的核心，而且是教师专业发展的重要保障，是区别教师和学科专家的重要标志。

学科教学知识最大的特点就是教学的实践性。在教学实践中，教师并

---

① 翟俊卿、王习、廖梁：《教师学科教学知识（PCK）的新视界——与范德瑞尔教授的对话》，载《教师教育研究》，2015，27(4)。

② 解书、马云鹏、李秀玲：《国外学科教学知识内涵研究的分析与思考》，载《外国教育研究》，2013，40(6)。

③ 李鹏飞：《专业语境中的学科教学知识：行动机制与建构路径》，载《当代教育科学》，2019(11)。

不是将自己头脑中的知识原封不动地传递给学生，而是通过一定的方式方法，将知识转化成学生能够接受和理解的形式进行输出。这个连接教师头脑中学科知识的输入和输出的桥梁，便是学科教学知识。

舒尔曼在最初提出学科教学知识这一概念时，认为其包括"教学表征与策略的知识"和"学生理解的知识"两个部分，但后来许多研究者认为这一定义窄化了学科教学知识的内涵。他们从整个教学过程的宏观角度分析：教师不仅要拥有一定的学科内容知识，还要能够根据对教育对象（即学生）的了解，选择恰当的教学策略来讲授知识，所以学科教学知识的要素应当增加学科知识、课程知识、情境知识、教师信念等其他成分，囊括学科内容知识和教育性知识等新的知识形式。[①] 但这并没有改变"为了学生更容易理解而转化学科知识，使其最具有可教性"这一根本特征，而且所有研究者都将舒尔曼所提出的关于特定学科内容的"教学表征与策略的知识"和"学生理解的知识"作为学科教学知识的两个核心成分。[②] 因此本书为了方便教师更好地理解何为扎实的学科教学知识，将学科教学知识聚焦于"怎么教"这一环节，即教师将自己所掌握的知识转化为学生所理解的知识这一过程。

接下来，我们通过案例的形式，来具体了解一下学科教学知识在不同的教学阶段的不同表现形式。

（1）教学活动前

在教学活动开始之前，教师根据教学内容和学生的特点，思考教学内

---

① 王政：《论教师的学科教学知识及其养成》，载《现代教育论丛》，2009(11)。

② 鲍银霞、汤志娜：《学科教学知识的概念批判与发展》，载《教育科学》，2014，30(6)。

容中的概念知识可以用哪些表征形式予以呈现，表征内容的形式包括譬喻、类推、举例说明、活动、作业、范例等。[①]

> 重庆巴蜀小学的张超老师开展了基于学科的课程综合化教学的实践。在开展教学活动之前，张老师带领科学组教师团先行学习2022年版课程标准，理解科学观念、科学思维、探究实践、责任态度等核心素养维度目标。
>
> 通过学前调研，张老师了解到：大部分小学生知道风是由空气的流动形成的，但对于空气为什么会流动的认识是模糊的；少部分学生知道冷热不同可能引起空气流动，但不知道冷空气、热空气是怎样流动的。
>
> 因此，确定了本学习案例难点的关键，即设计探索自然界中空气流动的原因及风的成因的教与学实践活动。在此基础上，通过教研组共同研讨，形成"风的成因"的教与学流程，选择采用合作探究、分析交流、类比推理等教学方法，帮助学生掌握有关空气流动的物理知识。
>
> 参见张超：《基于学科的课程综合化教学——以小学科学课程学习为例》，载《教育故事》，2023(10)。

该案例展现了学科教学知识在教学活动开始前（即备课环节）的应用，教师不仅要了解新课标和核心素养维度目标，更要了解学生已有的知识背

---

① 汤杰英、周兢、韩春红：《学科教学知识构成的厘清及对教师教育的启示》，载《教育科学》，2012，28(5)。

景，在教研组共同研讨的基础上，确定采用哪些教学方法。

(2)教学活动中

在教学过程中，教师根据师生的互动情况，对教学策略进行调整，或发挥教学机智以应对突发事件，或发挥教学幽默来活跃课堂氛围，从而激发学生的学习兴趣，提升学生的学习效率与效果。

在一次语文课上，教师正在讲授《愚公移山》一文，课文讲解完后，教师让学生就"愚公身上有什么值得学习的精神品质？"这一问题进行讨论。随后，学生们的发言大都集中于应该向愚公学习勤劳勇敢、不畏困难、坚韧不拔、排除万难也要争取胜利等精神品质。

然而有个学生却站起来表达了不同的观点，他说："我认为我们固然要学习愚公坚韧不拔的品质，但从另一个角度来说，愚公也是一个刻板教条的人，既然大山阻断了进出要道，那为什么他不搬家呢？"听到这一说法，马上就有不少同学点头表示同意这一看法。

教师听到这一说法确实有些意外，但并没有着急否定这名同学的观点，而是说："这名同学提出的观点很新颖，老师很高兴你能够从不同的角度看待问题，相信各位同学也对'愚公为什么不搬家'这一话题感兴趣，那么我们不妨下节课就针对这一问题开展一场小小的辩论会，同学们可以就这一话题充分表达自己的观点，请大家课后好好准备自己的发言内容。"同学们对这一提议欣然接受。

参见李婷婷：《经验教师教学机智生成的案例研究》，硕士学位论文，河北师范大学，2020。

对于课堂上的小插曲，教师不仅成功化解，而且为下一节课的探讨做了铺垫，引导学生辩证思考愚公移山这一问题，这就是教学机智的魅力。

（3）教学活动后

在教学活动后，教师对整个教学过程进行反思，包括教学活动方案制定得是否合理，教学方案的执行程度如何，课堂氛围如何，学生掌握情况如何等，从而进一步提升自己的教学能力和教学效果。

获得2022年基础教育国家级教学成果奖特等奖的上海市黄浦区卢湾一中心小学，开展了"数智"与"情感"双驱动的小学育人模式新探索，学校利用"云笔""云手表"等技术，精准捕捉学生在不同情境下的学习状态。

例如，综合数据分析发现，上午第二节课和第三节课的课间，在四楼上课的高年级学生在底楼操场活动后，总是踏着铃声冲回教室，并且在第三节课学习的前10分钟表现为心率波动剧烈、书写停顿次数较多、答题准确率不高、注意力不集中。

对于这些问题，学校将课间操和眼保健操的时间段进行了调整，设立了大课间时段；同时又使用了课堂教学策略，在大课间后的课程初始10分钟内，设计了更多的体验活动，让学生调整情绪状态，集中注意力。

参见计琳：《卢湾一小："数智"与"情感"双驱动的小学育人模式新探索》，载《中国基础教育》，2023（8）。

上海市黄浦区卢湾一中心小学利用数字化手段作为辅助工具，帮助教师实时了解学生的学习状态，从而调整相对应的教学策略，实现教学过程最优化。

通过以上案例我们可以发现，学科教学知识不仅是开展教学活动的基础，而且是进一步提升教学能力的必备知识。但一名教师很难具体地描述自己是怎样完成这一过程的。例如，教学机智是教师在面对课堂突发情况时的瞬间判断和迅速决定，取决于教师对课堂的灵活把控和精准反应，依赖教师的教学经验。因此，学科教学知识的本质又是一种隐性知识，正如学者埃尔巴兹（F. Elbaz）所说的，教师知识是直觉的、缄默的，学科教学知识是通过与教育实践行为之间的不断互动，逐步内化为自己所拥有并能应用的知识，这种知识难以被轻易地说明，具有缄默性。①

基于以上分析和当前已有的研究，我们可以厘清扎实的学科教学知识的定位。扎实的学科教学知识是使教师能够基于特定的学科内容和学生的理解能力，选择恰当的教学策略，发挥教学机智，让相对复杂的学科知识更易于被学生理解。这一知识贯穿于教学活动的全过程，是教师顺利开展教学活动的关键的知识，其本质是一种隐性知识，与教师个人的教学经验密切相关。因此教师尤其是新手教师如何掌握学科教学知识是我们应该思考的关键问题。

---

① 沈艳红、闻心洁：《隐性知识视角下的高校教师学科教学知识发展机制研究》，载《农业图书情报学刊》，2017，29(10)。

(二)教师学科教学知识的构成

学科教学知识作为教师成长和专业发展的关键一环，明确其构成，不仅有助于教师理解和研究学科教学知识，而且能够让教师在反思自身的过程中明晰发展方向。对于这一问题，很多研究者都进行了探索。

正如我们在概念界定部分提到的，作为该理论的提出者，舒尔曼认为学科教学知识包括两种主要成分：教学表征与策略的知识、学生理解的知识。所谓"教学表征与策略的知识"，指的是对某一学科领域的经常性主题最有用的表征形式，最有力的类比、图解、示例、解释和示范等，能够让他人更容易理解学科知识的手段和方法。由于同样的内容有着不同的表征形式，因此教师必须拥有多种可供选择的表征形式，这通常来自实践的积累或者专业化的学习。"学生理解的知识"指的是教师了解不同年龄阶段和不同发展背景的学生已有的发展水平与接受能力，并且能够在此基础上根据不同学生的特点选择相对应的教学内容及其表征形式。[1] 因为任何学生在学习某个具体的知识前，都不是"白板一块"，教师应当了解他们已有的前概念，甚至是误解，这样才有可能采取有效的教学策略。舒尔曼强调，了解学生的前概念或误解应当被看作教学的必要前提。[2]

对于舒尔曼的观点，有学者认为他窄化了学科教学知识的构成。许多

---

[1]　Shulman, L. S., "Those Who Understand: Knowledge Growth in Teaching," *Educational Researcher*, 1986, 15(2), pp. 4-14.

[2]　黄兴丰、马云鹏：《学科教学知识的肇始、纷争与发展》，载《外国教育研究》，2011，38(11)。

研究者在批判的同时，重构了学科教学知识的组成要素，提出了在学科教学知识的构成要素中应增加学科知识、课程知识、情境知识、教师信念等其他成分，代表人物有格罗斯曼、塔米尔（Tamirr）、马格努森（Magnusson）、科克伦等。格罗斯曼在舒尔曼的研究基础上明晰了学科教学知识的四个主要成分：学科教学目的观、学生理解的知识、课程知识、教学策略知识，其中学科教学目的观居于其他三类知识的上位，是统领性的。[1] 塔米尔则把课程知识、学生知识、教学知识及评价知识作为学科教学知识的重要因素来加以考察。[2] 马格努森基于格罗斯曼和塔米尔的研究，界定了科学学科教学知识的五个成分：科学教学取向、关于科学课程的知识与信念、关于学生对特定科学主题理解的知识与信念、关于科学评价的知识与信念、关于科学教学策略的知识与信念。马格努森强调学科教学知识不仅是知识，还是信念。科克伦则从建构主义视角出发，将舒尔曼的静态学科教学知识概念改造为动态学科教学认知，认为学科教学知识本质上是一种行动认知，与特定情境中的教学行为具有内在关联性。学科教学知识并非在环境中被动习得的，而是认知者主动创造的过程。拥有学科教学认知的教师更能够在特定主题的教学中理解学生所需，根据教学情境创新教学策略，从而使学科教学知识的获取更具动态性特征。[3]

---

①　Grossman，P. L.，*The Making of a Teacher：Teacher Knowledge and Teacher Education*，New York，Teachers College Press，1990.

②　解书、马云鹏、李秀玲：《国外学科教学知识内涵研究的分析与思考》，载《外国教育研究》，2013，40(6)。

③　解书、马云鹏、李秀玲：《国外学科教学知识内涵研究的分析与思考》，载《外国教育研究》，2013，40(6)。

综上所述，我们可以发现不同研究者提出的学科教学知识的构成成分及结构模型不尽相同，研究者针对学科教学知识整合要素及侧重点也各持己见①，而且有少数研究者将学科教学知识当成了一个大筐，什么知识都往里面装，逻辑混乱，这也导致了研究者对学科教学知识的构成始终很难达成共识。

尽管如此，可以肯定的是，几乎所有研究者都将舒尔曼所提出的"教学表征与策略的知识"和"学生理解的知识"作为学科教学知识的两个核心成分②，这一点是毋庸置疑的。

(三)教师扎实的学科教学知识的特征

在了解了学科教学知识的内涵和构成之后，我们对于什么是学科教学知识已经有了清晰的印象。但是教师在实践中如何确定自己是否掌握了学科教学知识，这就涉及扎实的学科教学知识的具体特征。有学者将学科教学知识的特征总结为"三性"，分别是建构性、整合性、转化性。如何理解呢？首先，学科教学知识是教师在实际教学情境中通过与情境的互动而建构的产物，具有个体建构性；其次，学科教学知识是学科知识和教学知识相融合的产物，具有融合性或整合性；最后，学科教学知识是由学科知识

---

① 李鹏飞：《专业语境中的学科教学知识：行动机制与建构路径》，载《当代教育科学》，2019(11)。

② 鲍银霞、汤志娜：《学科教学知识的概念批判与发展》，载《教育科学》，2014，30(6)。

和教学知识通过一定方式转化而来的，具有转化性。[①]

　　基于这三个特性以及我们对于学科教学知识的界定，可以从两个转化的角度理解何为扎实的学科教学知识，即教师能够将学科形态的知识转化为学科教育形态的知识，能够将学科教育形态的知识进行生本化的表达。[②]

　　1. 教师能够将学科形态的知识转化为学科教育形态的知识

　　由于学科形态的知识是对常识性知识、实践性知识等的规范化、抽象化和理论化，它与学生现有的经验或认知水平具有一定的距离，因而对于一般的学生而言，是不能够被轻易理解和接受的。况且，学科知识本身的内容也不等于学生成长所需要的知识内容。因此教师在选择教学内容时，就需要将深奥的学科形态的知识进行分化、重组、改造和转换，形成学生易于理解、容易接受，以及其发展所需要的学科教育形态的知识。例如，将学科思想与智慧转化为学科教学的理念与目标、将学科思维与方法转化为学科教学操作程序、将学科语言转化为学科教学语言等。[③]

　　这个加工处理和转化过程需要教师具备将学科形态的知识进行转变的能力。正是有了知识形态的转变，不懂这个学科的学生才能理解和掌握这个学科的知识。这个过程是教师学科教学知识的应用过程，也体现了教师工作的创造性和教师职业的专业性。

---

　　①　袁维新：《学科教学知识：一个教师专业发展的新视角》，载《外国教育研究》，2005，32(3)。

　　②　王建、朱宁波：《学科教学知识：教师职业专业特性的核心体现》，载《教育理论与实践》，2021，41(25)。

　　③　金心红、徐学福：《教师学科教学知识生成的内在机制》，载《教育科学》，2019，35(2)。

上海杨浦双语学校的樊阳老师，为激发学生对语文学习的兴趣，开展行读课程。行读课程希望通过阅读和行走的结合，促进学生对文本的理解。学生在真实的行走场景中，激发兴趣，产生疑问，通过讨论，提升语言运用能力，也在真实问题和现场交流中，提高思维能力；在对文化景点的审美体验中，感受景观和文物带来的情感与思维冲击，培养文化自信。

在阅读目标设置方面，樊阳在不打破目前初中语文教材整体编排格局的基础上，通过强化课内语文综合学习，找到人文与读写习惯培养相融合的大概念来统领课文阅读、单元写作、综合学习实践，设置既富有挑战性又与生活实践紧密联系的关键问题，将单元课文学习构成任务群落。例如，在七年级上册第一单元教学中，教师设置综合学习"行读吴淞之秋"环节，用"四季美景承载中国传统情景交融的借物抒情方式"这一大概念统整各项语文学习任务。三首古诗与三篇现代文阅读重新排列组合构成四季流转，学习传统文化意象及其近现代传承，以达到在生活中运用的系列言语实践目标。在这样与生活实践紧密结合的大目标引领下，阅读文本的类型由课内延展至课外，内容自然丰富起来。

参见樊阳：《行读课程及其对语文阅读教学的启示》，载《上海课程教学研究》，2023（5）。

在以上案例中，将学生和不同时代背景的文学作品的距离拉近，相较于传统的讲解方式，能够让学生更直观、更形象地感受这些文学作品的魅力。学生在这个过程中收获的不仅仅是基本的文化知识和文学素养，更是思想的碰撞、文明的理解，还有创造的热忱。这个过程的本质就是将学科形态的知识转化为学科教育的形态，发挥学科知识的育人价值。

2. 教师能够将学科教育形态的知识进行生本化的表达

有研究基于20年的实证文献分析得出，学历越高并不代表教学成绩越好，教师的学历也不会自动转化为学生的学业成绩。无论是学士学位、硕士学位还是博士学位，教师学位均与学生考试成绩无显著性正相关关系。[1] 这反映了教师拥有丰富的学科知识，并不等于能够很好地让学生理解这些知识。

学科教学知识既不等同于学科知识，也不等同于教育学知识，不是学科知识和教育学知识的简单叠加，而是扎根于学科教学自身，遵循教育教学规律，在对学科知识"教育学转化"的基础上，进行生本化的表达，在教学实践中生成的知识。

何为生本化？顾名思义，就是把学生放在主体的位置，以学生的思维和学生易于接受的方式来表述已经具有教育形态的学科知识。这种生本化的表达，最早可以追溯到裴斯泰洛齐（J. H. Pestalozzi）的"教学过程心理学化"。作为专业人员，教师必须把学科教育形态的知识进行生本化的表达，使之符合学生的认知能力、接受水平及学习兴趣等。我们可以通过下面这个政治课堂的小片段，感受一下何为生本化的表达。

在教学"改革促发展"这一节课时，教师给学生提供了发生在自己

---

① 洪松舟：《中小学教师人力资本特征对学生学业成绩的影响：基于20年实证文献的分析》，载《全球教育展望》，2021(2)。

身上的文本内容。教学现场如下。

教师：老师出生于20世纪70年代初期。刚出生的时候，农村还是以生产队的形式组织劳动，就是大家在一起劳动。你们想知道那个时候初中生用的书包是什么样子的吗？

学生：想。

教师投影展示当时自己用的妈妈手工缝制的粗布书包的照片。

学生：啊，没有见过。

教师：等到我读高中的时候，已经是20世纪90年代了，你们知道我那个时候用什么样的书包吗？

学生：不知道。

教师投影展示绿色帆布书包的照片。

学生：这个好像见过。

教师：现在老师用什么装书本呢？

学生：皮包吧。

教师：对的。

教师投影展示皮包的照片。

教师：其实，老师书包的变迁，正好反映了我国改革在不同时期对人民生活的影响，恰恰能说明什么？

学生：改革促进了发展。

教师：对！

参见徐建章、黎晓玲：《道德与法治生本化教学对策——以"坚持改革开放"为例》，载《中学政治教学参考》，2021(30)。

在案例中，教师采用展示图片这一直观的教学方式，让"改革促发展"这一抽象的概念，变得生动具体。心理学研究表明，直观性是重要的教学原则之一。教师在教学中要通过模型或形象语言描绘来引导学生直观地感受学习对象，获得感性认识，进而获得理性认识，这也符合从感性到理性的认识发展规律。直观性这一教学原则能促使具体形象与抽象概念相结合，有助于发展学生的观察能力、形象思维能力，促进其对知识的理解与巩固。

由此可见，教师职业的方式　　　　现在教师能够将学科教育形态的知识以符合学生发展水　　，以及学生可理解、可接受的传授给学生。　态与理性分析　　与智慧、经过深思熟虑教师职业专业性的　　程，也是体现而开展的　

过程

的研究历程

上与教学论的发展同步进行。早在教育产生春秋战国时期，"天子失官，学在四夷"（《左墨、法等各家对教学方法等各方面问题进行教学论的基本框架，而《学记》的问世成为我国从《学记》诞生至今的两千多年间，我国的教的发展阶段。为节约篇幅，本节仅介绍现代学科

教学知识的研究历程。

(一)借鉴探索阶段(1949—1977 年)

中华人民共和国成立后，在新教育体系建设方面缺乏经验，在全国各行各业学习苏联的热潮下，凯洛夫《教育学》作为第一部以马克思主义为指导思想编写的比较系统的著作，被翻译引进中国。

凯洛夫《教育学》是由苏联教育部教育出版社于 1956 年出版的，由凯洛夫任总主编，编者汇集了苏联当时有名的一批教育学家，如冈查洛夫、叶希波夫、赞科夫等，全书共十六章，其中第八章、第九章、第十章为教内容，分别是教学过程、教学方法、学校教学工作的组织形式。凯洛学》以三个基本概念来组织教育学体系，分别是教育、教养、教学概念为核心提出了教学过程的本质、教学方法、学校教学思想。凯洛夫的教学思想随着《教育学》在中国的论，尝试探索中国现代教学理论的开端。

中达尼洛夫、叶希波夫编著，并被翻译引进中国，专门著作，也成为中国学者建构教950年，中苏签订《中苏友好同盟互联学习教育学，苏联的一批教育学:习苏联教学知识的序幕，这为中国方法训练等方面做了充分的准备。以学科教学引入苏联数学教育模式，推学学科结构的建设，提倡严密的推导和证明，对学生的逻辑思维和数学思想有一定的培养作用，但也面临理论过于抽象难以理解的问题。

在借鉴苏联教学学科体系与教材体系的基础上，中国学者开始探索具有中国话语体系的教学知识教材。20世纪50年代，傅统先的《教学方法讲话》(山东人民出版社，1954年)、陈元晖的《教学法原理》(湖北人民出版社，1957年)、车文博的《教学原则浅说》(湖北人民出版社，1958年)等，都从不同的角度尝试建设与苏联不同的教学知识体系。20世纪60年代，中国学者研究、探讨、比较苏联教育学及教学知识之后，便发现了其中的一些矛盾之处，或发现了许多不适用于中国情境的理论，于是一些学者对这些教学知识和理论加以理性批判。刘佛年主编的《教育学》一书中有关教学知识的内容有三章，包括课程与教材、教学过程与教学原则、教学方法与教学形式，从概念与表述方式上看，已经与凯洛夫《教育学》有了明显的不同。它是当时"中国化"探索的代表之作。但纵观这一阶段中国教学知识的发展，仍然是借鉴多于探索。

(二)发展繁荣阶段(1978—1999年)

我国教育学者在20世纪80年代开始着手编写中国特色的《教育学》教材，其中有影响的主要有三本。一本是1980年华中师范大学等五院校编写的《教育学》；一本较有影响的《教育学》由南京师范大学教育系于1984年组织编写；还有一本《教育学》是在五院校《教育学》教材的基础上，由王道俊、王汉澜组织编写的。[1] 经过三十余年的借鉴学习、批判反思苏联教学知识体系，我国开始形成自己的学科体系、教材体系、话语体系。以数学学科教学为例，这一时期的数学学科教学更加强调学生的主体性，注重数学的实际应用，引入了探究性学习、团队合作等教学方法，关注培养学生的创造性和批判性思维。

20 世纪 80 年代，随着学科教学知识研究的深入发展，我国的现代化教学知识体系也逐步建立了起来。其中李慰昌是众多研究者的代表之一。他在考察了西方现代教学知识的发展之后，提出了现代教学知识的逻辑起点——布鲁纳教学知识的逻辑起点是"学科结构"，赞科夫教学知识的逻辑起点是"最近发展区"。因此，李慰昌认为，合理的教学知识的逻辑起点是"发展"，并构建了以"发展"为逻辑起点的现代教学知识的学科体系。[2] 1997 年，李秉德承担了全国教育科学规划重点课题——"现代教学论的范畴与体系研究"。李秉德从国际国内形势出发，提出了一代新人应具备的基本素养，并以此为依据构建了中国特色的现代教学知识新体系，具有一定的超前性和战略性。[3]

(三)成熟完善阶段(2000 年至今)

进入 21 世纪，中国学者开始从理论体系上构建中国特色的学科体系、

---

[1] 王鉴、胡红杏：《中国特色现代教学论学科体系的形成与发展》，载《教育研究》，2020(5)。

[2] 李慰昌：《现代教学论逻辑起点初探》，载《西南师范大学学报(人文社会科学版)》，1987(1)。

[3] 李秉德、王鉴：《时代的呼唤与教学论的重建》，载《高等教育研究》，1999(5)。

教材体系与话语体系。随着学校教学改革的深入发展，许多新的、涉及教学领域的基础理论问题被提出，这表明教学理论研究重心的转移以及教学实践发生深刻的变革。如何在现代社会实践和科学认识的水平上正确地分析、评价和把握这些问题，重新调整研究思路，开拓新的研究视野，在较高的抽象层次上探讨教学认识论及方法论问题，是当前我国教学论研究面临的一个重要课题。①在这样的背景下，中国学者的现代教学著作与教材相继问世，如裴娣娜主编的《现代教学论》。裴娣娜在书中指出，现代教学是一个动态发展的过程，它由一系列重大概念、命题组成核心内涵。现代教学倡导生成性思维方式，体现了人类教学实践方式的历史性进程，这是一种反思批判意识，即在不断发现、凝练、解决问题中保持活力，进而不断提升学科发展的水平。② 这套书共三卷，包括现代教学的基本理论、现代教学论问题研究、现代教学改革与实验三部分，研究了课程设计、综合课程、课程文化、教与学的关系、教学交往、教学的社会性、教学的艺术性等众多问题。该著作既系统归纳与整理了我国教学理论研究的成果，又深入研究了我国教学改革与实验的宝贵经验，形成了中国特色现代教学知识较为成熟的理论体系。

　　2001 年，教育部印发《基础教育课程改革纲要（试行）》，提出推进素质教育，注重学科教学方法的创新和学生综合素质的提升。这一纲要影响深远，掀起了基础教育改革的大潮。更多研究者立足于中国学校课程与教学

---

　　①　裴娣娜：《我国现代教学论发展中的若干认识论问题》，载《高等师范教育研究》，1990(4)。

　　②　裴娣娜：《现代教学论》(第一卷)，序言 2，北京，人民教育出版社，2005。

中遇到的问题，着眼于解决种种矛盾和问题，致力于时代精神的中国表达。叶澜作为其中的代表，提出了中国教育理论原创性的命题。她主持的"新基础教育"研究历时三十余年，遍及全国各地，以重建学校课堂教学的价值观、过程观、评价观为突破口，为"生命·实践教育学派"的创建而努力。① 一方面，叶澜十分重视对中华优秀传统文化和中国传统哲学与教育学中国话语体系的研究；另一方面，她和她的团队长期在基础教育领域做研究，致力于解决课堂教学与学校发展中出现的种种问题和矛盾。2018年，她的著作《回归突破："生命·实践"教育学论纲》英文版面向世界发行，这不仅标志着中国教学知识开始由"引进"转向"输出"，也证明了中国学科体系、教材体系、话语体系的成熟与完善。

随着信息技术的飞速发展，数字化也成为学科教学知识发展的重要趋势。2010年，中共中央、国务院印发《国家中长期教育改革和发展规划纲要（2010—2020年）》，提出了加强信息技术在教育中应用的目标，以促进信息技术与学科教学的深度融合；2016年，教育部印发《教育信息化"十三五"规划》，指出要深化信息技术与教育教学、教育管理的融合，强化教育信息化对教学改革，尤其是对课程改革的服务与支撑。应政策号召，在这一阶段学科教学知识研究逐渐注重跨学科整合，强调创新和实践。信息技术的发展在学科教学中发挥越来越重要的作用。以数学学科教学为例，21世纪后，数学教学逐渐数字化，引入了计算机、互联网等技术工具，数字资源得以广泛应用，数学教学变得更加生动有趣，学生可以通过数字资源

---

① 叶澜：《重建课堂教学价值观》，载《教育研究》，2002(5)。

更灵活地学习数学知识，提高学习的自主性；同时，强调科学、技术、工程和数学的综合性，将数学纳入综合学科体系，注重跨学科的整合，数学不再独立，而是与其他科学领域有机结合，更加注重培养学生的实际问题解决能力和创新精神。

可以发现，我国教学知识的研究从探索逐渐走向成熟。在当今时代，学科教学知识研究与跨学科整合的联系越来越紧密，数字化趋势越发明显，信息技术在学科教学中发挥的作用越来越重要，这也对教师掌握和应用学科教学知识提出了更高的要求。

第二节　教师如何掌握扎实的学科教学知识

在第一节中，我们了解了学科教学知识的概念以及研究历程，无论是从实践层面还是从理论层面，学科教学知识的重要程度都不言而喻，如何掌握扎实的学科教学知识是广大教师更为关心的问题。教师只有"在完成具体教育教学任务的同时，还能够进一步丰富和拓展学科教学知识，才能够证明教师是真正的专业人员"[①]，才能够体现出教师职业的专业性，进而实现自身的专业价值。在本节中，我们将遵循"输入"和"输出"两条线索，

---

① 周彬：《知识驱动教学：论有效教学的知识路径》，载《课程·教材·教法》，2020，40(3)。

分别从学科教学知识的学习、学科教学知识的转化与形成以及学科教学知识的应用三个角度来分析如何掌握扎实的学科教学知识。

一、教师学科教学知识的学习

学科教学知识的学习实际上就是教师学习如何将学科知识转化为学生可以接受的知识，这个过程需要建立在学科内容知识的基础之上。因此，探讨如何构建学科教学知识的前提是教师有扎实的学科内容知识。在本书第二章中，我们对学科内容知识已经做了详尽的介绍，故这里我们专注于学科教学知识本身。教师可以从以下几个方面来构建学科教学知识。[①]

(一)加强学科知识和教育学知识的学习

舒尔曼认为，学科教学知识是学科知识和教育学知识的"特殊混合体"。学科教学知识与学科知识的区别在于，它是有效地传授一门学科知识所必备的手段和方法；学科教学知识与教育学知识的区别在于，教育学知识仅提供一般的、普通的、抽象的教育理论，而学科教学知识是基于特定的学科和具体的情境的知识。[②] 如果只掌握单一的学科知识或者只掌握单一的教育学知识，教师没有办法顺利开展教学。换句话说，学科知识和

---

① 王建、朱宁波：《学科教学知识：教师职业专业特性的核心体现》，载《教育理论与实践》，2021，41(25)。
② 杜明荣、冯加根：《教师学科教学知识的测评探析》，载《课程·教材·教法》，2020，40(1)。

教育学知识是教师学科教学知识生成最直接的原材料。

　　教师掌握了学科知识和教育学知识，就能自然而然地生成学科教学知识吗？答案是否定的。教师需要主动地对二者进行联系、改造和融合。因此，建立学科知识与教育学知识之间的有机融合，对于教师掌握学科教学知识来说至关重要，这也是学科教学知识生成的客观要求。具体来说，可以从以下三个方面着手。

　　1. 加强对学科知识的学习

　　学科知识是学科教学知识的第一重要基础和首要来源。[①] 教师要深入学习和掌握学科知识，不断提升对学科知识的理解水平，主动构建立体化的学科知识体系，以便为自身学科教学知识的生成提供学科知识背景。教师的理解是学生理解的前提，学生有了对学科知识的深度理解，才有可能对学科知识进行有效的加工。教师也要尊重学生的文化背景与生活经验，能够站在学生的角度设计教学，帮助学生关联学科知识与自身、体悟学科知识的意义，而非仅仅把学科知识作为认识和传递的客体。[②]

　　2. 加强对教育学知识的学习

　　教师要努力学习教育学基础、教育心理学、课程与教学论等教育理论知识。这些知识作为一般性知识，不仅是学科教学知识生成的基础，也是教育教学顺利开展的前提。教师想要以学生能够理解的形式来进行知识的表征，就必然要了解不同年龄阶段学生身心发展规律特点，进而因材施

---

　　① 梁永平：《论化学教师的 PCK 结构及其建构》，载《课程·教材·教法》，2012，32(6)。

　　② 但武刚、万灿娟：《学科教学知识转化：内涵、过程及路径》，载《外国中小学教育》，2019(3)。

教。以皮亚杰(Piaget)的认知发展阶段理论为例，在 2～7 岁时，儿童处于前运算阶段，这一时期的儿童的思维不具有守恒性，他们没有办法理解相同容量不同形状杯子装满的水其实是一样多的。但到了 8 岁左右，儿童认知发展进入具体运算时期，他们的思维具备了守恒性，能够理解容器形状的改变并不会影响水的多少。这个例子反映了不同阶段儿童思维发展的差异，教师只有掌握与之相对应的教育学知识，才能更加了解学生。

3. 主动将学科知识和教育学知识有机融合

在掌握了学科知识和教育学知识的基础上，一方面，教师要用教育学知识来改造学科知识的形态，对学科知识进行筛选、重组及表征，将学科知识以学生能够理解和接受的形式呈现；另一方面，教师在学习教育学知识的时候要联系具体的学科知识，结合具体学科内容来分析教育学知识应如何更好地运用。只有将学科知识和教育学知识进行有机融合，主动生成为学科教学知识，教师才能更好地发挥自身的专业价值。

(二)注重教学实践和自我反思的开展

学科教学知识的本质是一种隐性知识，根源于心智、身体和特定情境交互作用的教学实践。美国学者科克伦认为，学科教学知识是教师在"实践—反思—再实践—再反思"的循环往复中生成的。[①] 由此可见，教师学科教学知识的生成和发展，需要教师主动地实践和反思，成为一个反思性实

---

① 唐泽静、陈旭远：《"学科教学知识"研究的发展及其对职前教师教育的启示》，载《外国教育研究》，2010，37(10)。

践者。教师具体可以从以下几个方面着手。

1. 立足教学实践

教学实践是教师学科教学知识生成和发展的主要场域。正如我们前面提到的，学科教学知识根源于心智、身体和特定情境交互作用的教学实践。教师要想成为经验丰富的行家里手，首先必须留心来自教学实践的大大小小的问题，它们是经验积累的源泉。[①] 教师只有将个人的知识持续地应用于教学实践之中，其学科知识、教育学知识等才能有效地融合，进而生成为学科教学知识，实现知识的质的飞跃。

2. 开展自我反思

叶澜教授在《教师角色与教师发展新探》一书中指出，系统化、经常化的教学反思是促进教师专业自主发展的基础。[②] 教师通过对自己行动的反思和在自己的行动中反思，能够对学生、自身教学行为等有更深入的理解，从而不断丰富和发展自身的学科教学知识。如果缺乏自我反思，不仅教师的教学实践停留于表层，不利于经验的积累和上升，而且教师已有的学科知识、教学对象知识和教学策略知识等也始终处于零散状态，不利于知识的创新和发展。教师可以通过撰写教学日记、教育叙事、论文以及进行对话等方式，对自己的教育教学行为进行总结和反思。优质的课堂教学如何重组教学内容、如何优化教学过程、如何变革教学策略、如何激发学

---

① 李泉：《教学经验：汉语教师专业发展务实而重要的取向》，载《语言教学与研究》，2021(3)。

② 常英华：《教师教学反思的意义、内涵及实践路径》，载《教育理论与实践》，2023，43(28)。

生兴趣等，均是教学反思应该重点关注的核心问题。[①]

3. 注重教学实践和自我反思的有机结合

教师在实践和反思的基础上，还需要将二者进行结合，做到"在实践中反思"和"在反思中实践"的有机统一，只有这样才能更好地促进学科教学知识的生成和发展，更好地发挥自己的专业价值，并且在此基础上开展课堂研究。研究与知识建构存在着天然的联系，而课堂又是教师专业实践最直接的场域，教师开展课堂研究是自身学科教学知识生成和发展最有效的途径之一。教师作为研究的主体进入课堂，积极开展课堂研究，能够直面课堂教学中的各种问题，并对这些问题进行审视、追问和探究，契合了学科教学知识的实践品性，有利于学科教学知识的丰富、完善和发展。

(三)积极参与专业学习共同体

维果茨基的社会互动理论表明，个体知识的形成是社会互动的结果。[②]教师学科教学知识的生成和发展，也需要教师在专业学习共同体中协作互动和沟通交流。教师在专业学习共同体中能够受到来自其他成员方法、思路、经验和行动的启迪，在协作互动和沟通交流中产生智慧的碰撞，不断重组和建构自身的认知结构，反观自己的意识与行为，深化对学科知识、教育学知识等的认知与理解，进而促进自身学科教学知识的生成和发展。

---

① 常英华：《教师教学反思的意义、内涵及实践路径》，载《教育理论与实践》，2023，43(28)。

② 李泉：《教学经验：汉语教师专业发展务实而重要的取向》，载《语言教学与研究》，2021(3)。

教师具体可以从以下几个方面着手。

1. 向专家型教师寻求帮助

专家型教师通过多年的教学实践已经积累了一定程度的学科教学知识。与新手教师相比，专家型教师具有更为丰富的课堂管理知识脚本，能够准确感知、解读课堂管理事件，以及决定如何应对课堂中潜在和实际出现的管理问题。[①] 通过"传帮带"的方式，专家型教师与新手教师相互交流、相互学习、相互合作、共同提高，进而将各自内隐的专业知识呈现出来。在促进新手教师学科教学知识丰富和拓展的同时，专家型教师也获得了进一步的提高。

2. 教研组成员之间加强互动

教研组是具有中国特色的教育组织，对教师专业发展和学校教育教学质量提升都起着至关重要的作用。[②] 教研组可以定期组织教师进行集体备课、小组研讨，共同研讨新课标或者围绕某一问题集思广益；组织教师参加优质课、观摩课的听课或比赛活动，引导教师从实践经验中体悟学科教学知识；以及开展线上线下交流活动等，多方协力共同促进教师学科教学知识的生成和发展。

3. 寻求专家的引领与帮助

学科教学知识属于超越个体经验的"理性知识"范畴[③]，教师必须实现

---

① 丁福军、孙炳海：《专家型教师课堂洞察力国际研究图景及展望》，载《教师教育研究》，2024，36(1)。

② 李凌艳、玄兆丹、郑巧：《学习型教研组建设：激发教师发展活力的密码》，载《中小学管理》，2023(10)。

③ 李功连：《论语文学科教学知识的课程逻辑及生成路径》，载《教育理论与实践》，2020，40(11)。

对学科教学知识的系统反思，实现经验的超越和提升。教师要实现这种超越和提升仅仅依靠自身的努力是很难实现的，这就需要专家的引领，需要有针对性的专业活动来引导和促成。专家参与教师课堂的设计、实施、策略指导和评估等环节，能为教师课堂问题解决和学生学习效果提升提供更为丰富的经验支持。[①] 未来的学科教学知识研究需立足于学科教学实践，以教师和学科教学论专家为能动主体，主动参与到学科教学知识研究与实践中来，着力构建促进教师专业发展的强有力的学科教学知识体系，促进教师教育走向专业发展之路。[②]

二、教师学科教学知识的转化与形成

教学知识在教学中的行动机制实质上表现为一种"转化"的智能，是教师将学科知识教育学化继而又转化为学生可理解的知识形态的学科教学智能。在这个转化过程中，学科教学知识促发了学科知识形态的两次嬗变：一是学科知识的教育学化，即深度发掘学科知识的育人价值，充分彰显"教学的教育价值"；二是学科知识的个体化，即通过合理的教学表征和策略选择促进学科知识转向学生个体知识的生成。[③]

---

① 徐晓东、何小亚、周小蓬等：《专家进课堂项目促进教师专业发展的研究》，载《中国电化教育》，2016(1)。

② 李鹏飞：《专业语境中的学科教学知识：行动机制与建构路径》，载《当代教育科学》，2019(11)。

③ 李鹏飞：《专业语境中的学科教学知识：行动机制与建构路径》，载《当代教育科学》，2019(11)。

（一）教师学科知识的教育学化

一般来说，构成一门学科的知识十分庞杂。对于学校教育而言，不可能照搬学科现成的知识体系，也不可能将所有的学科都纳入教学领域，这就需要有一个标准来对具体的学科知识进行选择与取舍、组合或改造。对于学科建设与发展而言，科学性及科学价值是其取舍知识的首要标准。但对于学校教育来说却不是这样的逻辑，是否具有育人价值才是选择的关键。因此，一些知识可能在学科知识中的地位相当重要或者对于学科知识体系的建构具有重大意义，但如果其缺乏教育意蕴或教育价值意义的挖掘不够充分的话，也会被排除或暂时排除在教育教学之外。由此，以育人价值为标准选取的结果便是一些经典学科脱颖而出成为中小学校中常见的教育教学科目，教材则是这些学科知识呈现的基本形式。

可见，被选入教材的学科知识天然就具有教育学特征。但是这些知识并没有办法直接发挥教育的作用。学科教学知识的任务就是帮助教师充分理解学科知识中的教育学意蕴，深度挖掘学科知识内在的教育价值及其对学生发展的教育学意义，并在教学实践中实现与发扬这种价值。这也就构成了学科专家和教师的根本区别：学科专家的学科知识是遵循学科发展的逻辑组织和建构的，目的在于发展学科知识本身；而教师的学科知识则是通过学科教学知识的智能处理走向了教育教学的逻辑，着眼于学生的学习。教师把学科发展看作促进学生经验成长的一种媒介，引领学生超越自身经验的局限性，帮助他们获得创造性的知识以及改造社会的能力。所以，从某种意义上来讲，"剥离了教育意义的学科知识不足以成就教师"①。因此，学科教学知识存在的意义即将教师从"知识搬运工"的角色拉回到教育者本位，实现知识与育人的结合。

所以在对待教材问题上，一个具有丰富学科教学知识的教师的教学绝非简单地等同于"教教材"的机械教学，而是要凸显其育人的专业价值。教师要做的是在读懂、理解、吃透教材的基础上，用好教材；在对教材内容知识本身具有整体的感知与把握的基础上，深挖教材潜在的教育意蕴，以保证学科知识发挥其应有的育人目的。

所谓教书育人，亦是如此。教书不是目的，教书的最终落脚点乃育人。在过往的教学实践中，我们常常将学科教学知识窄化为教学技巧、教学策略、教学方法等技术性层面的考量，然而在专业语境下，学科教学知识应获得更多的专业认知，且需重视学科教学知识在学科知识、教育学转化过程中的重要意义，充分理解其应有的教育品质。

(二)教师学科知识的个体化

学科教学知识帮助教师深度挖掘出学科知识的教育学意义，形成教学任务，这只是学科教学知识的转化的第一步。学科教学知识的终极目标指向学生的学习，以学生能理解的方式进行学科知识的教学表征和策略选择，经由学生心理的接受与内化，生成个体知识。在这个过程中，对学生的理解以及针对特定学科内容的教学表征与教学策略选择是学科教学知识

---

① 张玉荣、陈向明：《何以为师？——实习生的知识转化与身份获得》，载《教师教育研究》，2014，26(3)。

实现学科知识生本化、个体化的基础。

对学生的理解，即指站在"学生的立场"上思考如何将外在的学科逻辑转化成学生的心理逻辑。任何一个学生在学习某个具体的学科知识点时都不是白板一块，而是带着某些前概念甚至误解而存在的。教师只有理解、洞悉并预测学生在学习某一学科知识点时可能产生的问题及困扰，才能有的放矢地完成教学任务。例如，在对外汉语教学中，在教外国人汉语之前，教师想不到学生会造出"中国是一个多人口国"这样的句子，想不到学生会把"一经查出，严肃处理"听成并理解成"已经查出，严肃处理"。[①] 在面临这样的问题时，教师就要站在学生的立场上去思考为什么会产生这样的误区以及如何去纠正，这也是教师学科教学知识积累的过程。

学科知识的教学表征和教学策略的选择被认为是学科教学知识的核心构件。表征是否能够反映知识特征以及策略选择是否恰当合理将直接影响学生个体知识生成的质量。在教学实践中，以教材形式呈现的学科知识不仅仅是学科概念、事实排列组合与集合，还包含着学科思想、学科方法，以及学科情感、态度、观念、价值观等内容，是符号体系、逻辑形式和意义系统的集合体。[②] 郭华老师认为，应建立知识间的普遍联系，在结构中去把握知识的意义与价值。结构化的内容能够帮助学生形成知识系统内部相互解释、符号运算的转化能力，实现举一反三、闻一知十，从万千现象

---

① 李泉：《教学经验：汉语教师专业发展务实而重要的取向》，载《语言教学与研究》，2021(3)。

② 郭元祥：《论学习观的变革：学习的边界、境界与层次》，载《教育研究与实验》，2018(1)。

中看出本质，迅速抓住关键——创新的前提。[①] 这就要求教师在进行知识表征时，要围绕结构的概念，这样学生才能在理解知识的基础上，有进一步的发展。

具体来说，不同的知识类型有着不同的表征和策略选择，教师只有深度把握不同知识类型的教学特点，才能实现科学的表征以及策略的适切选择。

事实性概念的知识，主要以学科基本概念、原理、命题，以及命题网络的形式呈现。这类知识表征的方式相对来说也比较简单，教师在教学策略的选择上应多倾向于接受型或理解型的策略，可以采取以语言表征为主的方式，以帮助学生迅速积累学科基础知识、建立学科基本认知，为学生系统的学科知识结构体系的构建奠定坚实的基础。

逻辑性较强的知识主要指向构成学科知识的思维方式、学科思想及学科方法等，具有一定的逻辑抽象性与操作实践性。这类知识仅靠语言描述难以达到理想教学效果，可以选择图像表征和操作表征的方式，帮助学生形成内在的思维影像或直观感知学科内在逻辑。这类知识的教学策略就应尽可能地向探究型靠拢，引导学生在探索、研究中发现学科生成逻辑和发展规律，掌握学科思维方式和方法。

蕴含思想价值的知识本身具有支撑学科发展的价值观念、思想意义、情感态度等，更适合情景表征的方式，采用体验型教学策略，旨在引导学生于教学情境中体验、感受学科知识背后的价值观念、思想意义等，从而

①　郭华：《知识教学何以培养创新人才》，载《人民教育》，2022(21)。

内化生成学科认同情感，并进一步帮助学生塑造正确的世界观、人生观、价值观。

通过学科教学知识，学科知识的形态发生了教育学化和个体化两次嬗变，外在于学生的学科知识转化为学生的个体知识。当然，学科教学知识的转化与形成并非像我们所叙述的这样完全分为前、后两个阶段，教育学化和个体化通常是同时进行的。思考学科教学知识的获取机制，也能够让我们重新审视教师教育过程中的培养模式，以及课程结构、实践方式等，从而更好地帮助教师获得学科教学知识。

三、教师学科教学知识的应用

如何掌握扎实的学科教学知识，最后的落脚点在于怎么用。因此，在这一部分，我们主要通过一些具体的案例，来了解在真实的教学情境中，学科教学知识以什么样的方式融入课堂。以下案例包括课堂片段节选、教学策略等，能够使我们更加直观地感受学科教学知识的应用。在阅读片段材料的过程中，一线教师也可以结合自身的教育教学经历，思考如何将学科教学知识应用到自己的课堂上。

案例一：物理课堂中"透镜"的教学

本案例节选自发表在《物理教师》上的一篇文章，由于篇幅问题无法将完整的内容呈现，故选取一些教学片段。本节课的重点是了解两种透镜的形状、成像特点、对光的作用，并会区分两种透镜。

片段1：新课导入环节

师：同学们，首先让我们欣赏由 A 同学与 B 同学表演的哑剧，请大家在欣赏的同时，用心琢磨一下，他们的表演向我们传递了怎样的信息。好，大家欢迎！

情景剧表演：两名学生分别拿起倒着的课本放到近处和远处观看，并皱皱眉、摇摇头，表现出万般无奈状。然后，他们同时拿起桌上的两副眼镜戴上，再次皱皱眉、摇摇头，表现出万般无奈状。当他们恍然大悟并交换眼镜后，在把课本移到正常距离时，脸上露出满意的笑容，之后注视着学生。（两名学生的表演宜尽量慢些。）

师：欣赏完他们的表演后，同学们说说看，他俩的表演究竟向我们传递了什么样的信息。

（学生共同分享。）

在这一段导入中，讨论的话题是学生非常熟悉的"眼镜"。生动的课堂表演、真实的教学问题、自然的教学过程、和谐的教学氛围，拉近了课堂教学与学生的距离，使学生对物理有亲近感，也引出今天课堂的主题——透镜。在教学中适时提出问题，为学生设置必要的认知台阶，让他们去经历并完成新概念的建构，这是教师学科教学知识的具体运用。

片段2：探究物理规律

2.1 探究透镜镜片的特点

师：要了解透镜，我们首先要了解的就是什么样的镜子是透镜。其实，生活中人们佩戴的眼镜的镜片就是透镜。通过观察眼镜镜片的外形特点就可以知道什么样的镜子是透镜。下面就请同学们仔细观察桌上的两副眼镜，看一看、摸一摸近视眼镜和远视眼镜的镜片，看看它们在外形上有哪些特点。哪位同学说说透镜的外形有哪些特点？

（学生观察并汇报。）

师：大家观察得仔细、到位。物理学中把用玻璃等透明材料磨成的一个或两个侧面是球面一部分的镜子叫透镜。把中央薄边缘厚的透镜叫凹透镜；把中央厚边缘薄的透镜叫凸透镜。同学们，近视眼镜属于什么透镜？（凹透镜。）因为它中央薄边缘厚。远视眼镜属于什么透镜？（凸透镜。）因为它中央厚边缘薄。我们研究的第一个问题是，什么是凹透镜和凸透镜。

2.2 探究透镜的成像特点

师：凸透镜和凹透镜除了外形不一样，还有哪些区别呢？通过近三个月的物理学习我们已初步了解研究物理的最基本的方法是观察、实验、探究，我们同样用观察、实验的方法进行探究（在黑板边上板书）凸透镜和凹透镜，请大家利用桌上的器材按实验表1中的要求进行实验，体验透镜的成像情况，并记录实验现象。

师：大家根据实验记录的现象，能否对透镜的成像特点进行概括？

（学生概括，教师总结并通过板书展示出要点。）

2.3 探究透镜对光的作用

师：透镜是一种透明材料，因而光能穿过透镜，同学们猜想一下，如果一束光线分别通过凸透镜和凹透镜后将会发生什么现象，说出你的理由。

（学生分享和讨论。）

师：下面老师用光学演示仪进一步证实大家得出的结论，并结合实验给大家介绍相关知识(教师结合课件演示光具组有关透镜对平行光的折射实验)。

参见薛和平：《浅谈物理教师的学科教学知识在"透镜"教学中的应用》，载《物理教师》，2013，34(5)。

在片段 2 中，教师根据自己的学科教学知识，设计本节课主要的 3 个探究活动。学生在教师的引导下，去揭示并感受物理知识发生的原因、物理知识形成的经过，以及物理知识发展的方向，做到了探寻物理规律的发现过程、参与物理实验的设计过程、亲历物理问题的解决过程。整个过程立足于学生立场，把学科知识转化为学生知识。在这个过程中，学生不仅体验了科学探究的过程与方法、感知了有关的科学方法、构建了相关的科学内容，也学到了研究物理问题的方法。

案例二：语文课堂中的教学机智

一位教师讲授《从百草园到三味书屋》，讲到"美女蛇"的时候，一个男生问道："老师，世上有没有美男蛇？"说完，便引起了哄堂大笑。女教师说："这个同学天真好奇，问得有趣；但问的思路不对，照此下去，可以问，有没有丑女蛇和丑男蛇呢？要知道，作者的思路是在'美女'和'蛇'的对比上，'美女'是指她诱人的外表，'蛇'是其害人的本质。作者将'美女蛇'比喻为披着画皮的坏人。"这位教师没因学生的质疑和哄笑而影响自己的状态，也没有因为学生的提问而紧张，而是因势利导，从现象到本质引导学生，既让学生学习到"美女蛇"的知识，又缓解了课堂尴尬的氛围。

参见马腾：《谈教学机智在语文课堂教学中的运用》，载《汉字文化》，2019(10)。

学生的天性决定了他们总会有一些天马行空的想法，因此课堂中总出现这样或那样的突发事件，但好的课堂应当是开放的和包容的。这个案例就反映了在语文课堂中，教师的教学机智不仅化解了尴尬，而且让学生进一步理解了学习内容。

教学机智是教师拥有扎实的学科教学知识的重要体现。课堂教学机智是一种教学修养，来自教师在长期的教学工作中不断总结和反思，是一种教学艺术，与教师的人生阅历、文化修养、个人学识息息相关。如果这位教师在面对学生"世上有没有美男蛇"的问题时，对学生进行训斥、责怪，认为他打乱了课堂的教学环节，不仅会让课堂氛围变得紧张、尴尬，而且长此以往会消磨学生对语文学科的热情。但对于新手教师来说，在课堂中运用教学机智绝非易事，因为这有赖于教学经验，只有立足于教学实践、经常反思、多多观摩，才能在面对突发问题时沉着应对，因势利导。

案例三：地理课堂的跨学科教学

本案例节选自发表在《中学地理教学参考》上的一篇关于跨学科教学的文章，作者以人教版初中地理"黄土高原"这节课为例，展现了如何开展地理和历史的跨学科教学。本节课的教学目标除了要求学生掌握黄土高原的成因外，更重要的是以此为载体发展学生的时间尺度思想。

片段1：导入环节

师：本节课我们将了解和学习黄土高原地区。黄土高原地区在历史上的不同阶段，常常呈现出截然不同的特征。老师在这里就为大家呈现一些关于黄土高原的史料，通过今昔对比让同学们感受一下：同一地区在历史上的不同阶段有着怎样的巨大反差。同学们也可以在阅读史料后谈一谈：你觉得不同历史阶段的黄土高原，为什么会有如此大的差异？

材料一：《汉书·地理志》记载，"天水、陇西山多林木，民以板为室屋"。天水、陇西两地位于高原西部，而现在是典型的干旱草原景观。

材料二：黄土高原东部的山西省，在历史上大部分是林区。即使到元明时期，林木仍很茂盛。宋代李焘《续资治通鉴长编》记载："火山、宁化之间，山林饶富。"明代《皇明经世文编》卷三七三，张四维在《复胡顺庵》书中指出："(山西)遍地林木，一望不彻。"但其后的大规模砍伐使其中很多地区变为荒山秃岭。

在导入环节，教师选择采用呈现史料的方式，一方面能够让学生充分感受到不同的时间尺度下观察同一地理区域，会得出不同的观察结果；另一方面在地理课堂上呈现历史材料，这种形式能够调动学生的好奇心和求知欲，为其后的深入学习打下基础。这体现了教师对教学内容的感知能力以及调动跨学科知识的能力。

片段2：分析原因

师：教材在分析黄土高原水土流失原因时，介绍这一地区"人多地少"。但据《汉书·地理志》记载，西汉平帝元始二年(公元2年)，黄土高原地区人口占全国人口比例近20％。今天，黄土高原地区人口占全国人口比例不足10％。请同学们思考一下，为什么西汉时期黄土高原人口数量占全国比例更高，但这一地区的生态环境却相对更好？

参见李彤：《基于时间尺度思想的初中地理、历史跨学科教学——以人教版"黄土高原"为例》，载《中学地理教学参考》，2023(31)。

任何地理事象都是依附于一定的时间尺度而存在的。因此，教师在带领学生观察分析具体地理事象及解决地理问题时，也需要指导学生学会选择合适的时间尺度。在分析黄土高原水土流失的原因时，教师通过古今对比的方式，引导学生从古今人口总量差异、自然环境差异、人类生产力水平差异等方面思考问题的答案。这个过程能够让学生认识到，分析任何地

理事象时，都必须建立在一定的时间尺度之上，结合当时的历史背景才能做出正确的判断。教师运用学科教学知识，在综合分析教学内容、教学情境、教学对象的基础上，采用此种表征形式，反映了教师对课堂的把握和对学生的了解，这种能力建立在以往经验的基础上，是教师专业化的体现。

案例四：语文课堂的大单元教学

本案例节选自发表在《语文建设》上的一篇关于小学语文大单元教学的文章，作者以部编版四年级上册第七单元为例，结合《义务教育语文课程标准(2022 年版)》，对如何创造性地利用统编教材资源，将学习任务群的理念承接到当下的语文课堂上进行分析。

新课程标准中设置了六大语文学习任务群，分别为"语言文字积累与梳理""实用性阅读与交流""文学阅读与创意表达""思辨性阅读与表达""整本书阅读""跨学科学习"，代表着语文课程不同的功能取向。

四年级上册第七单元的人文主题是"家国情怀"，语文要素是"关注主要人物和事件，学习把握文章的主要内容"和"学习写书信"。整个单元由四篇课文组成，分别是《古诗三首》(《出塞》《凉州词》《夏日绝句》)、《为中华之崛起而读书》、《梅兰芳蓄须》、《延安，我把你追寻》，单元习作是写信。

那么如何实现单元内容的重构，开展大单元教学呢？在本案例中可分为以下几个步骤。

1. 提炼大单元主题

本单元围绕着"家国情怀"这一人文主题进行编排。例如，在《古诗三首》中《出塞》和《凉州词》闪耀的是边塞将士守土卫国的决心；《夏日绝句》展现的是巾帼不让须眉的壮怀激烈的誓言；《为中华之崛起而读书》体现了少年周恩来掷地有声的远大志向；《梅兰芳蓄须》彰显了梅兰芳傲然的民族气节；《延安，我把你追寻》奔涌的延安精神永放光芒。这一单元所有的内容都指向"爱国心"，从无名小卒、凡夫俗子到伟人英杰、社会主义建设者，都闪耀着这份赤子之情，形成了一条贯穿古代、近现代、当代的鲜明主线。如果把本单元的学习主题提炼为"追寻百年不变的爱国心"，就能把本单元学习的内容、形式、方法等有机地关联起来，统领整个单元设计。

2. 创设大情境

基于"追寻百年不变的爱国心"这一大单元主题，我们创设了一个大情境：国庆节快到了，为了缅怀先烈，致敬英雄，班级要开展"感动中国，百年人物"主题海报展览，用一张张海报来展现历史长河中的英雄人物的风采。在本单元的课文教学中，每学习一篇课文，就要完成一张人物海报，像《古诗三首》中的边塞将士、《为中华之崛起而读书》中的周恩来、《梅兰芳蓄须》中的梅兰芳，每一课都以完成主题海报为最终学习成果，并张贴在教室的墙壁上。在单元的总结课上，举行"感动中国，百年人物"主题海报展览的布展、参观、点评、留言等参与式活动。

3. 架构大任务体系

本单元的主题是"追寻百年不变的爱国心",可以按照课文涉及的时间顺序和内在联系架构三个有关联、有层递性的子任务。首先,从学习《古诗三首》开始,在涵泳诗意、还原诗境中感受唐宋诗人笔下涌动的爱国情;其次,学习《为中华之崛起而读书》和《梅兰芳蓄须》,置身于时代背景中,具身体验主人公胸怀拯救国家的远大志向和不屈不挠的斗争故事背后的艰难困苦,感怀主人公的爱国情;最后,通过《延安,我把你追寻》诗歌朗诵会,用书信赞颂英雄人物,畅谈参加主题海报展览的体会,抒发自己胸中的爱国情。

4. 设计关键性学习活动

在确定了主题、情境以及大任务体系后,最终的任务是设计关键性学习活动。本单元共包括边塞将士的豪情、巾帼的誓言、一位革命者的壮志、一位艺术家的气节、听我朗诵时代精神、看我书写英烈事迹、汇报我的观展收获七大教学任务,每个任务下都设计了各种各样的学习活动。例如,任务一的学习内容为《出塞》和《凉州词》,主要活动包括以下内容。①找一找:诗句藏着的爱国情感;②搜一搜:爱国主题的边塞诗作;③做一做:主题展览的内容评价。

参见何必钻:《学习任务群理念下大单元教学的实施路径——以四年级上册第七单元为例》,载《语文建设》,2022(22)。

在这个大单元教学的案例中,我们可以看到教师对单元内容的考量,以及在设计教学活动时，处处立足于学生，蕴含着学科教学知识的智慧。

在提炼大单元主题时，教师将单元主题确定为"追寻百年不变的爱国心"。这一主题饱满、立体，能够让学生在不同时代背景中体悟爱国心，这也是学科知识实现教育学化的过程。相反，如果教师只看到了"爱国"这一主题，没有进行深度挖掘，相对来说就单薄很多，不够立体。而之所以能够确定这一主题，离不开学科教研组的集思广益，更离不开教师在以往教学实践中积累的经验。

在创设大情境时，教师选择"国庆节"这个学生都非常熟悉的节日作为情境背景，将节日活动和单元内容的学习相结合。相较于很多在课堂上创设的情境，这一情境更加真实，也更贴近学生生活，缩短了红色经典课文与学生之间的距离。这一活动搭建了学生的日常生活实践与语文课程学习之间的桥梁，学生既是参与者、体验者，又是探究者，指向了新课标要求的"实用性阅读与交流"学习任务群的课程目标。大情境的创设，连接了学科知识和学生的生活，实现了学科知识向学生知识的转化。

在构建大任务体系时，教师设计的教学任务并不是并列的、同质化的，而是按照课文涉及的时间顺序和内在联系架构三个相互关联、层层递进的子任务，按照触摸—感怀—抒发这三个步骤，引导学生阅读与鉴赏、表达与交流、梳理与探究，实现深度学习、创造性学习，在语言运用的实践中提升语文核心素养。这三个步骤遵循了学生心理发展的逻辑，由输入再到输出，体现了教师对学生知识的掌握，更体现了教师设计教学任务的高超水平。

在最后的设计关键性学习活动中，这里由于篇幅问题无法展示所有学习活动。总体来说，七大任务中的各项关键性学习活动是复合叠加的，前后相互联系，又呈递进关系。在这个过程中，教师通盘考虑单元教学内容及其特点，整合语文学习的各个要素，寻找文本内容与学生生活的关联点，设计最为匹配的关键性活动，让学习活动成为学生语文能力的训练场。

以上我们通过四个案例，更加直观地感受到了学科教学知识在课堂教学中的魅力。但是知道怎样做，并不等同于学会了怎样做。对于教师来说，在学习他人经验的基础上，结合自身教学经历多体悟，方能有所收获。

第三节　教师如何实现扎实学科教学知识管理

随着全民学习、终身学习时代的到来，各种知识的获取速度早已日新月异，面对知识蓬勃发展的局面，妥善高效地管理知识乃至进行知识的创新成为值得重视的问题，学科教学知识同样如此。本节将就学科教学知识管理中存在的知识获取、知识保存、知识共享、知识使用与知识创新问题进行介绍。

一、教师学科教学知识管理的方式

知识管理，是指个体借助于一定的媒介，对知识的获取、应用、共享和创新等过程进行有效管理，以提高知识的价值，进而提升个体竞争力的实践活动。对于组织而言，提高知识管理能力可以促进组织竞争力提升、推动组织创新和发展、提高决策质量、优化资源配置、提高学习效率等。

在强调教师专业性发展的今天，提高教师的学科知识管理能力无疑意义重大：使教师能够更有效地组织和利用各类教学资源，提升教学的实效性，使学生能够更好地理解和掌握学科知识；使教师具有适应不同学生需求和教学环境的能力，能够更加灵活地运用不同的教学方法和策略，以更好地满足学生的学习特点；使教师能够更好地借助先进的教育技术、最新的学科研究成果，参与教学研究和创新；使教师不仅关注学科知识的传授，还注重培养学生的综合素质，包括创造力、批判性思维、沟通能力等；使教师更容易适应教育改革和新的教学理念，更好地参与专业发展活动，不断提升自身的教学水平等。

伴随着数字化与信息化的发展，我国教师的学科教学知识管理也体现出当前教育的时代特点，结合如下案例可以有更直观的体会。

蒙蔡强是南宁市第二中学的一名英语教师。1995年，大学毕业后的蒙老师走上了三尺讲台，成为教育沃土上的耕耘者。如今他已获得广西壮族自治区优秀教师、南宁市中小学名师工作室主持人等诸多荣誉。通过学科教学知识管理，他有效地提高了学科教学水平。

蒙老师认为："只有时刻关注学科的变与不变，了解学科的发展规律，才能准确握住学科教学的脉门，确保教学取得实效。"他以学科教材、课程标准、学科专著和杂志为"养料"。每隔一段时间，他都会重温教材、课标，并结合学情，对教材、课标做细致分析，做到对教学内容了然于胸，精准施教。

蒙老师精心设计了符合学生水平的英语课程，并整合了多样的教学资源，包括在线课件、学科视频、英语学习网站等。这些资源经过分类整理，有利于随时在教学过程中使用。

教英文诗歌、散文时，他适当融入我国现当代散文、诗歌名篇；教英文科技文章时，他将英语与数学、科学、通用技术等学科糅合，培养学生的创新能力。

为了便于学科教学知识的分享和合作，蒙老师积极使用学校提供的在线协作平台。他在平台上分享教案、教学活动设计和学生优秀作品，促进学科教学资源的共享。

蒙老师积极参与学校组织的英语教研活动。通过与同事的讨论和分享，他不仅获取到新的学科知识，还深化了对教学方法和教学策略的理解。

蒙老师注重了解每个学生的学科水平和学科兴趣。他通过学科知识的个性化评估，调整教学策略，鼓励学生在学科中发展个人兴趣和优势。

蒙老师建立了有效的学科反馈机制。他定期收集学生对教学内容和方法的反馈，同时也接受同事和学科领导的评估，以便及时调整和改进教学。

蒙老师主动参加各类学科培训和进修课程。他通过参与研讨会、阅读学科相关的研究文献，保持对学科最新知识的敏感度。

多年的学科教学知识管理显著促进了课堂教学的发展、提高了学生的学业成绩，也让蒙老师获得了多项荣誉，成为一名优秀的教师。

参见欧金昌、蒙秀溪：《乐做教育沃土耕耘者——广西南宁市第二中学英语教师蒙蔡强侧记》，载《中国教育新闻网》，2022-05-25。

上述案例展示了一位优秀的英语教师如何运用学科教学知识管理，通过资源整合、在线协作、反馈机制等方式提升自身的教学水平，推动学科教学的创新与发展。这些方式也反映了当前学科教学知识管理的进展：课程设计与资源整合、在线协作平台的利用、定期教研活动的开展、学生个性化学习、反馈机制的建立、专业发展与进修等。

二、教师学科教学知识管理的问题

我国学者田志刚在《你的知识需要管理》一书中提出，个人在知识管理的过程中，面临五个问题：知识获取、知识保存、知识共享、知识使用和知识创新。[①] 教师在管理自身的学科教学知识的过程中，同样面临这五个问题。

(一)知识获取

知识获取是指个体通过各种途径获取所需要的资料、信息和知识的过

---

① 田志刚：《你的知识需要管理》，30～39页，沈阳，辽宁科学技术出版社，2010。

程。个体知识获取的数量、质量、结构等都会直接影响到个体行为和整个知识管理过程。知识获取是个体进行知识管理的前提条件和确保工作得以顺利进行的关键。教师必须认识到，学科教学知识本身在快速更新；教学对学科教学知识的要求也在快速变化和提高；学生获得知识的途径越来越多。在这样的环境下，教师如果不积极获取知识，就会落伍。当前教师在学科教学知识的获取方面主要有以下几个问题。

1. 信息筛选问题

知识获取的首要问题是信息筛选，尤其是在数智化时代。教师需要从各种领域获取大量的信息，包括学科研究、教育技术、课程设计等领域。庞大而繁杂的信息流可能使教师感到不知所措。教师需要及时了解学科最新的研究进展、教学方法和教学资源，以保持对学科领域的深度认识。信息过载的问题不仅在于获取信息的难度，还在于如何有效地筛选和应用这些信息。如果不能正确筛选自己需要的信息，教师可能陷入片面性的阅读和学习，无法全面理解学科知识的多层面性。

2. 时间压力

教师的工作日程通常较为紧张，教学、备课、评估和其他职责占据了大部分时间。这导致教师难以腾出足够的时间来深入学科领域进行系统性的学习和知识的更新。

3. 个性化学习需求差异

每位教师都拥有独特的学科知识水平和兴趣点，因此，满足个性化学习需求是学科知识管理中的一个重要问题。教师在专业发展计划中应当能够充分考虑到个体的差异，从而更好地满足自己在学科领域深度学习的需求。

4. 专业发展机会不均衡

教师在学科知识管理中需要持续不断地参与专业发展活动。但部分教师可能缺乏这方面的机会，导致他们与学科最新研究进展脱节，影响他们的教学水平。

5. 技术应用能力问题

在数智化时代，教师的技术应用能力对于学科知识管理至关重要。有效地利用数字化工具和在线资源可以极大地促进教学效果的提升与学科知识的获取。但由于环境及个人原因，一些教师缺乏足够的技术应用能力，在学科教学知识获取时往往遇到困难。

(二)知识保存

教师将所有的学科教学知识都记住并能方便自如地使用是不可能、不现实的事情，这就涉及学科教学知识的保存问题。当前教师在学科教学知识的保存方面主要有以下几个问题。

1. 保存方法、工具问题

保存的目的是在使用的时候能够快速、准确地找到相关内容，而不是指保存本身。因此，教师除了有效地将学科教学知识存储在大脑里，还需要将那些自己拥有的、以纸质版或电子版等外在形式存在的学科教学知识有效保存，以便于用时可以准确快速地找到自己想找的。这就涉及保存的方法、工具问题。教师需要选择方便而准确的保存方式。

2. 知识整合问题

保存知识涉及将教师从不同领域获得的学科知识整合成一个系统性的

框架。面对日益丰富和多样化的学科信息，教师可能面临将这些碎片化的知识有效整合的挑战。这包括来自学术研究、教材、在线资源以及同行的经验等多个方面的信息。在整合过程中，教师需要考虑知识的相关性、实用性，以及如何将这些知识点有机地结合起来，形成有深度和广度的学科知识结构。

3. 知识保护问题

保存知识还涉及如何有效地保护这些知识，防止各种原因导致的知识丢失或滥用。教师可能通过多种途径获得知识，包括参与研讨会、撰写教学材料、开展独立研究等。这些努力所得的知识是宝贵的，因此有必要采取措施确保其安全和可持续使用。知识保护的一个重要方面是建立适当的知识管理体系。

(三)知识共享

共享对于教师来说非常重要。通过共享，教师可以使自身拥有的学科教学知识更加系统、清晰；可以获得别人所共享的学科教学知识，特别是那些含有缄默成分或经验成分的学科教学知识。当前教师在学科教学知识的共享方面主要有以下几个问题。

1. 缺乏有效的激励机制

在学科教学知识共享中，缺乏有效的激励机制是一个显著的问题，这导致一些教师对知识共享不够积极。如果教师分享了优秀的教学案例、新颖的教学方法或者独特的教学资源，却得不到应有的认可和奖励，他们可能会感到失望和沮丧，从而降低了共享知识的积极性。

2. 隐私与保密问题

另一个阻碍知识共享的问题是教师对个人教学方法和独特教学资源的隐私的担忧。一些教师可能担心分享自己的教学实践会导致教学风格曝光，甚至可能遭受消极评价和负面反馈。此外，一些教师可能担心自己独特的教学资源会被他人抄袭，导致个人努力得不到应有的认可。

3. 文化差异与合作障碍

在学科教学知识共享中，教师之间存在着不同的成长学习环境、文化背景、教育理念和教学风格，这可能导致合作障碍。一些教师可能因为专业视角、教育理念的不同而难以达成共识，从而影响知识的有效共享。这种文化差异还可能表现为对其他教育者的观点缺乏理解或拒绝接受，导致知识交流的困难。

4. 缺乏系统性的知识管理框架

知识共享的问题还在于缺乏系统性的知识管理框架。许多学校和机构虽然鼓励教师共享知识，但缺乏明确的管理和组织方式，导致共享活动过于零散，难以形成一个有机的体系。在这种情况下，教师可能感到缺乏组织和支持，进而影响知识共享的深度和广度。

(四)知识使用

教师学习知识(特别是学科教学知识)的主要目的是在教学实践中使用。其实对学科教学知识的保存、共享、创新，包括学科教学知识的管理，都是为了使其在教学过程中发挥最大的作用。因此，教师如何充分使用自身的学科教学知识是最重要的一个问题。当前教师在学科教学知识的使用方面主要有以下几个问题。

1. 技术工具使用障碍

在学科教学知识管理中，教师面临的一个关键问题是技术工具使用障碍。随着科技的快速发展，数字化教育工具和在线资源成为教学的重要辅助手段。然而，一些教师可能由于对技术的陌生或不熟悉，感到使用数字化教育工具或在线资源是一项巨大的挑战。这就阻碍了他们充分利用现代技术支持教学实践。

2. 知识转化能力不足

一些教师的知识转化能力仍然存在不足。教师的知识转化能力指的是将理论知识和学科理念有效地转化为实际教学实践的能力。即便教师具备了丰富的学科知识，也未必能够灵活地将这些知识转化为具体的教学策略和方法，使之适应学生的实际需求和学科发展的趋势。一方面，教师在专业知识培训中缺乏实际应用的训练。传统的教育培训往往偏向理论性的知识传递，而较少注重实际操作。这就导致了教师在实际教学中遇到问题时，难以灵活运用所学的知识进行创新性的解决。另一方面，学科教学知识的转化需要教师具备跨学科、跨领域的视野，但一些教育体系仍然存在知识隔离的问题，就使得教师难以将不同领域的知识整合应用。

3. 应用相对匮乏

学科教学知识使用的问题还表现为应用相对匮乏，即教师在实际教学中未能充分应用已有的学科知识。首先，学科教学知识的应用需要教师在教学设计、课程实施、学科评估等方面进行综合性的考虑，而一些教育体系可能过于注重考核结果，导致教师忽视了学科知识的创新性和实际应用性。其次，个别评价体系可能对教师的创新提出了一定的限制，使得教师在教学中过于依赖传统的教学方法，而较少尝试新颖的学科教学知识。

(五)知识创新

知识创新是指个体所拥有的各种知识类型之间的相互作用和变化从而产生新的知识。它主要以知识的生成为主要表现形式。知识创新不仅能拓展个体知识的广度与深度，而且可以为组织创造新的文化。当前教师在学科教学知识创新方面主要存在如下问题。

1. 创新能力不足

学科教学知识创新的一个突出问题是教师的创新能力不足。创新能力涉及学科知识的灵活运用、新思维的构建以及教学方法的不断优化。然而，许多教师在专业发展的过程中，未能得到充分的培训和引导，缺乏在教学中挑战传统观念的勇气和能力。这种创新能力的不足可能导致教师在应用学科知识时过于保守，难以适应不断变化的教育环境和学科发展的需求。

2. 缺乏跨学科整合能力

另一个阻碍学科教学知识创新的突出问题是教师缺乏跨学科整合能力。学科知识的创新通常需要借鉴和整合其他学科领域的理念与方法，但一些教育体系仍然存在知识领域的壁垒。教师可能过于专注于自己学科的知识，而忽视了其他学科的创新成果。这就导致了学科教学知识创新的困难，进而难以形成更为综合、全面的教育理念和方法。

3. 缺乏实践机会

在学科教学知识创新方面，一些教师可能由于缺乏实践机会而难以进行深入的尝试。传统的教育培训和专业发展往往更侧重于理论知识的传递，而较少提供创新实践的平台。这使得一些教师对于创新的理念虽有认知，但在实际操作中却感到困扰。

4. 生成不足

部分教师拥有扎实的学科内容知识，以及一定的教学对象知识和教学论知识，但是没有上升到学科教学知识层面，即仅仅满足于知识量的增长，没有实现知识质的飞跃。这主要是由于他们对知识的追求更多局限于学科内容知识、教学对象知识等各种现实规定的实然性知识，不能对这些现实规定的实然性知识进行创新，并生成为学科教学知识。教师学科教学知识生成的不足，在一定程度上限制了教师学科教学知识的广度和深度，也使教师已有的学科内容知识、教学对象知识等始终停留在零散的状态，无法实现知识价值的最大化。

三、教师学科教学知识管理的改进方式

如今的教育环境不断演进，数字化信息化的发展极大地改变了知识的传授和获取方式，学生的认知水平比以往发展得更加迅速，国家也对教师的学科教学水平提出了越来越高的要求。教师的学科教学知识水平不仅直接关系到学生的学习成果，更是塑造未来社会发展的关键因素之一。随着教育理念的不断更新和学科知识的不断扩展，教师也面临着更高的教学要求和更广泛的学科应用场景。在这一背景下，教师的学科教学知识改进成为一项迫切而重要的任务。结合一位教师成功改进学科教学知识管理的案

例，我们可以对学科教学知识管理的改进方式有更清晰、直观的了解。

　　屈辉是一位拥有多年中学数学教学经验的资深教育者。1998 年，中师毕业后，屈老师被分配到衡阳市石鼓区都司街小学，一门心思想教语文的她，却阴差阳错地被安排执教数学。在适应教学过程中，她深感学科教学知识的不断更新和变革，决心通过努力把数学课上好。

　　屈老师主动参与了数学领域的专业培训和研讨会，深入学习了现代数学教育理念、教学方法和最新研究成果。她关注国内外前沿的数学教育发展，特别是探索数学思维培养、信息技术在数学教学中的应用等方面的知识。

　　近年来，她还以"小学数学 HPM 行动序列研究"课题研究为切入点，带领教师们研发《有趣的数学史》校本教材，研究"小学数学史与数学教育"的相关课例，进行数学史与数学教学的讲座。由一而二，由二而多，从一所学校到区内、市内乃至省内多所学校，越来越多的教师在屈老师的引领下，加入"臻理数学"中来。

　　屈老师将学到的知识积极应用于实际数学教学中。她通过调整教学策略，采用更富有互动性的课堂设计，引入实际问题和数学建模，激发学生的兴趣。通过不断调整和实践，她逐渐发现了适合自己的教学方法，并在实际教学中灵活运用数学知识，提高了学生的学科素养。

　　屈老师不仅仅满足于应用已有的知识，她还积极参与数学教育研究项目，尝试引入新的教育技术和跨学科的教学方法。她组织学科创新活动，鼓励学生参与数学竞赛、设计数学项目等，促使学生在实践中深化对数学知识的理解。

通过多方面的努力，屈老师成功提升了自身的数学教学水平。她不仅在传统的数学教育中有了更深的造诣，还在教学实践中实现了知识的创新性应用，为学生提供了更富有活力和启发性的数学教育。

参见阳锡叶、吴秀娟：《屈辉：数学，也能系好人生的扣子!》，载《中国教育报》，2021-09-22。

这是较为典型的教师进行学科教学管理改进的案例，涉及了知识获取、知识共享、知识使用、知识创新问题的改进。结合这一案例，下面将分别对上述学科教学知识管理中涉及的问题提出改进方式。

(一)知识获取的改进方式

1. 培养信息筛选和评估的能力

教师应培养信息筛选和评估的能力，以便更有效地从信息海洋中汲取所需的知识。在数字时代，专门设计的数字化学科知识管理系统可能成为一种解决方案。这些系统可以帮助教师精准搜索、分类和整合信息，提供个性化的推荐，使得教师能够更加高效地获取最为关键和实用的学科知识。

2. 提升自身时间管理和系统优化的能力

面对日益繁复的教学任务，教师应尽可能地提升自身时间管理和系统优化的能力。学校也应当为教师提供便利，鼓励学科教研团队减轻工作负担，让教师有更多的时间专注于学科领域的深度学习和实践。

3. 针对个人学习需求提供个性化发展路径

针对不同的个人学习需求，学校需要采用差异化的培训方式和发展计划，提供灵活的学科知识资源。个性化学科知识管理系统的建立也是一种解决方案，通过推荐的个性化学习路径，教师能够更有针对性地学习和获取符合自身需求的学科知识。教师也应当认识到自身的独特需求，有选择、有目的地获取教学知识。

4. 设立健全的专业发展体系

学校应当设立健全的专业发展体系，为教师提供参与各类培训、研讨会、学术会议等的机会。政府和学校管理部门也可以提供奖学金、津贴等激励措施，鼓励教师积极参与学科知识管理的专业发展。教师也应当学会利用现代技术手段，主动利用网络学习在线课程和参与远程培训，在灵活的时间和地点参与专业发展活动。

5. 提供专门的信息技术培训

学校提供专门的信息技术培训，包括数字工具的使用、在线学习平台的操作等。培训课程应当贴近教师的实际需求，注重实践操作，帮助教师熟练掌握数字技术的应用。此外，学校可以建立技术支持团队，为教师提供实时的技术咨询和帮助。教师本人也应当认识到当代信息化的迅速发展，积极更新思想、学习新技术，利用技术进行学科教学知识的学习。

(二)知识保存的改进方式

1. 建设数字化知识管理平台

随着数智化时代的发展，保存知识不仅需要考虑纸质文档，还需要适应新的数字化知识管理方式。学校可以投资建设数字化知识管理平台，为教师提供便捷的工具来存储、检索和分享知识。数字化知识管理平台的优势在于其便捷性和高效性。此外，数字平台还可以通过分析教师的使用行为，为他们推荐相关的学科知识和教学资源，实现个性化的知识管理。教师本人也应当积极了解时代新动态，积极接触学习新技术，储存自身的学科教学知识。

2. 利用多种途径掌握知识整合技能

针对知识整合，教师需要具备对学科知识的深刻理解，还需要运用系统性思维和逻辑分析的能力。在工具方面，教师可以借助概念图、思维导图等可视化工具，将学科知识以图形化的方式呈现，以更清晰地展示知识之间的关系。此外，学校可以提供相关培训，帮助教师更好地掌握知识整合的技能。

3. 建立有效的知识管理体系

建立有效的知识管理体系，包括建立规范化的知识归档、备份机制，以及确保知识产权受法律保护。学校可以设立专门的知识管理团队，负责知识的分类、存储和更新，以确保这些知识能够长期保存，并为教学活动提供支持。

(三)知识共享的改进方式

1. 建立明确的激励机制

学校建立明确的激励机制，包括但不限于奖励计划、学术荣誉、教学成果的正式认可等。学校可以设立专门的奖项，表彰在知识共享方面取得显著成就的教师。此外，建立一套评估体系，将教师的共享活动与职业发展挂钩，为他们提供更多的职业发展机会，也是激励教师共享知识的有效途径。

2. 加强对隐私权、版权的保护

学校可以通过建立匿名分享机制、设立私密分享平台等方式，保护教师的隐私权。此外，也需要加强对共享资源的版权保护，确保教师的劳动成果得到合理的尊重和保护。

3. 建立更加开放、包容的学科教育文化

学校可以鼓励教师参与跨学科的交流和合作项目，促使不同学科领域的教师深入了解对方的专业领域和教学经验。此外，通过提供培训和资源共享活动，促进师资队伍之间的合作，打破学科之间的壁垒，创造一个更加融洽的知识共享环境。

4. 建立系统性的知识管理框架

学校可以投资建设知识管理平台，提供方便教师上传、检索和分享教学资源的工具。这类平台可以将知识模块化，方便教师按照主题、年级等分类检索和分享。此外，学校还可以设立专门的知识管理团队，负责组织、更新和维护共享知识的内容，以确保其时效性和质量。

(四)知识使用的改进方式

1. 提供全面的技术培训

学校可以组织开展定期的培训课程，帮助教师熟练掌握教育技术的基本操作步骤和高级功能，如数字化课程设计、在线评估技能、虚拟实验室的使用等。为教师提供系统性、有针对性的培训，可以增强他们对技术工具的信心，提高知识的实际应用水平。

2. 多种途径提升教师知识转化能力

教育体系需要重视培养教师的知识转化能力，通过提供更具实践性的培训和实践机会，帮助教师更好地将学科教学知识转化为创新的教学实践。同时，促进学科之间的交叉合作，打破知识领域的壁垒，有助于形成更为综合、全面的知识转化能力。教师应积极通过实践应用来提高学科教学知识的转化能力，进而不断促进自身学科教学知识的发展。通过内在化的方式将显性的学科形态知识转化为隐性的学科教育形态知识。

3. 调整评价体系并提供资源支持

学校可以通过调整评价体系，更加注重对教师创新实践的认可和支持，鼓励他们在教学中尝试新的学科知识应用方法。此外，学校可以提供更为灵活的资源支持，为教师提供更多的实验性、实践性的空间，有助于推动学科教学知识的更为广泛和深入的应用。

(五)知识创新的改进方式

学科教学创新是适应当今社会变革和教育需求的关键，也是学科教学知识管理的重点和发展趋势。教师需要超越传统的教学方法，拥抱新兴科技和教育理念，以激发学生的学科兴趣，培养学生的创新能力，并促使学科教学与时俱进，成为引领教育新潮流的重要力量。改进知识创新，可以从学科教学思维创新、教学资源与手段创新两大方面着力。

1. 学科教学思维创新

（1）引入跨学科思维

学科教学思维创新首先要引入跨学科思维。在传统教学中，学科被划分为独立的领域，但在现实生活和职场中，问题往往是复杂多元的，需要跨学科的知识来综合解决。因此，教师应鼓励学生跳出单一学科的框架，培养其跨学科思维能力，使其能够在不同领域中灵活运用知识，解决复杂问题。

跨学科思维的引入可通过设计跨学科项目、组织跨学科合作等方式实现。例如，在科学课程中引入文学元素，通过阅读科普文章培养学生的科学写作能力；在艺术课程中融入数学概念，设计艺术作品时考虑数学比例和空间关系。这样的教学方式不仅拓展了学生的知识广度，还培养了他们解决问题的全局思维。

（2）整合数字化教育工具

数字化技术的发展为学科教学提供了丰富的教育资源和工具。学科教学思维创新需要教师充分整合数字化教育工具，提高教学效果。虚拟实验室、在线模拟软件、教育游戏等数字工具可以使学科内容更具趣味性和实用性，进而激发学生学习的主动性。

例如，在物理教学中，使用虚拟实验室可以让学生在安全的环境中进行实验；在数学教学中，采用在线数学游戏可以提高学生对数学的兴趣。这些数字工具不仅使学科教学更富有活力，还能满足学生对多样化学习体验的需求。

（3）注重问题导向式教学

学科教学思维创新强调从传授知识到培养问题解决能力的转变。问题导向式教学使学生置身于实际问题情境中，通过解决问题来学习相关知识和技能。这种教学方式激发了学生的好奇心和求知欲，培养了他们主动探究问题的能力。

在问题导向式教学中，教师可以设计真实世界中的问题情境，让学生在调查研究、合作解决问题的过程中掌握学科知识。例如，在生物学教学中，引导学生通过研究当地生态系统中的问题，了解物种的相互关系和环境变化的影响；在历史教学中，教师通过让学生多角度深入研究某一特定历史事件，培养他们分析和解释历史问题的能力。

（4）培养创新思维和实践能力

学科教学思维创新不仅要关注学科知识的传递，还要注重培养学生的创新思维和实践能力。教师应该关注培养学生的创造性思考、解决问题的能力，以及给学生提供创新实践的机会。

在学科教学中，可以通过设计开放性的问题、组织学生参与创新项目、鼓励他们提出并实践自己的研究课题等方式培养学生的创新精神。例如，在化学教学中，鼓励学生通过实验设计解决实际环境问题的方法，培养他们在化学领域中的实践能力和创新意识。

（5）引入个性化学习和评价

学科教学思维创新还包括对个性化学习和评价的关注。每个学生都有不同的学习风格和兴趣点，个性化学习根据学生的特点和需求调整教学内容与方法，使学生的学习更为高效。

个性化评价强调考查学生的多元能力，不仅仅关注传统的考试分数，更注重对项目作品、实践表现、团队协作等方面的评价。这有助于更全面地了解学生的学科素养和创新潜力。

（6）推动实践与理论相结合

学科教学思维创新需要更紧密地结合理论与实践，不仅要关注学科理论的传授，而且还要引导学生将理论知识应用于实际问题的解决中。实践与理论相结合可以加深学生对学科知识的理解，提高其解决实际问题的能力。

例如，在经济学教学中，不仅要讲解经济理论，还可以通过模拟市场、实地考察企业等方式，让学生在实际中理解和应用理论知识。这样的实践性教学不仅使学生更容易接触真实的学科应用场景，而且加深了他们对理论知识的理解。

（7）引入教学幽默

在学科教学思维创新中，教学幽默是一种有力的工具，能够活跃课堂氛围，激发学生的兴趣，促使学科知识更易被吸收。适度的幽默能够打破课堂的单调，拉近师生关系，使学生在轻松的氛围中更好地理解和消化学科知识。

例如，在数学教学中，教师可以通过巧妙的数字游戏，让学生在欢笑声中体会数学的趣味性。在历史教学中，教师可以通过有趣的历史逸事，吸引学生对历史事件的关注。这种幽默的教学方式不仅使学科更富有趣味性，也提升了学生对学科的兴趣和参与度。

教师在运用教学幽默时需注意不要过度，避免与学科内容相冲突，确保幽默能够促进学生对学科知识的理解而非分散注意力。

2. 教学资源与手段创新

教学资源与手段创新是学科教学创新的重要组成部分，随着互联网的飞速发展，教育各领域也在不断进行着创新。互联网为教学提供了前所未有的机会，使教学资源与手段焕发新的生机。下面将探讨在互联网背景下，教师如何创新教学资源与手段，以构建更为数字化、灵活化的学习生态，提高学生的学科学习体验。

（1）数字教材与在线资源：打破时空限制的学科学习

互联网为教师提供了丰富的数字教材和在线资源。教师可以通过在线图书馆、开放式教育平台等获取到丰富多彩的学科教材，打破传统纸质教材的时空限制。数字教材的优势在于它可以随时随地被学生获取，具有更强的灵活性和便捷性。在线资源的丰富性为教师提供了更多的选择，引入的优质的网络视频、互动课件等，使学科知识更加生动有趣。这种多样化的资源形式有助于激发学生学科学习的兴趣，提高他们的学科理解能力。

（2）在线协作平台：促进师生互动与合作

互联网的发展使得在线协作平台成为教学中的重要组成部分。教师可以利用这些平台与学生进行实时互动，共享学科教学资源，实现在线合作学习。例如，使用谷歌教室、微软 Teams 等工具，教师可以与学生建立虚拟的学科学习空间，进行资源分享、讨论互动。在线协作平台的应用不仅提高了教师与学生之间的互动频率，还加强了学生之间的合作与交流。这种全新的互动方式有助于建立更加紧密的教学关系，推动学科学习的深入。

（3）虚拟现实技术：丰富学科实践体验

随着虚拟现实技术（Virtual Reality，VR）的发展，教师可以利用这一技术为学生提供更为身临其境的学科实践体验。通过 VR 设备，学生可以进入虚拟实验室中进行科学实验、历史考古等活动，加深对学科知识的理解。虚拟实境技术为学科学习增添了更多的趣味性和实践性。例如，在地理课上，学生可以通过虚拟实境技术参观世界各地的地理景观；在生物学课上，学生可以通过 VR 设备深入观察微观世界。这种数字化的实践体验拓展了学科教学的维度，使学科知识更加具体而生动。

（4）个性化学习平台与智能辅导系统：精准满足学生的需求

互联网技术的应用使得个性化学习平台和智能辅导系统成为可能。教师可以通过这些系统更好地了解学生的学科学习状态，为其提供个性化的学习计划和教学建议。个性化学习平台可以根据学生的学科学习进度、兴趣和水平制订有针对性的学科教学方案。这种个性化的学习路径有助于激发学生学科学习的主动性，使其更好地适应个体差异。

（5）在线评估与反馈工具：实时了解学生的学科学习情况

互联网为教学提供了实时的在线评估与反馈工具。教师可以通过在线测验、作业提交系统等及时了解学生的学科学习情况，快速进行评估与反馈。在线评估与反馈工具的使用有助于更全面地了解学生的学科学习状态，及时发现问题并进行干预。教师可以根据学生的学科学习表现调整教学策略，个性化指导学生的学科学习。

在互联网背景下，教师教学资源与手段创新成为推动教育发展的关键因素。数字教材与在线资源、在线协作平台、虚拟现实技术、个性化学习平台与智能辅导系统、在线评估与反馈工具等创新手段构建了一个数字化的教育生态，为学生提供了更为灵活、多元的学科学习方式。教师应积极借助互联网的力量，结合学科特点和学生需求，创新教学手段，提升学科教育的质量与深度。

　　本章结合部分案例，从扎实的学科教学知识的定义开始，介绍了其概念、特征、研究历程，接着从学科教学知识的学习和应用介绍如何掌握扎实的学科教学知识，最后根据学科教学知识发展的趋势介绍学科教学知识的管理。受篇幅所限，本章阐述的内容仍然十分有限。在教育发展步入新阶段的今日，教师需要保持终身学习能力，提升知识管理能力，并始终积极在教育实践中打磨、凝练自身的学科教学知识。"冰冻三尺，非一日之寒"，只有在持续不断的教育实践中，才能掌握扎实的学科教学知识并得心应手地应用这些知识。

第四章

新时代好老师需要
扎实的教育研究能力

　　本章首先从教师研究者的提出与发展切入，阐述"何为教师扎实的教育研究能力"，并全面剖析其在教育实践中的重要作用。接着，围绕"扎实的教育研究能力的素质要求"及"如何具备扎实的教育研究能力"两个核心问题展开论述，以期通过这两部分研究内容，对进一步提高教师教育研究能力有所帮助。

　　教育研究能力作为教师专业能力之一，既是影响教师获取学科内容知识和学科教学知识的重要因素，也是推动教师不断更新和持续拓展显性知识，促进隐性知识显性化的动力来源。美国教育家舒尔曼就曾提出，正规的教育学术研究正是教师获取教学专业知识的资源之一。① 这一观点不仅凸显了教育研究能力在教师专业发展中的关键作用，也为教师如何获取和更新教学专业知识提供了方向指引。

---

① Shulman, L. S, "Knowledge and Teaching: Foundations of the New Reform," *Harvard Educational Review*, 1987, 57(1), pp. 1-22.

第一节　何为教师扎实的教育研究能力

本节回顾了教师教育研究能力的发展历史，阐述了教师教育研究能力的概念内涵，并试图解释扎实的教育研究能力的特征。最后，基于当前时代背景，思考教师扎实的教育研究能力的价值意义。

一、从反思者到专业者：教师教育研究能力的提出历史

考察不同历史时期对教师研究者身份的关注，可以发现，教师研究能力这一话题历久弥新。最初，人们更多地将教师视作教育问题的反思者。在 20 世纪六七十年代，学界不断呼吁教师从教育研究的局外人走向局内人，教师研究者身份被正式提出。到了 80 年代，教师专业发展议题逐渐席卷全球，教师开展研究不再是一种学术呼吁，而是世界各国对教师专业能力的政策要求。

(一)反思者：教师教育研究能力的先觉关注

在学界基本达成一种共识，即斯登豪斯正式提出教师成为研究者的时期，也就是 20 世纪六七十年代是教师研究者身份的历史起点。其实不然，

我国学者宁虹早在 1908 年，就有让教师从事研究工作的观点。[①] 在两年后，也就是 1910 年，专业杂志也开始讨论这个话题，因此，教师研究者并非一个新概念。这一研究发现将教师成为研究者的历史又往前推进了一步——从 20 世纪六七十年代提早至 20 世纪初期。事实也确实如此。在 1926 年，就有学者提出，教师拥有研究的机会，如果能够抓住这个机会，他们不仅能有力、迅速地推进教学技术，还能让工作获得生命力和尊严。[②] 虽然在这一时期，教师研究者身份尚未正式提出，但是，教师应当具有问题探究意识等有关论述就是教师研究者身份观点的雏形，而且教师对探究这些问题的解决方法负有责任，尽管他们的实践从来没有被称作研究。[③]

在教师研究者身份起源进程中，也有将行动研究视作教师研究者起点的观点。倘若按此观点，教师研究者的身份又可以追溯至 20 世纪四五十年代。尽管行动研究(action research)一词最早源于 20 世纪 40 年代，美国官员约翰·科利尔(John Collier)在其专管负责工作中提出了具有行动研究色彩的研究理念，但心理学家库尔特·勒温(Kurt Lewin)才是为这一理念正式定名的研究者，他在《行动研究和少数民族问题》(*Action Research and Minority Problems*)一书中写道："没有无行动的研究，也没有无研究的行动。"斯蒂芬·科里(Stephen M. Corey)的著作《改进学校实践的行动研

[①] 宁虹：《"教师成为研究者"的理解与可行途径》，载《比较教育研究》，2002(1)。

[②] Santa，C. M. & Santa，J. L.，"Teacher as Researcher," *Journal of Reading Behavior*，1995，27(3)，pp. 439-451.

[③] 宁虹：《教师成为研究者　国际运动　理论　路径　实践》，4 页，北京，首都师范大学出版社，2002。

究》(*Action Research to Improve School Practices*)标志着教育领域行动研究的正式开始。他认为，行动研究更易于促进教育实践的改进，教师应成为教学实践的研究者，而不只是作为研究人员的被试者。从此，在教育领域，人们越来越倾向于用"行动研究"来开展教学、教师发展、课程建设等一系列教育问题的研究。

以上两种观点，本质上都将教师看成教育实践场域的问题反思者。早期将教师视作与教育问题直接相关的人，反思问题的本质就是研究的一种形式。而行动研究的基本思想就是强调实践、反思与改进的循环过程，鼓励教师作为教育实践者在自己的工作情境中改进自己的工作，解决实际教育问题。

那么，如果按照反思者是教师研究者起源的思路，在教育改革发展的历史长河中，中外教育学界并不乏对教师应当具备反思能力的观点。我国乃至世界上最早的教育著作《礼记·学记》指出，"记问之学，不足以为人师"，"君子既知教之所由兴，又知教之所由废，然后可以为人师也"。这说明，要想成为一名教师，仅仅依靠记忆书本知识是不够的，他还应该明白教育成功或失败的原因。换言之，教师既需要具备教书育人的知识，又需要具备教育反思能力，只有这样才能真正胜任教师工作。

国外学者及其著作也不乏教师应是反思者的观点。约翰·杜威的著作《我们怎样思维·经验与教育》论述了反省思维在教育教学中的重要性。所谓思维是"有意识地努力发现我们所做的事和所造成的结果之间的特定的连接，使两者连接起来"。而反省思维是"对某个问题进行反复的、严肃的、持续不断的深思"，其本质就是研究性思维。唐纳德·肖恩（Donald

Schön）在其著作《反思性实践者：专业人员在行动中如何思考》中提出反思性实践概念，并在其后提出了反思型教学思想。教师反思的内容就来自教学情境中，因此教师在教育教学过程中，应当主动反省教学行为，从中发现问题并改正。这种反思的过程实际就是一种研究的过程。但是，"从教师及其所处的社会情境的角度来看，那些旧的教育概念已经把他们变成了基本知识或比基本知识略高一点的普通知识的单纯的传递者，不允许他们有创新的机会，更没有研究与发现的机会……然而我们各类学校的教师却既不掌握足够先进的教育科学……又不重视科学的、实用的、在社会上具有本质性的这样一种活动形式"[①]。

综上，反思者就是教师教育研究能力的雏形。这是由教师工作性质本身决定的。如苏霍姆林斯基所言："教师的工作就其本身的逻辑、哲学基础和创造性质来说，不可能不带有研究因素。"[②]虽然持有教师反思者的观点的学者并未明确提出"教师即研究者"的口号，但其有关思想为后来斯登豪斯等学者的研究奠定了基础，推动了教师作为研究者身份的确立和发展。

（二）研究者：教师教育研究能力的正式提出

随着教师反思者身份不断被强化，以及教师应当开展研究的行动研究

---

① ［瑞士］皮亚杰：《教育科学与儿童心理学》，傅统先译，109 页，武汉，长江少年儿童出版社，2014。

② 蔡汀、王义高、祖晶：《苏霍姆林斯基选集（五卷本）》第 4 卷，670 页，北京，教育科学出版社，2001。

观点的奠基，20 世纪 60 年代，教师研究者身份被英国课程专家斯登豪斯正式提出，尽管万恩·肯尼思（Wann Kenneth）早在 1952 年就发表了《教师成为研究者》一文，但学术界还是普遍认同斯登豪斯是"教师成为研究者"的正式开创者。这与其主持的经典行动研究课题"人文课程研究"产生的重要影响有关。

在基于过程模式的人文课程改革思想中，教师在课程开发中的重要作用已凸显。20 世纪中叶，目标模式在课程开发中占据主导地位。这种模式强调明确、可测量的教育目标，以及为实现这些目标而设计的标准化教学活动和评价方法。这种模式忽视了教育过程的复杂性和动态性，限制了教师和学生的主体性与创造性发挥。20 世纪 60 年代，英国当时的教育体制要求小学生在经历毕业考试后进入不同学校。"优胜者"进入文法中学，其他则进入现代中学。在文法中学，学生及其家长对学校人文课程的不满使学校陷入课程设置危机。为解决这一问题，英国于 1967—1970 年开启了"人文课程研究"（The Humanities Curriculum Project），试图实施人文课程改革，斯登豪斯则被指派为这项研究的主要负责人。在这场课程改革中，他建立并提出了以"过程模式"为课程设计的方法论思想。斯登豪斯认为，以过程模式为指导的课程，目标不再是固定不变的，而是随着教育活动的开展和教育情境的变化进行调整，课程更加灵活、适应性更强，能够满足学生的个性化需求和发展。

"过程模式"课程变革要求教师和学生在教育过程中具有更强的自主性。斯登豪斯认为，课程是教师和学生在课堂上的事，而不是外来人员设定好的知识体系。如果课堂是检验课程的实验室，那么教师则是这个实验室的潜在实际观察者。因此，教师不仅仅是被动的课程执行者，更是课程的研究者和开发者，应当根据自己的教学经验和学生的实际需求，对课程进行不断的反思和调整，以使其更加适应学生学习需要。1975 年，斯登豪斯在其著作《课程研究与开发导论》中专门用了一章的篇幅来论述"教师成为研究者"。他认为，每位教师都是科学界的成员，作为课堂负责人，他们所在的课堂就是实验室。变革学校或课程绝不仅仅只是改变教师所用的教学资料，没有教师亲自研究他们自己的实践，教育就不可能发生持续的变革。因此，教师应当从单一的知识传递者向研究者转变。这一观点也得到了联合国教科文组织的认同。其在 1979 年的一份报告中指出："在当今，从教师在'教育系统'中的作用看，教师与研究者的职责趋向一致。"

(三)专业者：教师教育研究能力的合法要求

在 20 世纪 60 年代以前，教师教育研究能力是一种基于反思者的隐而未发的呼吁。自 60 年代起，"教师成为研究者"逐渐成为学界的关注焦点。70 年代美国提出教师专业化口号以来，教师在向职业化、专业化发展的同时，教师教育研究能力被赋予了更重要的意义——实现自身专业发展的必然要求。作为教师专业发展能力的重要内容，教育研究能力是在当前信息化与经济全球化国际背景下，特别是我国基础教育新课程改革要求下，教师所必须加强的专业能力之一。①

---

① 饶从满、杨秀玉、邓涛：《教师专业发展》，51～52 页，长春，东北师范大学出版社，2005。

在全球范围内，众多国家和地区都在其教育专业标准相关政策中，对教师的教育研究能力做出了明确规定，其中尤以美国的政策最为丰富。20世纪80年代，美国就有研究者、教师专业组织提出建立教师专业标准的倡议。到21世纪初，美国不同的机构组织已经制定了多项教师专业发展标准。全国教师教育评估委员会（National Council for the Accreditation of Teacher Education，NCATE）于2001年发布《教师专业发展学校标准》；美国国家专业教学标准委员会（National Board for Professional Teaching Standards，NBPTS）于2001年修订发布了《优秀教师专业教学标准（第二版）》；2002年，NCATE修订了《教师教育机构认证专业标准》；全美教师专业基准委员会于1989年发布的《教师专业化基准大纲》直接提出：教师要参与教育研究，丰富学识；教师是学习共同体的成员，应同其他专家合作，提高学校的教育效果。这一系列教师专业标准都反映出对教师反思、教师研究的重视。教师既是实践者，又是教学活动研究者，应具有反思、研究、改进教学方法和教学内容的能力。例如，NBPTS要求优秀教师要在课堂教学中发现新知识，形成教育哲学理论，实现教师专业发展；NCATE要求教育机构培养的教师要有研究性知识等。[①]

英国教师专业标准分为三个维度：专业品质、专业知识与理解、专业技能。其中就包含评价和反思教与学的能力。[②] 澳大利亚《国家教师专业标准框架》要求教师能够合理地分析、评估并促进自己的专业实践；明白自

[①]　赵红利：《美国教师专业发展国家标准研究》，硕士学位论文，首都师范大学，2003。

[②]　王艳玲：《英国"一体化"教师专业标准框架评析》，载《比较教育研究》，2007(9)。

己的工作情境是不断变化的，要不断地调整自己并适应这些变化。① 我国教育部于 2012 年出台《幼儿园教师专业标准（试行）》《小学教师专业标准（试行）》《中学教师专业标准（试行）》三项政策，要求幼儿园、中小学教师具备专业理念与师德、专业知识和专业能力。其中，在中小学教师专业能力中，又做出了"反思与发展"的要求，即教师要能够"针对教育教学工作中的现实需要与问题，进行探索和研究"。各国、地区教师专业标准内容不尽相同，但这些专业标准的共同之处在于都具有引导性特征，凸显了目前教师教育教学能力讨论中较易被忽视，但对专业提升相当重要的部分，如反思、研究、合作、社区关系等内容。② 反思能力、终身学习能力以及研究能力是各国和地区在核心专业素质上最突出的共识。③

从我国出台的其他有关政策中，也可以看出对教师教育研究能力的政策导向。2019 年《教育部关于加强新时代教育科学研究工作的意见》提出，鼓励支持中小学教师增强科研意识，积极参与教育教学研究活动，不断深化对教育教学改革的规律性认识，探索适应新时代要求的教书育人有效方式和途径。2020 年，《深化新时代教育评价改革总体方案》有破有立，破的是"五唯"顽疾，立的是符合时代要求的多维度、全面评价机制，其中就包含对教师科研能力的重视。在新时代背景下，"学习型大国""教育强国"

---

① 赵凌、张伟平：《教师的专业标准：澳大利亚的实践与探索》，载《比较教育研究》，2010(4)。

② 朱欣欣、张丽珍：《国内外教师专业发展标准研究评析》，载《国家教育行政学院学报》，2008(12)。

③ 李华、袁春艳、谢满兰：《外语教师在职培训课程构建与评价：教师专业化的视角》，66 页，长春，东北师范大学出版社，2015。

等国家战略目标的提出，更是对教师教育研究能力提出了前所未有的挑战。不仅要求教师不断更新自己的知识体系，还要求教师能够积极参与教育研究，通过教育实践和创新来推动教育发展与进步。开展教育研究成为教师教育工作的必要内容之一。

二、何为扎实的教育研究能力

既然教师要开展研究，那么，研究的主体、客体是谁？研究的目的是什么？又应开展何种类型的研究？基于这些问题的分析，我们在这一部分结合已有概念的界定，厘清教育研究能力的内涵，并剖析扎实的教育研究能力的具体特征与价值意义。

(一)教育研究能力的内涵

教育研究能力与教育科学研究能力是两个高度相关的概念。对于这二者的异同，可从教育研究与教育科学研究的关系上追寻。有学者认为，教育研究等同于教育科学研究，也有学者则认为，教育科学研究与教育研究是被包含与包含的关系。有研究者对顾明远、叶澜、裴娣娜、李秉德等学者的教育研究概念界定进行系统梳理、分析比较之后提出，无论在学理上还是在语义学上理解，教育研究与教育科学研究都不是同一概念，不能混用。但从现实来看，无须区分二者的差异，应在具体使用场合中对其加以阐释。① 本书认为，教育研究就是教育科学研究，教育研究能力也就是教育科学研究能力。与其相近的教育科研能力、科研教研能力概念，在此也统一表述为教育研究能力，但在引用他人论述时，维持其原表述。

理解教育研究能力，需要搞清与教育研究构成要素有关的几个基本问题。首先，教育研究的主体是教师，这里的教师指的是哪类教师？从教育对象上划分，教师可以分为幼儿园教师、中小学教师和高校教师。众所周知，科学研究是高等学校的基本职能之一，高校教师也因此具备并认同研究者的合理性身份。但基础教育学校教师在很长一段时间内，一直停留在"教书匠"的身份窠臼之内。随着"教师成为研究者"观点的广泛传播以及我国教师专业化发展的政策要求，基础教育学校教师也应具备反思与发展的专业能力，能探索和研究教育教学工作中的现实问题。因此，做有扎实学识的好老师是我国面向所有教师提出的时代要求，教育研究能力作为扎实学识的基本内容，各级各类教师理应将其作为自身发展目标，并为之努力。然而，在已有教师教育研究能力相关研究中，学界基本存在一个共识，那就是高校教师本身就已具备研究能力，只是这种能力发挥得多与少、深与浅的问题，而中小学教师在从经验化、技术化再到专业化发展过程中，无论是研究意识还是研究规范都还存在一定程度的不足，其教育研究能力需要进一步提升。

其次，明确了教师研究主体范围，还需要明确教师作为教育研究的主体开展研究的具体对象。叶澜指出，教育研究的对象是"教育存在"，包含

---

① 张相乐、郑传芹：《教育学》，248页，保定，河北大学出版社，2012。

实践形态的存在和理论形态的存在，前者是指"有意识的、以直接影响人的身心发展为目标的社会活动"，后者是指"用概念、判断、推理等逻辑形式表达的、通过研究教育活动所得的关于教育的各种认识，它是脱离研究主体而相对独立存在的思维成果"①。那么，教师应当研究实践形态的存在还是研究理论形态的存在？几乎所有研究者对这一问题持有一致的观点。教师开展的是以实践性经验创造与反思为基础的"实践性研究"，目的在于改进教学。② 这种研究将教育科研知识运用于教育科研情境，能够解决相应问题。③

再次，教师开展教育研究的目的在于指导教育实践，这是教师研究者与专职研究者的根本区别。教师开展的研究通常关注特定背景中的实际教育问题，并且研究结果可以直接应用于课堂、学校。相比之下，专职研究者通常更关注于构建和检验理论，他们的研究范围往往更广泛，不一定局限于特定的教育背景或实际问题。

最后，教师开展研究的对象决定了研究类型。按照研究的目标或目的来分，教育研究可以分为基础研究、应用研究，行动研究是应用研究的一种。基础研究与应用研究的区别在于，前者是为了扩展知识，后者是为了解决实际问题。行动研究通常由教师和教育管理人员开展，目的在于解决具体问题或为基层决策提供信息。显然，教师开展的研究以实践性研究为基础，是一种以解决教育教学问题为目的的行动研究。当然，这种观点也

---

① 叶澜：《教育研究及其方法》，3～4 页，北京，中国科学技术出版社，1990。
② ［日］佐藤学：《课程与教师》，钟启泉译，230 页，北京，教育科学出版社，2003。
③ 孙向阳：《教师教育科研最需要什么》，168～169 页，南京，南京大学出版社，2010。

不能一概而论。比如，高校教师的研究类型既可以是基础研究，也可以是比行动研究更具有广泛意义的应用研究。

在教育研究能力的概念界定上，多数研究者并未明确指出能力的概念内涵，通常将教育研究能力概念界定的重心放在教育研究概念上。例如，教师的教育研究能力，是指教师在教育教学过程中，从事与教育教学有关的各种课题的实验、研究与发明创造的能力。[①] 有研究者将能力视作一种有关教育问题的综合素质。教育研究能力是教师能够发现问题、提出问题和解决问题的能力，是教师围绕教育问题而表现出来的综合素质。[②]

基于上述基本问题的理解，结合已有概念界定，本书认为，任何一项科学研究都是基于一定的研究问题产生的，都是以研究问题的发现为起点、由研究问题的提出而产生、以研究问题的解决为归宿的。教育研究也不例外。因此，教育研究能力是教师在教育研究活动中，发现教育研究问题、提出教育研究问题、解决教育研究问题所需要的知识和技能。其中，教师包括幼儿园教师、中小学教师、高校教师。教师开展研究的对象既可以是实践形态的存在，也可以是理论形态的存在。研究类型包括基础研究、应用研究。但对于幼儿园教师或中小学教师而言，他们研究的对象更偏向于实践形态的存在，更多开展的是行动研究。研究所需知识包括理论性知识、政策性知识、实践性知识。研究技能包括技术和能力两部分，研究技术主要有选题、综述文献、研究设计、研究实施、研究总结与转化方

---

① 耿文侠、苏国安：《教师的专业素质》，186 页，石家庄，河北人民出版社，2006。
② 杨茂庆、孙杰远：《聚焦于教育研究能力的教师教育模式探析》，载《教育研究》，2012(12)。

面的技术。能力包括观察能力、阅读能力、逻辑思维能力和表达能力。

(二)扎实的教育研究能力的特征

扎实教育研究能力的具体表现为专业性、规范性和前沿性。这三个特征与"扎实"有机关联，分别是教育研究能力的基础、保障和拓展。

1. 专业性

教育学作为一门独立学科，其本身就具有鲜明的专业性特征。正因为如此，专业性构成了扎实教育研究能力的基础。它要求教师运用专业的知识、技能、态度和行为开展教育研究工作。

教育研究以教育现象为研究对象，作为教育实践的表现物，教育现象包括各种形式、各种类型的教育事实，具有易感知的特点。教师作为教育场的亲临者、实施者和主导者，在教育现象的感知上有着天然便利条件和优势。他们能够直接感知学校的管理特点、学生的在校表现、各种类型的成员关系等。然而，未经专业知识加工的教育现象仅仅是一种社会现象，只是经验性、实践性的存在。例如，在教育实践工作中，有些教师工作干劲十足、精力充沛，他们可以沉浸于自己的工作中，连续工作很长时间，为自己的工作而感到自豪，能够不断接受新的工作挑战。面对这样一种教育现象，我们将其抽象为"教师工作投入"，分别对应活力、专注和奉献三个维度。只有在专业教育研究能力的加工下，这种教育现象才能被转化为理论性的研究主题。

教育研究过程涉及许多复杂的因素和环节，包括研究设计、数据采集、数据分析、结果解释和结论总结等。从研究设计到研究实施，再到研究数据的分析与结论呈现，每一步的研究操作都离不开专业的教育研究能力。教师需要运用教育学、管理学、社会学等多学科理论知识，解释教育现象；运用科学的教育研究方法展开调查，收集研究数据；运用娴熟的研究技术，对研究数据进行处理和分析，提取有用信息和结论。准确、恰当地使用教育研究专业术语，表达研究设计与思想。教师开展教育研究的本质意义在于解决教育问题，探索教育规律，为改善教育实践行为提供判断和决策依据。无论是基础研究还是应用研究，最终的研究结果都作用于人。在整个教育研究过程中，教师专业的教育研究能力能够保障教育研究实施全过程的严谨性、科学性、有效性，有助于得出准确性、可靠性更强的研究结论，从而改进教育实践，真正促进人的发展。

2. 规范性

教育研究在本质上是一种认识知识的探究工作，必须适应其自身逻辑，符合认识的规范。[①] "在某种意义上，学术研究就像闻一多设想的新格律诗一样，也是一种'戴着脚镣跳舞'，'脚镣'就是学术规则，它使得一个时代的绝大部分学者，遵循社会认可亦被前人证明行之有效的学术思路，在此范围内发挥自己的才情和学识。"作为扎实教育研究能力的保障性特征，规范性要求教师在教育研究过程中，应当遵循一定的原则、准则或规则。它可以是学术界约定俗成的共识，也可以是明文规定的特定标准。

20 世纪以前，教育研究以哲学思辨为主要方法，研究者通过对教育问题的思考、推理和论证，得出研究结论和观点。这种研究方式受到研究者个人经验、价值观和哲学观点的影响，往往具有较强的主观性，研究的客

---

① 金生鈜：《教育研究的逻辑》，3～6 页，北京，教育科学出版社，2015。

观性和可靠性也易受到质疑。进入 20 世纪，受教育心理学、教育社会学等学科发展影响，加之计算机技术、统计方法和认知科学的快速发展，教育研究无论是在研究设计、研究实施还是在研究伦理等方面的规范性都得到了逐步增强。这些规范性的增强，共同推动了教育研究向更高水平、更深层次的发展。教育研究规范性的进步在推动教育科学发展、提高研究可信度、促进学术交流和知识共享等各方面具有重要的价值意义。

当前，规范性已成为国家对教师教育研究能力的政策要求与实践导向。为规范高等学校哲学社会科学研究工作，教育部于 2004 年出台了《高等学校哲学社会科学研究学术规范（试行）》。该文件对哲学社会科学研究学术基本规范、学术引文规范、学术成果规范、学术评价规范、学术批评规范做出明确要求。2017 年《关于全面深化新时代教师队伍建设改革的意见》也明确指出，学术自由与学术规范要相统一。2018 年《新时代高校教师职业行为十项准则》《新时代中小学教师职业行为十项准则》《新时代幼儿园教师职业行为十项准则》对各级各类学校教师做出遵守学术规范的明确要求。高等学校还通过开设研究规范课程、印发师生学术行为规范手册、成立学术委员会等多种方式，积极推动研究规范建设，提升教师的科学研究规范意识。除此之外，规范性还成为课题评审、教师培训的重点关注内容。全国教育科学规划在课题结项要求中，将研究成果规范性作为结题鉴定标准之一。《"国培计划"课程标准（试行）》将教学研究能力作为专业能力培训课程内容，试图从研究设计、研究方法等多方面增强中小学教师教学研究规范性。

一方面，规范化的教育研究能够保证研究过程的科学性和可靠性，减少主观因素对研究结果的影响，为决策提供准确、可靠的数据和信息，使研究更具有参考价值。另一方面，在国际通用的研究规范和标准指导下，教师更容易通过发表成果、参与学术会议等方式，与国内外学界同行开展交流合作，在促进教师个人专业成长的同时，推动教育系统的整体学术水平。此外，规范的教育研究能力还能使教师的研究更加符合学术规范和伦理标准，保证研究的合法性和道德性，避免出现学术不端行为和伦理问题，提高研究信誉和公信力。

3. 前沿性

前沿性要求教师能够敏锐地发现教育领域前沿问题，运用适切且具有创新性的研究理论、研究方法与技术开展研究，提出前瞻性的研究观点等。它是扎实教育研究能力的拓展特征，也是推动教育研究创新发展的关键因素。牛顿说过："知识是人类远见的积累。……如果我过去看得远一些，那是由于我站在巨人们的肩上的缘故。"

教育作为人类社会的重要组成部分，始终具有动态发展的特点，在人类社会发展的不同阶段，教育目标、教育方法以及教育管理方式等多方面都在不断发生变化。相应地，教育研究内容、研究方法也在动态演进，具有时代特色。从早期对教育本质、功能和价值的探讨，到近年来关注学生核心素养、教育公平、教育数字化等议题，教育研究议题不断拓展、深化。传统教育研究方法多为思辨研究、文献研究，随着科学技术的迅猛发展和跨学科研究的兴起，质性研究、量化研究以及混合研究等多元研究方法在教育研究领域兴起。以人工方式进行的数据收集与分析技术正在被NVivo、SPSS、Amos 等统计软件所取代。特别是随着数智时代的到来，教育研究议题、研究方法与技术又面临着新一轮挑战。教师理应关注新技术、新理念在教育研究中的应用和影响，及时把握教育研究的最新动态。

　　教育以及教育研究的动态发展，对包括教师在内的研究者都提出了前沿性研究能力挑战：要求研究者具备敏锐的洞察力和前瞻性，能够在教育快速发展和变革中，精准把握当前教育发展趋势和未来可能出现的变革，从中挖掘出更具时代价值的研究主题；要求研究者能够不断学习和掌握研究新技术、新方法，如混合研究、大数据分析、人工智能，以便更高效地收集、处理和分析研究数据，增强研究的客观性、准确性。不仅如此，教育研究还涉及心理学、社会学、管理学等多学科领域，这要求教师研究者还要掌握多学科领域知识前沿，以便全面深入地分析教育现象，服务教育实践。无论聚焦何种研究议题，采用何种研究方法，都要在前人研究的基础上，有所创新，提出新发现、新观点。而所谓创新，正如习近平总书记所指出的，哲学社会科学创新可大可小，揭示一条规律是创新，提出一种学说是创新，阐明一个道理是创新，创造一种解决问题的办法也是创新。缺乏前沿性的研究，研究的创新性也将大打折扣。

三、扎实的教育研究能力的价值意义

　　扎实的教育研究能力在教师个人、学校组织，乃至国家层面都具有深远的价值意义，能够促进教师专业发展，增强学校核心竞争力，助推教育强国建设。

（一）持续更新专业知识，促进教师专业发展

专业知识是教师专业发展的重要组成部分，教师专业发展需要加强教师专业知识和技能的培养。[①] 从有关政策要求和学界已有研究中可以发现，这一观点已基本达成共识。《幼儿园教师专业标准（试行）》《小学教师专业标准（试行）》《中学教师专业标准（试行）》，将教师专业标准划分为三类，而专业知识就是其中之一。学界也将专业知识作为教师专业发展的重要维度。教师专业发展水平调查，就包含对教师专业知识的调查。[②]

与传统的教师单一学科知识结构要求不同，在新时代背景下，教师专业知识结构不断拓宽与更新，不再局限于某一个学科知识范围内，而是向跨学科、多样化特征发展。从国家教育政策导向来看，《义务教育课程方案和课程标准（2022 年版）》围绕学生核心素养发展，强化学科间的相互关联，设置"跨学科主题"学习活动，增强了课程综合性。中小学幼儿园教师专业标准相关政策文件内容显示，中小学幼儿园教师应具备学科知识，还应具备教育知识及通用性知识。无论是课程设置还是教师专业标准，都要求教师能够更新、拓宽自己的专业知识。再从终身学习理论视角来看，教育是一个持续不断的过程，贯穿人的一生。对于教师而言，持续获取专业

---

① 陈纯槿：《国际视域下的教师专业发展及其影响因素——基于 TALIS 数据的实证研究》，载《比较教育研究》，2017(6)。

② 李森、崔友兴：《新型城镇化进程中乡村教师专业发展现状调查研究——基于对川、滇、黔、渝四省市的实证分析》，载《教育研究》，2015(7)。

知识是适应教育环境和学生需求变化的必然要求。在这些专业知识类型中，既有学科内容知识的显性知识，如相关理论、概念、原理等。也有显性、隐性并存的学科教学知识，如教学策略、教学方法，以及对学科内容的深层次理解等。教育实践工作者经常说的"教学有法，教无定法"就很好地概括出教师显性、隐性知识并存的知识结构特点。

扎实的教育研究能力有助于教师持续更新显性与隐性专业知识。根据认知理论，深度学习和认知加工是知识获取与理解的关键，而教育研究的过程本身就是一种深度学习和认知加工的过程，通过对研究对象相关的信息的搜集、筛选、整合和创新，教师能够接触到大量与教育教学相关的显性专业知识。隐性专业知识的更新更多依赖于教师的实践反思。教育研究能力能够训练教师的元认知能力，即对自己的思维过程和学习策略进行监控与调整的能力，这种能力就有助于教师更好地反思和总结教学，形成隐性专业知识。扎实的教育研究能力还有助于教师将隐性专业知识显性化。日本学者野中郁次郎提出的"SECI 模型"指出，知识可以在隐性知识和显性知识之间转化。教师的研究能力正是实现这种转化的关键要素。在科研过程中，教师通过实践、反思和总结，将隐性的教育经验和实践智慧转化为显性的教育理论与教学方法。这种转化过程不仅丰富了教师的显性知识体系，还提升了他们的教学水平和创新能力，促进了教师专业发展。

(二)提高教育教学质量，增强学校核心竞争力

教育教学质量是学校的生命线，是学校的核心竞争力。随着我国教育

改革的不断深入，义务教育已经由基本均衡发展阶段进入优质均衡发展阶段。社会对学校的期望和要求越来越高，特色办学、增强核心竞争力等词汇成为学校改革的重点。所谓核心竞争力是指"组织中的积累性学识，特别是对关于如何协调不同的生产技能和有机结合多种技术的学识"[①]。在学校组织中，教育教学质量就是学校积累性学识的呈现载体。具体是指教育所提供的成果或结果（即学生所获取的知识、技能和价值观）满足教育目标系统所规定标准的程度。基于"投入—过程—产出"教育质量框架，教学质量可以解构为教学决策质量、教学实施质量、教学结果质量三个部分。[②]由此，作为学校积累性学识的呈现载体，学校积累性学识就包括教学决策、教学实施和教学结果三方面。

在教育教学质量的三个部分中，教学决策既包括学校层面的宏观教学决策，也包括教师个体任教课程的微观教学决策，主要包括课程结构体系建构、课程内容优化决策、教学大纲编写、课前的教学设计等多方面；教学实施就是将教学决策付诸实践的过程；教学结果就是指学生的学习成果。[③] 在教学决策、教学实施和教学结果这三方面，从宏观到微观，教育研究能力在其中都能够起到增加积累性学识的作用。北京市第二中学原校长钮小桦说："名校之名，在名师，更在名教研组。"这充分体现了研究对

---

① Prahalad, C. K. & Hamel, G., "The Core Competence of the Corporation," *Havard Business Review*, 1990(5-6)，pp. 275-292.

② 谷陟云、李森：《教师教育教学质量：文化内涵与层次结构》，载《教师教育研究》，2020，32(4)。

③ 谷陟云、李森：《教师教育教学质量：文化内涵与层次结构》，载《教师教育研究》，2020，32(4)。

学校影响力、竞争力的重要作用。

实践也证明，不少学校实施"科研兴校""以研促教"，教育研究能力确实能够协调生产技能，有机集合多种技术的学识。湖南省长沙市雨花区砂子塘泰禹小学作为"传统文化实验校"，发展了以陶艺为特色的传统文化校本化课程。学校依托长沙窑的文化底蕴，通过行动研究、调查访谈等方法，开发了基于主题单元教学的陶艺校本课程。青岛南仲家洼小学的"弦乐尤尤"尤克里里课程成为教育部课程教材研究所公布的典型案例。该课程通过器乐教学，激发了学生的艺术学习梦想，并促进了学生综合素养的提升。这样的成绩在很大程度上得益于该校音乐老师从零开始的学习研究，从社团项目到固定的课程，从编教材、录课程再到编排表演、创新教学。北京师范大学王磊教授团队进行了一项影响广泛的课例研究，该研究提出了一个科学素养模型，通过对学生的访谈、学生课后情况的观察，以及学生的学习变化，从统计学的意义来观察学生素养的提升程度。目前全国已有100多所学校采用了他们的研究模式。这些鲜活的实践案例无一例外地证明了教师教育研究能力在学校教学决策、教学实施、教学结果上的促进作用。

(三)培养拔尖创新人才，助推教育强国建设

当前，我国正处于从教育大国到教育强国的系统性跃升和质变阶段。所谓教育强国是指通过建设一个具有强大人才培养、教育综合实力和国际竞争能力的强国，优先发展教育，实现全体人民共同富裕、共同发展和国

家繁荣富强。① 可见，人才培养是教育强国建设的重要组成部分。而强大人才培养就是要培养出拔尖创新人才。《中国教育现代化 2035》将"提升一流人才培养与创新能力"作为面向教育现代化的十大战略任务之一，要加强创新人才特别是拔尖创新人才的培养。党的二十大报告做出"实施科教兴国战略，强化现代化建设人才支撑"的战略决策，也明确提出要"着力造就拔尖创新人才"。

拔尖创新人才的培养，根本在课堂实践变革。新中国成立以来，我国教育成就有目共睹，培养出的人才数以万计，在国际学生评估项目（Programme for International Student Assessment，PISA）测试中总体成绩名列前茅。课堂内"齐步走"的教学节奏、教师为主体的授课方式以及纸笔测验为主的评价方法是其重要的影响因素。② 基于当前人才培养现状，变革教育实践、培养拔尖创新人才成为当前时代的重要议题。《全民科学素质行动规划纲要（2021—2035 年）》明确提出，我国将着力提升基础教育阶段科学教育水平，引导变革教学方式，倡导启发式、探究式、开放式教学，保护学生好奇心，激发求知欲和想象力。这种变革方向就在于教学方式凸显"教师引导下的学生自学"，注重构建知识应用和评价的学习情境，让学生在做中学，拥有更多主动学习和发展的机会，在"展示交流、问题解决、

① 高书国：《教育强国：中国教育发展战略选择》，431～434 页，广州，广东高等教育出版社，2018。

② 田爱丽：《转变教学模式 促进拔尖创新人才培养——基于"慕课学习＋翻转课堂"的理性思考》，载《教育研究》，2016(10)。

项目完成"中对学生进行评价。[①]

　　课堂实践变革，离不开教师的教育研究能力。教师作为教学的主体，较专职研究者而言，在课堂实践变革中有着得天独厚、难以比及的优势。而这种优势必须让教师成为"有研究能力的实践者"才能充分发挥。教师具备教育研究能力，意味着他们不仅停留在现有教学方法上，还会积极探索和尝试新的教学手段，如基于问题的学习（problem-based learning，PBL）、翻转课堂、协作学习等。已有相关研究表明，这种新型教学方法就有助于培养学生的创造力，提高学生的创新能力。教育研究不仅仅是关于教学方法的研究，还包括对学生学习心理、学习习惯和学习需求的研究。具备教育研究能力的教师能够通过观察、调查等研究方法，更好地理解学生的个体差异和学习特点，使教学更加贴近学生的实际需求。从人本主义学习理论的视角来看，当教师的教学方式方法能够满足学生的自主需求时，如自我实现、自我表达等，学生会更加积极地投入学习，激发创造性思维。而这离不开教师对教学方式方法的持续钻研与创新，以及对教学实践的不断反思与改进。实践也表明，学生的创造性离不开教师，特别是教师对教学的研究。中国当代教育实践家顾泠沅以一颗对研究与实践的炽热之心，一生致力于"青浦实验"，聚焦课堂实践变革，努力从实践中持续寻找提升学生创造力的关键教学行为。这一目标也终于在多年的研究实验中得以实现。在2018年，顾泠沅主持开展的第三次大样本测量中，学生

---

　　① ［美］约翰·杜威：《民主主义与教育》，王承绪译，162～180页，北京，人民教育出版社，1990。

的探究与创造水平已有显著提升，在探究性理解这一层次的能力上提高了
11.31 个百分点。

第二节　扎实的教育研究能力的素质要求

基于前文对教师扎实的教育研究能力概念的界定。本节系统介绍扎实
的教育研究能力的素质要求。它们直接指向扎实的教育研究能力的三个特
征：专业性、规范性、前沿性。教师成为一名具有扎实的教育研究能力的
研究者，应当具备的素质要求包括知识体系全面、研究技术精湛、研究能
力卓越。

一、知识体系全面

波兰尼、舒尔曼、申继亮、傅道春等学者从不同角度对教师知识做过
划分。但具体到教师所需教育研究知识的划分，还较为罕见。借鉴已有有
关知识、教师知识的分类方法，本书首先将教师开展教育研究工作所需知
识划分为理论性知识和实践性知识。但这还不足以概括教师研究者应当具
备知识的所有类型。从认识论的角度来看，政策兼具理论与实践的二重属

性，它既不完全属于理论，又不完全属于实践，处于中间地带。① 据此，本书将教育研究能力中的知识维度划分为理论性知识、政策性知识和实践性知识。这三种知识类型是保障教育研究专业性、规范性和前沿性的重要来源。

（一）理论性知识深厚

在教育研究活动中，有关教育研究的事实知识，即有关概念、事物属性、状态及其关系等，以及原理知识，即教育研究有关的原理、规律、理论等，我们称之为理论性知识。于教师研究者而言，教育研究是一种手段或工具，用以认识研究对象。在这一过程中，教师所需要掌握的事实知识、原理知识来自两大领域：一是教育研究对象，二是教育研究本体。理论性知识不仅能为教师开展教育研究起到分析和解释教育现象的作用，还能帮助教师研究者给核心概念下定义、提出研究假设等。中小学教师开展教育研究的目的，很大程度上是以实践为导向，促进教育实践改进。但"如果缺乏理论对教育本质的诠释和实践情境属性的揭示，将会导致教师教育实践的盲目性和教学反思的片面性，所生成的实践性知识也是狭隘和粗浅的"②。这足以说明理论性知识在教育研究中的重要性。

教师开展教育研究的事实知识是有关教育研究对象和教育研究本体的事物是什么和怎么样的描述性知识，即有关概念、事物属性、状态及其关

---

① 宁骚：《公共政策》，159 页，北京，高等教育出版社，2000。
② 黄友初、马陆一首：《教师实践性知识的内涵剖析与研究展望》，载《教师教育研究》，2022，34（2）。

系等的描述。它是构建更高层次认知技能，如理解、应用、分析和创造的基础，具有静态性、共享性、公开性等特点，在某种意义上更接近于信息。前文指出，教育研究对象包含两类，实践形态的存在和理论形态的存在。这两类研究对象有关的描述性知识，构成了教师研究者必须掌握的事实知识基础。教师的研究对象更多聚焦于实践形态的存在，理应具备这类研究对象有关的事实知识。理论形态的存在虽然通常不是中小学教师的研究对象，但其有关事实知识却是开展研究工作的基础。因此，无论是实践形态的存在还是理论形态的存在，其事实知识都是教育研究者应当且必须掌握的重要内容。

教师开展教育研究不仅要具备与研究对象相关的事实知识，还要具备与教育研究本体相关的事实知识。例如，教师应当知道什么是质性研究、什么是编码，质性研究的方法有哪些，哪类研究方法适合开展哪类研究等相关知识。这些有关教育研究本体的术语概念、研究方法的构成、适用对象等就是教育研究本体的事实知识。

原理知识是"关于自然界和人类社会的原理与法则的科学知识"。教育研究的原理知识是有关教育研究对象、教育研究本体的原理、理论类的科学知识。英国教育理论家赫斯特（P. H. Hirst）认为，教育理论是"一种实践性理论，即有关阐述和论证一系列实践活动的行动准则的理论"，并由此把实践性理论的领域和"只关注纯粹理论知识的领域"区分开来，"后者的作用主要是解释，前者的作用主要是决定实践活动；后者关心的是获得理性的认识，前者关心的是作出理性的行动"①。在此，教育理论的含义二者兼有。这类知识通常是经过长期实践、研究和总结得出的，具有抽象性、客观性、普遍性和稳定性等特点。它们能够起到解释的作用，是有关为什么的理论知识。

教师开展研究离不开与教育研究对象有关的原理知识。例如，我们开展一项调动教师工作积极性的研究。假设在实践中发现，学校的物质激励对新任教师更有效，而精神激励对年老教师更有效。面对这样一种管理现象，教师应当具备能够解释这种现象的科学理论知识。马斯洛需求层次论就可以解释为何会出现这一现象。通常相较而言，新任教师比年老教师面临更大的经济压力，物质激励能够满足新任教师的生理需求、安全需求。而年老教师更加注重自我实现，精神激励就能满足其对这一层次的需求。在教育研究中，管理学、心理学、社会学、政治学等领域的科学理论就是教师要具备的与研究对象有关的原理知识。教师应当具备某一学科领域，甚至多学科领域的原理知识。

还有一类原理知识与教育研究本体有关。众所周知，人可以作为质性研究的研究工具。这是有关教育研究本体的事实知识。而人为什么可以作为质性研究的研究工具，这就涉及了教育研究的原理知识。这是由于质性研究秉持的是建构主义研究范式，而这种研究范式就主张着主客体不可分离的认识论思想。再比如，为什么我们做量化研究要按照一定的抽样方式，收集满足研究要求的数据。这是因为其遵循科学主义研究思想，而科

---

① 瞿葆奎：《教育学文集·教育与教育学》，441 页，北京，人民教育出版社，1993。

学主义研究思想就强调客观、量化、实证，追求研究的客观性和精准性。在一定程度上，这些与教育研究本体相关的原理知识是方法的理论，起到指导研究整体策略，解释选择某种方法的原因的作用。

深厚的理论知识是教育研究专业性的基础。只有掌握了扎实的教育研究理论知识，教师研究者才能在这一领域进行深入探索，提出有针对性的问题，设计出科学合理的实验方案。这种专业性不仅体现在对研究领域的深刻理解上，还体现在能够运用专业知识解决实际问题上。规范性要求教师研究者在研究过程中遵循一定的标准和程序，使用科学的方法和技术来处理数据，确保研究的准确性和可信度。教育研究理论知识有助于保障研究质量及有效性。在前沿性上，深厚的理论知识可以帮助教师研究者更好地把握特定研究发展方向和前沿问题，从不同角度审视、解决问题，提出具有创新性的研究思路和方案。

(二)政策性知识熟悉

教育研究政策引领教育研究主题前沿。随着数字技术的不断发展和普及，以及人工智能、大数据等技术的广泛应用，数智时代已经悄然到来，并且正在深刻地改变着我们的生产、生活和治理方式。教育领域也正在经历一场数字化教育模式转型。世界各国相继出台教育数字化政策，如美国的《制定成功路线：美国 STEM 教育战略》(Charting A Course for Success：America's Strategy for STEM Education)、德国的《数字化战略2025》、欧盟的《数字教育行动计划(2021—2027 年)》[Digital Education Action Plan (2021—2027 年)]。我国也出台了《"十四五"数字经济发展规划》《教育部等六部门关于推进教育新型基础设施建设构建高质量教育支撑体系的指导意见》等多项教育数字化相关政策。与此同时，有关教育数字化主题研究也在国内外学术界悄然兴起。仅 2017 年 1 月至 2023 年 10 月，国外文献就达 1216 篇、国内文献达 725 篇。[①] 数智技术的应用还推动了教育研究范式的转变，从传统的以教师为中心的教学模式向更加个性化、灵活化的学习模式转变。教育研究开始关注如何利用数智技术促进学生的主动学习和合作学习。

教育研究政策为教育研究规范性提供依据。2004 年，教育部发布了新中国成立以来的第一部《高等学校哲学社会科学研究学术规范（试行）》，这一政策为学术引文、学术成果、学术评价和学术批评的规范性提供了依据，成为哲学社会科学学术研究的行动指南。不仅如此，为了促进国内、国际学术论文格式和体例规范化，语言、文字和符号使用标准化，国内外编排了学术论文引用规范，便于学术论文的检索和传播，促进学术成果的交流和使用。例如，我国发布的《学术论文编写规则（GB/T 7713.2—2022）》，美国现代语言协会制定的《研究论文作者手册》（MLA Handbook for Writers of Research Papers），美国心理学会制定的社会科学论文写作规范（Publication Manual of the American Psychological Association）。这些编写规则也成为每一位研究者所必须遵守的学术规范依据。

对于教师研究者而言，熟悉政策性知识对其开展研究十分必要。政策

---

① 郭孟杰、闫志利：《国内外教育数字化研究热点与趋势》，载《中国教育信息化》，2023，29(12)。

性知识对教师的教育研究具有明确指导作用。教育政策作为国家和社会对教育发展的宏观规划，反映了当前教育领域的热点和未来发展方向。当教师深入研究和理解这些政策时，他们能从中寻求研究的重点和方向。例如，如果教育政策强调创新教育和科技教育的融合，那么教师就可以针对这一主题，探索如何在实际教学中融入科技元素，培养学生的创新思维和实践能力。这样，教师的研究就能紧扣国家教育的大方向，更具前瞻性和实用性。

在教育研究领域，确保研究合规性至关重要。任何违反相关政策法规的研究都可能面临法律风险，甚至导致研究的终止。政策性知识的掌握，对于教师来说，就像一把"保护伞"。它不仅能提醒教师在研究过程中避免触碰法律红线，更能确保研究的每一步都合法合规。例如，关于研究数据的收集和处理，《中华人民共和国数据安全法》《中华人民共和国个人信息保护法》等相关政策法规有明确的规定。如果教师对此不了解，就可能会在无意中触犯隐私保护的相关法律。而掌握了政策性知识，教师就能在研究设计之初就规避这些风险，确保研究的顺利进行。

政策性知识不仅为教师的研究提供了方向，更为其研究成果的转化和应用铺设了道路。了解政策导向的教师，能够更准确地判断哪些研究成果具有实际应用价值，哪些措施更有可能在教育实践中得到推广。例如，如果政策鼓励开展多样化的教学方式，那么关于创新教学法的研究就更有可能受到重视和应用。掌握政策性知识的教师，能够更好地将研究成果与教育实践相结合，从而推动教育教学的持续改进和优化，实现研究成果的最大价值。

(三)实践性知识丰富

实践性知识这一概念源于教师知识领域。如果说理论性知识和政策性知识是教师应当知道的教育研究知识类型,那么,一线教师还应当具备一种实际知道的知识,即与理论性知识相对的实践性知识。它是一种经验性知识,是教师个体对教育研究对象的体验、反思、感悟、提炼和经验的积累,具有情境性、个体性、默会性特点。在新时代,教育研究不仅关注知识的生产,更重视实践改进,注重将研究成果转化为教育实践的具体改进措施,减少教育知识生产与教育实践改进之间的脱节。① 教师要在这一过程中同时具备理论性知识和实践性知识,才能做好实践改进。

上述是有关教育研究对象的实践性知识。教师还应掌握有关教育研究本体的实践性知识,具体表现为方法技术知识。假设教师正在进行一项关于如何提高学生学业成绩的研究,他可以使用问卷调查、访谈法收集数据,使用 SPSS、NVivo 等研究软件开展数据分析。在这一过程中,教师要具备与教育研究方法与技术相关的知识,包括如何设计问卷、如何设计访谈提纲、如何收集数据、如何分析数据等。

与教育研究本体相关的人力知识也可以被视作实践性知识。这类知识是"关于谁知道,以及谁知道如何去做某事的知识",更侧重于了解谁拥有特定的知识、技能或经验,并能够在需要时提供帮助或指导。其在教育研究知识中扮演信息来源的角色。

---

① 石中英、张羽:《新时代教育研究范式变革趋势》,载《中国教育报》,2021-12-09。

实践性知识是每一位教师已经具有的知识，但因教师个人经验、教学能力、教育背景以及所处的教育环境等多种因素不同，会有程度、数量差异。因此，每位教师仍然需要丰富教育实践知识。学校间组织的相互参观学习，教师与研究者之间的交流就是增长实践性知识的一种方式。实践性知识具有个体化特点，需要教师通过反思、研究的方式不断自我分析，自我提升。清华大学附属中学就认为鼓励教师进行教育科研工作是让新教师迅速掌握教育教学规律、熟悉课堂教学、站稳讲台的好方法。学校通过举办教育教学论文年会，鼓励教师以教科研指导教学，并设立专门的教育教学研究基金，支持教研组建设。

二、研究技术精湛

按照开展教育研究的程序，教师应当具备的研究技术有：优质选题、全面综述文献、科学设计、规范实施、总结与转化。

(一)优质选题

选题是教育研究的首要环节，也是最复杂的一个阶段。作为教育研究者的基本功，选题主要有两层含义。选题的第一层含义是指选择研究题目。在这个过程中容易出现一些选题不当的情况：一是范围太大；二是主攻目标不清楚；三是问题太小，范围太窄，意义不大；四是在现有的条件下课题太难，资料缺乏；五是经验感想之谈，不是科研题目。[①]

　　优质选题的前提是准确、适合。核心概念数量适中，关联度高；问题聚焦，不空泛，指向明确；研究问题的表象反映研究问题的本质；研究类型归属性明确。[②] 研究难易程度适合教师个人能力与水平。教师不必过于追求难的问题，因为易的问题也可以难做，对容易的研究课题，可以从高屋建瓴与纵览全局的理论高度，从科学进步与时代发展的崭新角度去重新审视，反复研究。[③] 教师选择的研究题目一定是个人感兴趣的，并拥有一定研究资源，确保研究能够按时高质量完成。

　　面对选题时容易出现陈旧、假大空、缺少学术规范的问题，有研究者提出，一个优质选题应当符合时代性、创新性、实践性、导向性四项标准。教师选题应当紧跟国家政策导向，紧扣新时代教育教学改革的新方向、新要求，及时回应热难点问题；关注学科教学的前沿方向，找到研究选题的理论支撑；选题要来源于实践中的真问题；通过课题研究预期能取得哪些成果，解决哪些具体问题，提出哪些有价值的实践策略，能否为学生发展增值赋能。[④]

　　选题的第二层含义较为微观，是指教师能够根据研究选题，准确、清晰地提出研究问题。一般来说，大量的教育研究问题可以归纳为相互关联

---

①　裴娣娜：《教育研究方法导论》，78 页，合肥，安徽教育出版社，2000。

②　杨滨：《教育研究之"问题"研究——兼论质疑教育》，载《中国电化教育》，2023(10)。

③　喻立森：《教育科学研究通论》，148 页，福州，福建教育出版社，2001。

④　张祥兰：《找准科研选题：走好课题研究第一步》，载《中小学管理》，2022(7)。

的三类形式：描述性问题——正在发生什么；因果性问题——是否有系统性的作用；过程性或机制性问题——为什么会发生或怎么发生的。[1] 研究问题应当具有以下特征：第一，问题必须旨在探索两个或多个变量之间的关系；第二，问题必须被明确地和毫不含混地陈述出来，通常要用发问的形式提出来；第三，所研究的问题必须能用实验的方法来检查，就是说，它必须有利用所收集的资料回答问题的可能性。[2]

进一步细分，对于质的研究而言，研究问题主要包括以下三类。第一，陈述性问题。[3] 此类问题涉及可观察到的行为与事件是如何发生发展的。第二，解读性问题。这类问题关注特定事件对相关人士具有何种意义，相关人士的思想、情感、意图、态度等主观感受如何。第三，探索性问题。对前人未知的领域进行探索与概括，形成新的观点与理论假设，为将来的研究奠定基础。

对于量的研究而言，研究问题主要包括以下三类。[4] 第一，描述性问题。通过数据的数量关系描述现象、事物的特点与分布状态。第二，解释性问题。通过检验事物之间的因果、相关等关系来解释、检验、印证某个假设或者理论假说。第三，预测性问题，在一定信息提前获得的情况下对将来可能发生的事件进行预测。总体而言，在质的研究问题表述

---

① [美]理查德·J.沙沃森、丽莎·汤：《教育的科学研究》（第2版），曹晓南、程宝燕、刘莉萍等译，93页，北京，教育科学出版社，2019。

② 郝德元、周谦：《教育科学研究法》，22页，北京，教育科学出版社，1990。

③ 邓猛、朱志勇：《从话题到问题：教育研究方法刍议》，载《教育学术月刊》，2013(3)。

④ 邓猛、朱志勇：《从话题到问题：教育研究方法刍议》，载《教育学术月刊》，2013(3)。

上，经常使用清晰的语言传递研究者试图描述、理解、发展或探索某个特定现象或事情的信息；在量的研究问题表述上，经常清楚地传递研究者试图检测、解释、验证、预测某个特定现象或事情，关注其中不同变量关系的信息。[1]

(二)全面综述文献

文献综述是对选题相关的文献进行收集、筛选、阅读、归纳、分析和评价。文献综述和选题并不存在绝对的先后顺序。有研究者提出，文献综述分为简单型文献综述和复杂型文献综述，前者包括研究兴趣、研究题目、文献阅读和文献综述写作四个步骤，后者比前者多了找出研究问题、设计研究方法两个步骤。[2] 教师研究者应当具备两种类型的文献综述的技能。在研究问题提出之前开展的是复杂型文献综述，综述的目的在于，通过对文献的梳理，了解选题领域的整体研究现状和发展趋势，寻求研究支点，提供选题依据。在选题之后，开展的是简单型文献综述，围绕已经提出的研究问题，在复杂型文献综述的基础上，筛选文献，目的在于呈现与研究问题直接相关的研究动态，论证研究选题及研究设计相关内容的必要性和合理性。综述文献是教师开展教育研究的必备技能，能够帮助教师找到研究切入点，避免重复劳动，提高研究效率和质量。

---

[1]　Johnson，B. & Christensen，L.，*Educational Research*：*Quantitative and Qualitative Approaches*，Boston，Allyn & Bacon，2000，p. 67.

[2]　来凤琪：《教育研究的方法、步骤、逻辑及其发展》，载《开放教育研究》，2017，23(3)。

好的教育实证研究文献综述的三个特征包括：围绕专业性问题；有助于产生更有解释力的新研究视角；综述内容的丰富和逻辑一致性，论述的准确、简约。① 具体可以从确定参考文献范围、综合、方法论、研究意义和综述表达五方面进行判断（见表 4-1）。有研究者提出，好的教育实证研究综述的重头是方法论综述。国内教育实证研究的问题综述和方法论综述，通常是彼此独立的。要独立寻找新的研究视角（引入某个解释性的概念体系）作为研究工具，所以强调要以"更广阔的文献视野"，在直接与问题相关的文献之外，寻找规范的方法论支撑。② 这一标准虽然是教育实证研究文献综述的要求，在一定程度上，也可以作为教育科学研究的文献综述标准参考。

表 4-1　实证研究文献综述评价要点 ③

类别	标准	1	2	3	4
1. 确定参考文献范围	（1）合理确定需要综述内容和不需要综述内容的标准	不考虑如何选择参考文献的标准	对筛选参考文献进行了讨论	合理确定依据什么标准选择参考文献并说明理由	

---

① Strike，K. & Posner，G.，*Types of Synthesis and Their Criteria*，Philadelphia，Temple University Press，1983，pp. 356-357。

② 吴重涵：《教育实证研究中综述什么：研究方法论的视角》，载《现代远程教育研究》，2017(1)。

③ 吴重涵：《教育实证研究中综述什么：研究方法论的视角》，载《现代远程教育研究》，2017(1)。

类别	标准	1	2	3	4
2. 综合	(2)区分研究领域内应该做什么，已经做了什么	没有区分已经做了什么和没有做什么	讨论已经做了什么和没有做什么	批判性地考察了研究领域的现状	
	(3)将话题或问题置于更广泛的学术文献中	查找和选用学术文献视野不开阔	涉及较广阔的学术文献	研究主题置于更广泛的学术文献之中	
	(4)将研究置于对该领域的研究历史背景当中	没有综述该领域前人的研究	注意到了前人的研究	批判性地考察了前人的研究	
	(5)获得和提出关键词（主要研究变量）	没有注意到关键词	定义了关键词	讨论并解决了定义中的模糊之处	
	(6)清晰表达重要变量与现象间的相关性	关键变量和现象间的关系没有得到讨论	综述了关键变量与现象间的关系	指出了以往文献表达的模糊之处，提出新的关系假设	
	(7)综合得出新的研究视角	对文献的理解停留在表面	对文献做出一定程度的评论	提出新的研究视角	
3. 方法论	(8)确定本研究领域的主要研究方法和研究技术及其优缺点	没有讨论研究方法	部分讨论了研究方法	对研究方法进行了评论	就研究问题提出了新的研究方法（视角）
	(9)应用与研究方法论相关的理论，讨论研究方法的适当性	没有讨论研究方法	部分讨论了研究方法的适当性问题	对导致研究方法论的适当性进行评论	

续表

类别	标准	1	2	3	4
4. 研究意义	(10)分析所研究问题的实践价值	没有讨论研究的实践价值	讨论了实践价值	对研究的实践意义进行了评论	
	(11)分析所研究问题的学术价值	没有讨论研究的学术价值	讨论了学术价值	对研究的学术意义进行了评论	
5. 综述表达	(12)综述结构是否条理分明，准确表达作者意图	没有进行学术概念化表达，表述杂乱	写作结构有一定条理	条理分明，表达准确	

(三)科学设计

教育研究设计是指对整个教育研究工作进行规划，制定出探索特定教育现象或事物的具体策略，确定研究的最佳途径，选择恰当的研究方法的过程。[①] 科学化的研究设计对开展研究至关重要。研究设计是否科学，不仅直接关系到研究的进程、代价，而且还会影响研究结论的可靠性、科学性。

然而，研究设计本身并不能使研究工作科学化，研究设计的科学性与研究问题、研究方法、理论基础等因素密切相关。通常而言，教师在研究设计中，越能做到以下几点，研究设计的科学性就越强。研究设计的背后拥有一套清楚的研究问题；研究方法适合回答研究问题，排除其他可能的

---

① 耿申、周春红：《课题研究方案设计》，1页，合肥，安徽教育出版社，2004。

答案；该研究考虑了以前的研究成果，拥有理论基础；根据实际情况收集数据并进行了系统分析；清楚地描述研究过程，以供检验批评。[①]

教育研究设计主要包括形成研究假设、选择研究方法、确定研究对象、确定研究变量、形成研究计划五个步骤。具体而言，研究假设的基本特点包括如下几个方面。[②] 第一，科学性。假设要建立在明确的概念、已有的科学理论和科学事实的基础上，并且得到了一定的科学论证，不是毫无事实根据的推测和主观臆断。第二，推测性。假设本身是科学性和推测性的统一、确定性和不确定性的统一，它是在不完全或不充分的经验事实基础上推导出来的，是有待实践证实的。第三，表述明确性。假设要以叙述方式说明两个或更多量之间可期待的关系。概念要简单，表述要清晰、简明、准确，条理分明，结构完美，假设命题本身不存在逻辑上矛盾。第四，可检验性。教育研究的假设是对教育事实或现象间的关系所做的推测性假定，要使假定变成理论，关键在于它所预定的事实为研究及以后的实践所证实。原则上的可检验性是科学假设的必要条件。

在研究方法的选择上，有研究者概括了选择研究方法的十大原则：目的性、可行性、客观性、综合性、系统性、绩效性、发展性、创新性、改造性、伦理性。[③] 总体而言，研究方法的选择要全面，不只限定在具体的方法与技术上，如访谈法、调查法等，还要考虑方法论、研究方式和具体

---

① ［美］理查德•J. 沙沃森、丽莎•汤：《教育的科学研究》（第 2 版），曹晓楠、程宝燕、刘莉萍等译，91 页，北京，教育科学出版社，2019。

② 裴娣娜：《教育研究方法导论》，106～107 页，合肥，安徽教育出版社，2000。

③ 侯怀银：《教育研究方法》，37～39 页，北京，高等教育出版社，2009。

方法与技术三个层次，应具有适合性。首先，研究方法要适合教育学领域。其次，研究方法要适合教师所选的课题内容，适合研究者的情况，并与研究课题进度相匹配。[①] 最后，研究方法还要适合研究对象。例如，以年龄较小的学生或幼儿为研究对象，要想对其行为特征进行研究，最适合的是观察法，调查法就具有一定的局限性。

在研究对象的确定上，教师研究者应当掌握取样的基本概念、取样的基本方法。取样要有代表性，选取的研究对象在一定程度上能够构成代表总体的一定数量的基本观测单位，抽取样本尽可能代表总体，要合理。选择的样本并不是越多越好，而应是适量的，不能造成人力、物力以及样本资源的浪费；要有随机性，每个抽取的个体有均等的机会。此外，教师研究者还要能根据研究目的、课题性质确定总体内涵，根据研究目的确定总体范围，进而从内涵、外延两方面明确总体界限。[②]

在研究变量的确定上，要想保证研究设计的科学性，教师研究者还要具备分析研究变量的能力：能够初步判断自变量与因变量是相关关系、因果关系，还是预测关系；能够根据研究类型确定操纵性自变量和非操纵性自变量，并确定自变量的数目和水平；能够确定因变量，辨别无关变量。

形成研究计划标志着教师研究者科学设计的结束。在研究计划的写作上，教师应当注意专题研究计划、教育实验研究计划、研究生论文的格式体例具有差异性，字数要求也不尽相同。以全国教育科学规划课题申请为

---

① 李丰春：《质性研究：方法与分析策略》，86～87 页，昆明，云南大学出版社，2013。

② 侯怀银：《教育研究方法》，117～121 页，北京，高等教育出版社，2009。

例，研究者应当写出选题依据、研究内容、创新之处、预期成果、研究基础、参考文献。其评价标准有选题、论证和研究基础三方面，权重为3：5：2。在选题上，主要考察选题的学术价值或应用价值，以及对国内外研究状况的总体把握程度；在论证上，主要考察研究内容、基本观点、研究思路、研究方法、创新之处；在研究基础上，主要考察课题负责人的研究积累和成果。一篇硕士或博士学位论文的研究计划通常包括以下几方面内容：第一，问题提出，具体包括研究缘起、研究背景、研究目的、研究问题、研究意义以及核心概念界定；第二，文献综述，与研究问题相关的国内外文献，以及研究者本人的研究述评与启示；第三，研究设计，涉及理论基础、研究方法、研究路径与研究伦理等内容。

(四) 规范实施

在实施阶段，教师研究者需要根据之前选择的研究方法和拟订的研究计划，按照一定程序有序执行，形成科学事实。规范实施过程大致包括收集资料、分析资料、撰写成果报告三个阶段。

在前两个阶段，教师研究者需要掌握收集资料、分析资料的基本方法和工具，明确具体步骤，确保资料收集与分析合乎学术规范。资料的收集，通常会涉及教师研究者与研究对象的访谈、调查、观察等。在这一过程中，教师研究者应当遵守专业伦理道德。分析资料时，不能为了预设的研究价值而歪曲研究数据。在撰写成果报告阶段，教师研究者应做到规范表述科研成果。科研成果的形成，基本代表科研工作的结束，教师研究者要将研究课题相关的发现、结论、讨论以及思考与建议等内容，如实地以文字形式表述出来。在这一过程中，教师研究者应当注重尊重已有的研究成果，正确区分直接引用和间接应用，明确、规范地将参考文献标注出来。

(五)总结与转化

总结与转化是教师研究者最容易忽略的一个环节，也是关系教师科研进步、专业发展的关键环节，具体包括评价总结技能和研究转化技能。

评价总结技能是指教师在研究并得出结论后，能够对研究过程和结果进行全面、客观、准确的评价与总结。只有具备评价总结技能，教师的科研能力才会不断提升。这要求教师能够对自己的研究过程进行反思和自我评估，以批判性的思维审视研究中可能存在的偏见、局限性和不足之处；在明确自我改进方向的基础上，积极寻求改进和完善的方法；并通过不断学习和探索新的研究方法与工具，持续提高自身的研究能力和水平。

研究转化技能是指教师在进行研究后，将研究结果转化为实际教育实践中可用的资源和工具的能力。科学研究本身具有深化认识、改善实践的价值。科研成果的形成并不意味着科研工作的结束，作为一种容易被教师忽视的研究技能，研究转化技能关系着科学研究价值的发挥，也关系着教育教学质量提高、学生学习效果提升等实践问题的解决。因此，教师必须具备研究转化意识，并在一次次的理论与实践的碰撞中，总结经验，提高研究转化技能。

三、研究能力卓越

有研究者从操作技能的角度对教育研究能力结构要素进行划分，将其分为诊断确定研究问题、收集分析研究资料、制订方案、组织实施及总结能力。金江熙认为教师的教育研究能力应围绕教育研究的过程构建起来，包括问题定向、分析解决、协同合作能力。[①] 郭德侠、楚江亭认为教育研究能力包含定向、思维分析、创造、动手实践、评价分析及协作研究六个方面的能力。[②] 孟万金、官群将教育研究能力的结构要素进行了一定的划分，按重要程度排列出前五项能力：创造能力、推理能力、信息搜集与处理能力、问题解决能力、文字表达能力。[③]

前面提到，教育研究能力是教师在教育研究活动过程中，发现问题、提出问题、解决问题所需要的知识和技能。从知识管理流程视角出发，作为教师知识更新的动力来源，教师教育研究能力包括了知识输入、知识处理和知识输出三个层面的能力。对应地，教师需要具有观察能力、阅读能力、逻辑思维能力、表达能力。

---

① 金江熙：《教师教育研究能力探析》，载《沈阳师范大学学报（社会科学版）》，2006，30(3)。

② 郭德侠、楚江亭：《教育科研能力是新世纪教师的角色要求》，载《当代教育论坛》，2003(5)。

③ 孟万金、官群：《教育科研——创新的途径和方法》，17页，上海，华东师范大学出版社，2004。

(一)观察能力敏锐

作为教育研究的基础，敏锐的观察能力是教师获取实践性知识的主要来源，它能够使教师在日常工作中发现教育研究问题、提出教育研究问题，为教育研究提供第一手资料。

"观察"的概念可追溯至古希腊时期的亚里士多德。亚里士多德指出观察是科学研究的基础，在随后的两千多年里，作为一种研究方法，直到20世纪二三十年代，观察才逐渐被拓展为教师教学的前提，被视为教师的一种专业行为和能力。[1] 有关观察能力的概念，不少学者在教育教学实践领域进行了探讨。

在教育研究领域，观察是质性研究方法的一种。它是一种借助人的感觉器官及其延伸物，如照相机、录音机等仪器，在自然状态下，对被调查者的外显行为进行现场观察的活动。[2] 许多研究者都运用这种方法开展研究。恩格斯的著作《英国工人阶级状况》诞生于工厂和工人居住区。恩格斯在自然情境下使用观察法对英国工人阶级的现状进行了细致的描写与分析。他曾写道："我有机会在二十一个月内从亲身的观察和亲身的交往中直接研究了英国的无产阶级，研究了他们的要求、他们的痛苦和快乐，同时又以必要的、可靠的材料补充了自己的观察。"我国社会学家费孝通的著

---

① 於金滟：《区域游戏中幼儿教师观察行为的研究》，硕士学位论文，南京师范大学，2019。

② 陈国庆、诸东涛、周龙军：《教育科研方法》，77页，武汉，华中师范大学出版社，2018。

作《江村经济》，就是由他本人在江苏省吴江县庙港乡开弦弓村运用观察法、访谈法等研究方法完成的。苏霍姆林斯基曾经对 3700 余名儿童的学习与发展进行了系统的跟踪记录，针对每个儿童写下了大量的观察日记和教学笔记。儿童心理学家陈鹤琴从他的大儿子出生之日起，连续写下了808 天的观察日记，在此基础上出版了《儿童心理之研究》一书。

观察能力是指人们全面地看待事物和对事物发展变化觉察的能力。[1]教师研究者的观察能力指的是，教师作为教育研究观察者，借助自己的感官及其延伸物，观察教育现象、教育环境或学生行为，收集信息和数据的能力。

根据观察过程中教师的思考深度和反思程度，可以分为反思性观察能力和非反思性观察能力。反思性观察能力是指个体在观察过程中主动自我反省和思考的能力。非反思性观察能力指的是在教育和研究过程中，教师研究者对现象进行直接、客观记录，而不涉及深入的主观分析或批判性思考的能力。前者需要更多的时间来处理和分析观察数据，强调深度和质量；后者则可能更快速、更直接，强调效率和广度。

(二)阅读能力强大

阅读是教师在研究中获取理论性知识、政策性知识、实践性知识的重要途径，它贯穿于教育研究的整个过程。教师通过阅读教育理论书籍、学

---

[1]　贾轶峰、李洪波、扈文华：《行为科学辞典》，224 页，济南，山东人民出版社，1994。

术期刊和教育哲学著作等，能够了解教育的发展历史、教育学的基本原理和不同教育流派的观点；通过阅读相关政策文件，能够及时了解国家教育政策的变化，确保教育教学及其研究活动符合时代要求。教师通过阅读同行的案例研究、教学反思和经验分享，能够学习具体的教学策略和方法，这些实践性知识甚至可以直接应用于课堂。

阅读能力是运用已有的知识经验，借助视觉器官了解文字符号表达的内容，有效地完成阅读任务的一种复杂的心理特征。教师教育研究阅读能力是指教师在教育研究活动过程中，借助视觉器官，选择、理解、迁移阅读内容的能力，包括阅读选择能力、阅读理解能力、阅读迁移能力。

第一，阅读选择能力。教师在进行教育研究时，能够根据研究目标和个人研究需求，有针对性地选择阅读材料。这种能力涉及对阅读材料的筛选、评估和识别。选择依据主要有以下三方面。首先，主题相关。教师能够根据教育研究的具体目标，筛选与研究主题最相关的文献和资料。其次，内容质量较好。教师评估阅读材料质量，包括作者专业背景、出版社权威性、内容时效性和相关性。最后，需求识别。选择能够满足教师个人研究需求和兴趣的阅读材料。

第二，阅读理解能力。教师在进行教育研究时，对专业文献等阅读材料进行深入理解和分析的能力。这种能力使教师能够从阅读材料中提取关键信息，理解复杂概念，批判性地评估不同观点，并将其应用于教育研究中。

第三，阅读迁移能力。教师个体将阅读过程中获得的知识和技能应用到其他情境，尤其是新的或不同领域情境中的能力。这种能力不仅涉及记忆和理解阅读材料的内容，而且能够把阅读材料中的概念、原则和思维方式用以理解新信息或解决新问题。

(三)逻辑思维能力严谨

逻辑思维能力概念的起源可以追溯至古希腊。亚里士多德被认为是西方形式逻辑的奠基人，《工具论》是其经典的逻辑学著作。我国古代，哲学家墨子在《墨经》中对逻辑思维进行过描述："以名举实，以辞抒意，以说出故。"严谨的逻辑思维能力有助于教师提高研究的准确性、系统性，确保研究的每一步都基于合理的推理和证据，各个环节相互衔接、逻辑清晰。

逻辑思维能力具有知识处理的作用。首先，理解分析知识。逻辑思维能力使教师对获取的知识进行深入的理解和分析，将复杂的知识拆解成相对简单的元素，理解各元素之间的关系，从而更深入地掌握知识。其次，整合知识。逻辑思维能力还能帮助教师整合和综合不同来源、不同类型的知识。通过逻辑推理和演绎，发现不同知识点之间的联系，形成更完整、更系统的知识体系。再次，筛选和评估知识。在大量的知识中，逻辑思维能力可以帮助教师筛选出有价值、可信的信息。通过逻辑推理，教师可以判断信息的真实性和准确性，避免被错误或虚假的信息误导。最后，应用和创新知识。逻辑思维能力还能促进教师将所学知识应用到实际问题中，甚至推动知识的创新。

逻辑思维能力如此重要，那么什么是逻辑思维能力？它的构成又是怎样的？逻辑思维能力是指正确、合理思考的能力，包括对事物进行观察、比较、分析、综合、抽象、概括、判断、推理的能力，以及采用科学的逻辑方法准确而有条理地表达自己思维过程的能力。[①] 杜国平将逻辑思维能力分为澄清概念的能力、准确判断的能力、严密推理的能力、合理论证的能力以及辨识谬误的能力。[②] 也有研究者将逻辑思维能力分为判断真假是非的能力、抽象概括能力、论证反驳能力、理解识别能力、形式推理能力、比较类比能力等。[③] 参照已有分类，本书将逻辑思维能力分为以下六种。

判断真假是非的能力。这种能力涉及对信息进行评估，区分真实与虚假、合理与不合理的论断。教师需要这种能力来评估教育研究中的证据和论据，确保研究的有效性。例如，在阅读教育文献时，教师需要运用批判性思维，结合实践经验，判断其观点的合理性和实用性。

抽象概括能力。抽象概括能力是从具体、复杂的事物或现象中提取出普遍性的规律、特征或本质的能力。教师利用这种能力从教育实践中抽象出理论，形成具有普遍指导意义的教育理论，并将这些理论应用于教育研究。例如，教师在开展学生数字素养相关研究时，能够通过访谈、观察等方式获得材料，并将经验性的数据抽象概括出几类学生数字素养结构。

论证反驳能力。论证反驳能力是指教师能够运用逻辑和事实，对自己的教育观点或策略进行合理论证，并能够有效地反驳他人观点的能力。教师需要这种能力来提出有说服力的论点，回应不同观点。

---

① 杨武金：《逻辑思维能力与素养》，1 页，北京，中国人民大学出版社，2013。
② 杜国平：《逻辑思维能力的测量要素及其题型示例》，载《中国考试》，2018(9)。
③ 杨武金：《逻辑思维能力与素养》，10 页，北京，中国人民大学出版社，2013。

理解识别能力。理解识别能力是教师对接收的信息进行深入分析、准确理解和有效识别的能力。它关系着教师能否把握教育研究的本质，并得出科学客观的结论。例如，在开展教师工作投入研究时，教师能准确理解教师工作投入概念，在阅读相关文献时，能够快速识别、理解与其相关的核心观点、理论思想。

形式推理能力。形式推理能力是指教师依据逻辑规则，从已知的前提出发，通过严密的推理得出结论的能力。在教育研究中，它要求教师能够运用逻辑方法，对教育现象进行科学的分析和推理，确保研究结论的准确性和可靠性。形式推理能力包括演绎推理能力、归纳推理能力和类比推理能力等。例如，教师开展一项有关提高小学生数学运算能力的研究时基于一定的学生样本，归纳出学生计算的错误类型，如不退位、不进位等，提出学生计算错误可能与练习不足有关的研究假设，进而有针对性地设计教学活动，验证假设，得出结论。这种过程就是形式推理能力运用的过程。

比较类比能力。比较类比能力是指识别不同事物或情境之间的相似性和差异性的能力。教师可以利用这种能力来探索不同教育情境或案例之间的联系，并从中得出更广泛的结论。例如，在比较不同国家的教育制度时，教师可以通过类比来发现它们之间的共同点和差异点，以便更好地理解和借鉴其他国家的成功经验。

（四）表达能力出色

出色的表达能力是指教师研究者通过使用语言和非语言等方式，将自己的研究发现和研究观点等准确、清晰、有条理地表达出来的能力。这种能力对于教师研究者来说至关重要，因为它直接影响隐性知识的显性化，关系到知识的输出与传播。按照表达方式，表达能力包括口头表达能力与书面表达能力。

口头表达能力。口头表达能力是指教师用语言来传达教育研究思想、知识和情感的能力，主要体现在课堂教学、研讨会发言、学术交流等场合。良好的口头表达能力有助于教师研究者将抽象的研究成果经验化，与同行保持良好沟通，促进研究成果推广与传播。

书面表达能力。书面表达能力是指教师通过文字来传达信息、阐述教育研究观点和记录研究成果的能力。在教育研究中，作为记录、分析和传播的主要方式，书面表达能力尤为重要，因为它涉及学术论文、研究报告、书籍等研究成果的质量。

第三节　如何具备扎实的教育研究能力

让教师具备扎实的教育研究能力，离不开内因的驱动，也离不开外因的引导和推动。可从教师自身、学校以及国家三个层面来思考教师教育研究能力的提升路径。

一、自我训练：教育研究能力提升的内动力

从知识管理的视角来看，观察是有效的知识获取方式。阅读不仅是知识获取的途径，还具备与思考一样的作用，能够进行知识加工。实践则是知识输出的关键环节。教师通过教育研究能力的自我训练，可以不断提升教育研究的专业性、规范性和前沿性。

(一)乐观察：提高洞察力

在历史上，无独有偶，不少理论成果的发现都与观察有关。意大利物理学家伽利略观察教堂内摆动的吊灯，提出了钟摆原理。牛顿基于对苹果落下方向的观察，提出了万有引力定律。这足以说明观察在理论成果创造中的重要作用。我国著名的教育家陈鹤琴先生，曾观察自己的孩子，并用观察资料分析儿童在身体、动作、模仿等方面的特点及发展变化，写成了著名的《儿童心理之研究》一书。教师置身于学校、教学情境中，拥有得天独厚的观察场域，能够通过直接观察得到教育实践的第一手资料。可见，观察是获取实践性知识，生成理论性知识的重要手段。因此，一位优秀的教师，不应仅仅将自己定位为传统意义上的研究者，局限于理论探索，更应利用好研究优势，成为一位敏锐的观察者，善于在丰富多彩的教育实践中捕捉具体现象，发现并提出教育研究问题。

教师应当养成主动观察的习惯。这首先建立在教师重视观察，意识到观察重要性的基础之上。在尚未明确研究领域之前，教师可以通过广泛的

观察，寻找并锁定自己感兴趣的教育现象，开展相应研究。而当教师已经拥有了明确的研究领域之后，观察又可以成为获取宝贵研究数据的重要途径，便于教师深入剖析和解读教育现象。在一次次持续、主动观察中，教师不仅能够提升对教育现象的敏感力、洞察力，还能不断加强理论与实践的相互联系与转化。

另外，还要学习运用观察工具与技术，提升观察实效。高效的观察离不开专业的观察工具和先进的观察技术。教师可以根据观察对象、观察目的的特点，选择不同的专业观察工具，如课堂行为观察表、师生互动观察表等。这些专业的观察工具可以系统地记录和分析特定教育现象。随着科技进步，教育观察技术也在实现数字化。以纸笔记录为主的传统教育观察方式正在向电子方式（如平板电脑、智能手机）转变。AI 课堂观察系统还能帮助教师实现实时、全面的课堂观察。数字化的观察技术不仅提高了记录效率，还便于观察数据存储、管理和分析。

（二）多阅读：增加知识储备

阅读能力是一种重要的学习能力，也是任何研究者开展研究工作的必备条件。在获取理论性知识、政策性知识以及实践性知识上，阅读发挥着至关重要的作用。通过阅读，教师不仅能够汲取新知识，还能对已有知识进行深度加工和整合，形成属于自己的独特见解和专属知识体系。

选择阅读内容。理论书籍是研究的基础与支撑。深入并广泛阅读教育学、心理学、社会科学研究等基础理论书籍，能够帮助教师全面掌握教育的本质、核心原则和科学方法，还能够为其后续的教育实践与研究工作提供研究视角，生发教育研究灵感，深化教育问题的理解和探索。专业期刊是掌握研究前沿的窗口。定期浏览《教育研究》《教育学报》等学术期刊，能够使教师及时了解教育研究最新动态与学界关注热点。这些期刊往往蕴含着最新的研究成果与先进的研究方法，是教师开展教育研究的宝贵信息来源。教育政策文件是研究的指南针。通过研读国家教育政策，教师能够清晰把握教育改革与教育研究发展的脉络和重点，还能在提高研究站位的同时，准确地贯彻和执行相关政策，确保教育研究实践与大政方针相一致。

筛选阅读材料。教师在繁忙的工作与生活之余，应抽出时间进行阅读。面对有限的时间和海量的阅读资源，按照一定的标准筛选阅读材料显得至关重要，这能让教师在有限的时间内高效地获取自身所需的知识内容。对此，教师可以进行主题式阅读，根据个体研究兴趣和教学需要，选择与特定主题密切相关的阅读材料，确保阅读的针对性和实效性。例如，教师对项目式学习、行动研究感兴趣，可以有针对性地选择该主题的文章和书籍，深入、系统地掌握相关知识。

掌握阅读策略。浅层阅读和深度阅读是两种常见的阅读策略。对于重要且难度、价值较高的文献，教师应当进行深度阅读，细致分析作者的观点、逻辑和论证。深度阅读不仅能够帮助教师深入地理解复杂概念，还能够培养教师的批判性思维和分析能力。通常而言，深度阅读的效果较好，能够建构知识，但这并不意味着浅层阅读没有价值，它能帮助教师在信息爆炸时代快速获取信息。面对大量研究文献，教师可以通过浅层阅读的方式快速浏览，筛选出有价值的内容，再对这些内容进行精读、深读。

做好阅读记录。在阅读过程中，教师应做好详尽的阅读记录，包括关键概念、重要理论和作者的主要观点等，这些笔记可以作为其日后教育研究的宝贵资料。为了更有效地整理和理解阅读内容，教师可以借助思维导图、Evernote 等阅读工具梳理阅读内容，以加深记忆与理解。在阅读结束后，教师还应进行反思和总结，思考如何将阅读内容与自己的教育研究相结合。这种反思和总结不仅有助于巩固阅读成果，还可以激发教师教育研究的灵感并拓宽其思路。

(三)勤思考：培养逻辑思维

思考贯穿于教育研究的全过程，从敏锐地发现问题、深入地提出问题，再到创造性地解决问题，每一个环节都离不开教师的深入思考。它是教师研究者在教育研究中实现教育创新的关键环节，也是锻炼教师逻辑思维的有效方式。

在批判性阅读中思考，锻炼逻辑思维。教师进行批判性阅读，不仅仅是为了获取知识，更重要的是在阅读过程中对信息进行深度解析与评判。在阅读教育相关文献时，教师要细致剖析作者的论点、论据及逻辑推理过程。通过这种方式，教师不仅能学会如何合理论证，还能学会如何识别、评价信息质量，逐渐培养起严谨的逻辑思维能力。在阅读过程中，教师不应仅仅被动地接受作者的观点，而应结合自身的教育实践、研究经验，对读到的内容进行反思和质疑。这种主动的思考过程，对锻炼教师的逻辑思维能力具有极大的帮助。

在学术讨论辩论中思考，学习逻辑思维。在学术讨论中，教师需要清晰地表达自己的观点，并用逻辑推理来支撑自己的论断。更重要的是，教师还需要学会倾听他人论述的观点，理解并分析其逻辑推理过程，锻炼思维敏锐度和反应能力。在与不同研究背景的学者交流的过程中，教师可以接触到各种不同的思考方式，拓宽思维视野，并从多角度审视教育现象，在学习他人思维方式的同时，也能提升自己的逻辑思维能力和学术素养。

在持续学习中思考，提升逻辑思维能力。当前，教育研究知识不断更新，教师需要不断学习，才能完善知识体系，保持教育研究的先进性。教师每一次的知识更新，不仅是对专业领域的深入探索，更是一次逻辑思维能力的提升。在这一过程中，教师需要将新旧知识进行比较、整合，通过分析它们的联系与差异，找出其中的逻辑关系与规律，进而将新知识融入已有的知识体系中，形成更加系统、丰富的知识框架。这样的思考过程，有助于教师更好地理解、应用新知识，更能锻炼其逻辑思维能力，使他们在面对复杂多变的教育现象时，能够更加准确、严谨、有条理地发现、提出、解决教育问题。

(四)常实践：锻炼研究技能

"做中学"是教师增强研究技能的重要途径。情境学习理论强调，许多专门行业的知识、技能、行规或术语，难以仅凭文字或语言全面阐述。如果要真正掌握专业技能，必须进入专业情境，以学徒身份亲自观察与参与，才能有所收获。杜威的实践智慧教学观也认为，唯有通过实际活动，学习才可能发生。教育研究具有高度的专业性，对于教育研究技能的提升，仅仅停留在理论探讨层面是远远不够的。唯有在一次次的亲自参与和实践中，教育研究技能才能得到实质性的提升。

教育研究的最终目的是输出研究成果，但这并不仅仅是为了发表或展示，更重要的是在输出研究成果的过程中，深入反思并识别有关研究技能的不足，积极寻求研究技能的提升与进步。写作作为输出研究成果的一种重要方式，能够帮助教师整理研究思路。教师在撰写文章时，能够发现自己在已有研究中的研究方法、数据分析、理论建构等方面的不足。同时，教师需要综合运用大量的理论性、政策性、实践性教育研究知识，以及熟练掌握文献综述、研究设计等教育研究技能，以支撑或论证自己的观点与思想。因此，写作不仅是研究成果的输出，更是教师发现知识漏洞、技能缺失的重要途径。

学术论文的撰写不仅是对研究成果的总结，更是对研究思路、方法和结论的逻辑梳理与论证。通过定期撰写学术论文，教师研究者可以将逻辑思维应用于写作的全过程，从选题、文献综述、研究设计到结果分析、结论提炼，每一步都需要扎实的教育研究知识与技能。此外，撰写教育研究项目方案并亲身体验项目研究的完整过程，从项目立项、研究计划制订、研究实施，再到研究成果输出与转化，每一个环节都是对教育研究知识掌握程度、技能熟练度的考验。这不仅有助于教师研究者深化对教育研究知识技能的理解和应用，而且有助于教师在研究实践中发现问题、改进问题，不断提升研究技能。

二、学校支持：教育研究能力提升的保障力

在"科研兴教，科研兴校"理念的指引下，中小学教师已经进行了较长

时间的教育研究探索和实践，但仍然面临困境，如教师的内在教研动力不足、外在动机过强。[①]。有调查数据显示，超半数的教师表示"自己能力有限，不会开展科学研究"[②]，这说明教师开展教育研究还需要外界的推动与支持。

学校是连接宏观管理制度和教师个体行为的桥梁，学校对教育研究的重视和支持程度可以在很大程度上塑造教师的科研行为与成就。组织行为学告诉我们，个体的态度和行为会受到组织氛围与组织制度的影响，中小学教师教育研究能力的提升需要其所在学校的支持、激励与其所在场域的感染、带动。从情感上，学校需要激发教师教育研究的积极性，营造教育研究的氛围；从物质上，学校需要为教师提供教育研究的资源支持和制度保障。

(一)教研结合，激发教师教育研究内动力

要想让教师自愿投入研究活动，首先要让教师看到研究的价值。教师对自身的实践经验进行提炼，将关键经验转化为清晰和可操作的方法、策略与工具，可供更多的教师借鉴和使用。当教师能够真切地感受到研究给自己的经验知识带来了实际价值时，其自我意识就会被激发，更有动力进行更加深入的教育研究。

---

① 鲍传友、曾汶婷：《"硬规定"与"软约束"：中小学教研之困及其化解对策——基于学校管理者的视角》，载《教育科学》，2022，38(4)。

② 李建辉：《教育科研与中小学教师专业发展——基于福建省三市(区、县)的调查》，载《教育研究》，2015(7)。

案例一：每一位教师都是富矿

2016 年 8 月，1500 多位全国教育同行走进北京十一学校参加了一次富有突破意义的学校教育年会——全校 400 多位教师都是年会的主角，他们用 600 多张海报、60 多场圆桌论坛、200 多件可交易的教学产品呈现了一次集专业性、实用性、平等性于一体的"思想市场"，并在"去中心化"的氛围中创造了专业驱动、供需对洽的教师校本培训新方式。这是北京十一学校教育年会的第三次改革。

2012 年起，北京十一学校将每学期的例行全体教职工大会改为主题式经验交流分享，教师将自己在一学期中的新探索、新发现，用一个最小切入点(如故事、情境、问题等)的方式层层解构，直至提取出规律性成果。于是，学期工作布置会第一次转型为学术专业交流分享会，通常由一位"有故事的教师"轮值主持，每个年级可以通过推荐和自荐的方式产生交流发言者，并走上全校的讲坛，名曰"教育年会"。在学校看来，当治理结构发生改变之后，对年级的授权和对每一位教师的信任与赋能足以让他们把一学期的基本工作安排好，那么全校层面的、一学期一次的"聚会"，就应该是引领，是分享，是用一个思想点燃另一个思想，进而形成聚焦学生展开深入研究的学习氛围。

2014 年年底，北京十一学校教育年会走向第二次转型，将内部交流分享的大门打开，用更开放的方式面向全国教育同行，在更大的平台上开展学术交流。分享的最大意义在于，从别人的评价里获得对自身研究实践成果价值的另一种视角的发现与激励。教师不仅仅要提炼出自己在一学期实践获得的关键经验，更重要的是还必须放在全国共通性问题的视域中来审视自身经验的价值，其中就在逐步实现从经验到知识的一级转化——共同性问题的可操作解决方案。教师不断将自己的"实践璞玉"通过一次次打磨、雕琢，实现了有过程、有实证、可操作、可转化的关键经验，更重要的是，每一位经历打磨过程的教师都获得了弥足珍贵的二次成长，他们第一次发现自己出于本能或经验的原始探索可以闪耀出有理论支撑、有操作工具的价值光芒。而一旦有了这样的自我发现，教师就犹如装上了发动机，开始提出更进一步发展的需求与方向。短短一年半的时间里，共有近100位教师登上了年会的大平台，也让来自全国各地的1500多位教育同行享受了来自基层学校的思想盛宴。

然而，即便是在一次年会中有30多人登台，也无法回避人为因素的筛选与取舍，而且30多人对于全校400多位教师而言依然是少数，在选择谁上台的问题上，或多或少会出现刻板印象或视角盲区，这样的机制无法让原生于一线的更广大教师的智慧实践脱颖而出。于是，2016年夏天，北京十一学校尝试用"平台思维"办年会。

参与内容聚焦于"育人价值观"，分解到"最小单位"，体现可视化、可操作，进而转化为工具、方法、策略，这是首要原则。参会方式去中心、去权威、低结构、低门槛，面向全体，这是第二条原则。实践成果化、思想产品化，实现关键经验的可交易性，这是第三条原则。这样的第三次转型，一下子从"申报—遴选式"转变为人人可参与。于是，每一位教师都在思考"我可以拿出怎样的实践成果参加年会"——他们就开始启动教育教学行为的系统反思；他们开始主动寻求援助性支持；他们就必须用大量的证据和可转化产品来证明"最小实践单位"的成效……他们从没有像今天这样自我审视教育教学的得与失，并主动寻求各方支持力量来萃取出一个有价值的知识产品。

于是，600多张海报、60多场圆桌论坛、200多件可交易产品应运而生。年会当日，1500多位全国教育同行也接受着一次全新的培训，他们必须遵循内心的需求，去选择自己最需要的场次，创造了"一人一课表"的个性化参会机制。而在年会上首次运用的交易机制，又使得一次年会诞生了若干个"教师富翁"，知识产品转化出的高交易额证明了教师实践创造的可推广性价值，从而进一步提升了教师的信心，激发了他们持续研究、开发、创造的内动力。

参见沈祖芸：《让教育真实地发生：北京十一学校的教师智慧》，7～9页，北京，中国人民大学出版社，2016。

教研具有"为教学而研究，在教学中研究，由教师做研究"的特点，但时至今日，仍有不少中小学的领导者认为教学和教研是两种截然分离的活动。[①] 教育研究不是为了迎合上级领导的检查或提升学校的知名度，也不是教师的评价指标，而是为了提升教育教学质量。要想将教师的研究动机由外部转化为内生，需要为解决教育实际问题而教研，这样的研究内容才是教师感

---

① 鲍传友、曾汶婷：《"硬规定"与"软约束"：中小学教研之困及其化解对策——基于学校管理者的视角》，载《教育科学》，2022，38(4)。

兴趣的。北京十一学校正是抓住了每位教师日常教学中的"星星之火"，以教育研究为抓手，激发出教师对教育教学改革的欲望，促使教师重视研究，愿意投入时间和精力，使研究成果真正有助于实际教学工作。

(二)条件保障，提供教育研究便利

学校应有意识地减轻教师教学外的工作，减少行政工作量，让教师能够有更多的时间来从事教育研究。教师在学校扮演了多重角色，如知识传授者、纪律维护者、家长代理人等，这种多重职责在增加教师工作压力的同时，使得教师难以集中精力进行教育研究工作。2023年，澳大利亚有203所学校雇佣专职的行政人员来接替教师完成设计时间表、记录学生表现数据、管理家长付款和社交媒体等工作，以减轻教师的工作负担。[①] 教师从繁杂的行政工作中解放出来，能够集中精力从事更有挑战性的教育研究工作。

学校要为教师提供良好的研究条件，让教师能够顺利开展教研活动。学校管理者可以从物质条件、管理制度等方面出发，保障教师研究工作的环境。例如，在物质方面，学校应为教师提供保质保量的学习资源，包括实验室设备、图书馆资源以及研究支持人员等。2021年，"智能研修平台应用试点工作"在全国范围内遴选试点学校，从培训、研究、应用等各个方面推动智能精准教研活动的开展。[②] 在制度建设方面，学校应制定与教

---

① 方兆玉：《数字时代，中小学教师如何教学？——联合国教科文组织教师教育中心召开专题研讨会》，载《上海教育》，2023(17)。

② 郑欣欣、曾媛、曾祥翔等：《智能精准教研中学校支持服务对教研效果影响的组态研究——基于定性比较分析方法》，载《中国电化教育》，2023(10)。

育研究相关的经费保障制度、奖励制度等，完善的制度可以让学校教研活动的开展常态化，让教育研究制度化、长期化，进入一种良性循环。清华大学附属中学为鼓励教师以教科研指导教学，在学校层面建立了论文年会制度，同时设立了专门的教育教学研究基金，用以支持校内教研组建设、教师的专业化成长与发展等方面的研究工作。中小学开展教科研工作，不一定局限于本校单打独斗，对于一些不具备开展大课题研究条件的学校，可以联合其他水平学校协同开展研究。广东省韶关市实施城乡学校互助共同体建设，以教研活动为切入点，实施共同体内教师联合备课、联合教研、合作科研，探索共同体内资源共享和教学管理、教研培训、考核奖励、经费保障等工作体系的对接。[①]

中小学教师教育研究能力的提升需要循序渐进，可以部分教师带动整体教师，以年轻教师发动年长教师，发挥学科带头人、骨干教师、教研组长、先进模范教师的带头作用，引导教师走上教育研究之路。深圳市龙岗区梧桐学校成立"品味阅读""品味研修""品墨研习"等教师学习共同体，引导教师自主选择加入相应的名师工作室进行"影子"跟学，促进教师分享教研智慧。[②]

案例二：成长取向迭代式校本教研的巴蜀实践

世纪之交的新课程改革，三级课程管理制度推动着教学研究重心的下

---

① 黄令遥：《念好"三字诀"，筑牢乡村教育之根本》，载《教育家》，2023(52)。
② 曾灵芝、张秀红：《系统进阶·整体提升：高质量校本研修的区域推进》，载《中小学管理》，2024(4)。

移，推动着教研活动形态的发展与创新。促进师生共同发展是教学研究的直接目的，而校本教研是促进学校教育高质量发展的重要支撑，是学校课程改革理想方案落实到课堂教学的重要桥梁。重庆市巴蜀小学校经过长期探索，形成了以实践探索、互助合作、专业引领为核心要义的"成长取向迭代式校本教研方案"体系，以此助力师生课程能力等核心素养的全面而有个性的提升。

1. 教研的抓手是教研工具。

巴蜀小学校的教研工具一直在不断地迭代更新：教研记录本、集体备课本、大单元集体备课模板、课堂观察单、课程博览馆、录播智能教研空间等。经过三年的集中研究，巴蜀小学校开发完成覆盖全学科组、全年级、全单元、全课时的结构化资源和课堂教学工具——"学·教小助手"。"学·教小助手"围绕"备、教、学、评、研"一体流程，"以资源实现自主，以工具撬动学习，以协同提升品质"，是线上线下融合教学的整体解决方案。例如，在每月的学科集体教研现场，老师们通过"巴蜀课程博览馆"二维码端口，自主上传个性化教学设计方案，经过这样的"中央厨房式"系统梳理，一个个鲜活且真实的教学实践案例，汇集成团队协作的"智造库"；在每节真实课堂中，"学·教小助手"也能通过技术赋能，让课堂从教室搬到校园的每个角落，助力孩子们在发现美的过程中，共同创造出学习升级的"云空间"。在对外合作教研上，"学·教小助手"能拓展教学、创新视界，作为一种教学工具，更是一种涵盖认知与非认知的教学理念、学习服务载体，指向师生双向"减负"。"学·教小助手"目前已更新至 3.0 版本，通过技术赋能，让时空地域不成为约束教育发展的瓶颈。

2. 教研的关键是教研机制。

聚焦课堂教学阶段，为落实教学方式方法的更新，采取了"校内外教师同课异构"的组织形式，成立各学科各年级磨课团队，有效破解了教师对新课程理念理解不到位，课堂教学行为"换汤不换药"的情况。这样的组织形式尤其适用于初期开展校本教研的学校，便于教师统一思想"一起做"。

聚焦课程管理阶段，定位课程内容层面的学科育人研究，在实践反思的基础上，更关注校本教研中同伴互助的力量。利用主题竞赛，按教龄五年一进阶，各自有形式；竞赛有主题，一年一选项。参与式的校本研究实现了教师间的协作成长，尤其适合有校本教研基础的学校使用，让成长成为校内每位教师的自觉行为，真正让每位教师"做起来"。

为聚焦核心素养落地，搭建"学·教工作坊"，引入专业研究人员，充分挖掘"种子"教师的示范带动作用，形成了"任务驱动—组建团队—合作研讨—成果发布"工作坊教研范式。在集体研究和个人创新的结合下，生发了"在研究状态下激情工作"的价值、创新、发展、文化共同体，打破教师研究能力的局限性，适用于在"学科育人"的重点、难点、节点问题上期待有新突破的学校"做出来"。

参见李方红、李毅、罗传艺：《成长取向迭代式校本教研的巴蜀实践》，载《教育家》，2022(43)。

(三)校本培训，营造科研促教氛围

在职培训是教师专业发展中亘古不变的话题。《中华人民共和国教师法》明确将"参加进修或者其他方式的培训"确立为教师的一项权利，同时，该法还将组织和实施教师培训的职责赋予各级人民政府教育行政部门、学校主管部门和学校。学校可以针对某一学科的教学或教研工具的使用等更具有实用性的知识技能提供培训机会。辽宁省沈阳市第一二六中学教育集团每学期有计划、有目的地进行教师信息化应用教研培训，指导教师应用"智慧作业"平台、利用"智慧笔"批改作业，上传数据，精准反馈学情，分析问题，助力提高教与学的效率和质量。① 学校也可通过举办科研讲座、教学论坛、专题研讨会等活动，组织教师相互交流，分享教育研究心得，让教育研究知识和技能在教师中传递起来。

中小学可积极与高校合作，定期邀请专家教授入校指导，高校的科研人员与学校教师面对面交流，是理论与实践碰撞的最佳时机。北京市东城区西总布小学是北京市最早一批开展资源教室建设及运行的学校之一，该校邀请融合教育和特殊教育专家多次走进学校，对学校融合教育工作提出建设性的意见，规范日常管理工作。经过改革开放以来40多年的不懈探索，我国形成了"师范院校为主体、高水平综合大学参与、教师发展机构为纽带、优质中小学为实践基地的开放、协同、联动的现代教师教育体系"②。中小学一线教师教育研究能力的提升是中小学教育科研发展的必要保障，而这一保障的搭建，需要高校与基础教育阶段学校的协同努力。

---

① 邓华：《"雁阵式联动教研"赋能集团校高质量发展》，载《中国基础教育》，2023(12)。

② 教育部：《教育部等八部门关于印发〈新时代基础教育强师计划〉的通知》，http://www.moe.gov.cn/srcsite/A10/s7034/202204/t20220413_616644.html，2023-03-10.

三、国家推动：教育研究能力提升的驱动力

高素质教师队伍是我国教育高质量发展的重要基础。国家应从教师培养全流程，有意识地提升职前教师与在职教师的教育研究能力。

（一）重视职前培训，提高师范生教育研究能力

我国高度重视师范生培养。国务院办公厅分别于 2007 年、2018 年出台《教育部直属师范大学师范生免费教育实施办法（试行）》《教育部直属师范大学师范生公费教育实施办法》系列政策文件，为培养大批优秀教师和教育家提供制度保障。作为我国教师人才储备，师范生毕业后就会到校从教，开启教育教学与教育研究生涯。

当前，我国教育政策体现出了师范生教育研究能力要求的明确趋向。《教育部办公厅关于进一步做好"优师计划"师范生培养工作的通知》在《"优师计划"师范生培养方案特色内容指南》中提出了师范生应"主动进行教学反思、研究实践问题并不断改进"的要求。2024 年，教育部、国家发展改革委、财政部等部门联合印发《教育部直属师范大学本研衔接师范生公费教育实施办法》，施行本研衔接师范生公费教育。这一政策在优化师范生公费教育制度的同时，加大了研究生层次的师范生培养。同时，文件还指出："鼓励支持公费师范生在确保履约任教的基础上报考博士研究生，进一步提升专业水平。"可见，随着师范生接受教育层次的不断提高，其在专业知识提升的同时，也应不断提高教育研究素养，为将来在学校开展教育

教学、教育研究工作奠定扎实基础。

　　然而，师范生在专科、本科在读期间接触到的教育研究知识有限，教育研究技能的锻炼机会也相对较少。仅靠学校对师范生教育研究能力的培养，还不足以全面支撑并提升大范围师范生的教育研究能力。教育改革者威廉·洪堡主张，师范教育阶段的学生应以大学教授为导师，协助教授进行科学研究，从而培养其科研素质。[①] 美国、英国、日本等国也大都通过"本科＋大学后"的教师教育模式提高未来教师从事教育科研工作的能力。例如，美国的"4＋1"模式、英国的"3＋1"模式、日本的"3＋2"模式等都是让未来教师具备教学与科研双重能力的职前教师培养模式。[②] 因此，以师范生在校教育为主，辅以师范生职前教育研究培训，建立并实施中国特色的教师职前教育研究能力培训尤为必要。这样的培养体系不仅有助于师范生更好地掌握教育研究技能，还能更有效地促进他们在未来教师岗位上做好教育研究工作的衔接。

(二)加强职后支持，提升在职教师教育研究能力

　　相较而言，高校科研经费的来源较广，种类较多。但对于基础教育学校来说，科研经费的不足严重制约了中小学教师教育研究的开展。调查显示，大多数中小学教师都面临着资金支持不足的难题，而由于学校经费紧

---

① 周川：《从洪堡到博耶：高校科研观的转变》，载《教育研究》，2005(6)。

② 冯航贞：《小学教师教育科研能力的研究》，硕士学位论文，辽宁师范大学，2016。

张，针对教师教育研究的物质奖励机制也往往缺失。① 经费缺失在一定程度上影响了教师开展教育研究的积极性和研究质量，亟须建立教育科研课题研究自主经费年度拨款制度。② 因此，国家对中小学给予科研经费倾斜，有助于提升教师教育研究积极性。

受专业学术研究经验缺失影响，我国基础教育教师的教育研究能力还比较有限，尚未达到理想要求。③ 加强教育研究指导有助于提升教师教育研究能力。而这离不开国家教育科研部门的组织与支持。2015年，我国浙江省温岭市的教育科学规划部门启动了新一轮的"学术能力"提升计划。该计划由六大工程组成，其中就包括与教育研究选题、实施、结题相关的三大工程。来自上海、江苏的专家学者逐一指导论证省级立项规划课题开题；由该部门牵头成立的近400个课题组对"研究方案设计"展开论证；还有40多位教育科研骨干教师对申请结题的课题负责人进行一对一的面对面指导。④ 北京市西城区的"科研驻校"成效也彰显出国家教育科研部门对基础教育学校教育研究的推动与提升作用。面对科研人员"下不去"的现状，北京市西城区教育科学研究院于2022年开始组建优秀研究团队，深

---

① 周翠萍：《关于改进中小学教育科研现状的研究》，硕士学位论文，华东师范大学，2006。

② 支爱玲：《宁夏中小学教育科研现状调查研究》，载《宁夏大学学报（人文社会科学版）》，2017(4)。

③ 任玥姗：《中小学教师教科研科学化的定位、标准及实现路径》，载《教学与管理》，2024(12)。

④ 包育彬：《浙江温岭实施教师研究能力提升"六项工程"纪实》，载《上海教育科研》，2015(12)。

入中小学指导学校的教育科研工作，扎实开展"科研驻校"项目。得益于该项目的实施，北京市第十三中学 6 个学科的 60 多位教师参与了教育研究活动，并积极推广、应用研究成果，学校还将课题组的科研培训通过年会、沙龙等形式辐射全校教师，大力提升全校教师的教育研究能力。[①]

以培训的方式提升教师教育研究能力是国内外广泛采用的做法。伴随我国对教师专业化发展的日益重视，不少地方教育行政部门已组织开展提升中小学教师教育研究能力的培训活动。但不得不承认，我国教师培训的有效性还有所不足。这与培训需求分析的不科学有关。培训需求是培训工作的起点。它不等同于受训者的主观愿望，而是在规划与设计培训之前确定是否需要培训、谁需要培训以及需要什么培训的一种活动。[②] 因此，由教育行政部门主导，培训单位科学分析教师教育研究能力培训需求，特别是分析他们需要什么样的教育研究能力培训，对教师教育研究能力提升至关重要。在此过程中，可借鉴两种经典且具有影响力的培训需求分析模式：绩效分析模式和 OTP 模式。

此外，教育研究能力是教育研究知识与技能的结合体现，它不仅涵盖了显性知识技能，还包括隐性知识技能，需要长时间的实践积累、经验沉淀和持续的学习反思。短期培训很难使教师教育研究能力得到实质性提升。因此，教师教育研究能力培训还应走向长期化、实践化，这是提升教

---

① 何暄、周甜：《科研赋能：推动区域教育高质量发展的"西城路径"》，载《中小学管理》，2023(11)。

② 赵德成、梁永正：《培训需求分析：内涵、模式与推进》，载《教师教育研究》，2010(6)。

师教育研究能力的关键所在。

　　本章从"何为教师扎实的教育研究能力"这一问题切入，梳理了教师研究者身份的历史发展，明确了教育研究能力的概念内涵及其特征，并对教师教育研究能力的价值意义做出探讨。接着，对教师研究者开展教育研究活动所需的知识和技能进行了解构，对"教师应当具备何种扎实的教育研究能力"这一问题做出回应。最后从个体层面、学校层面和国家层面，探讨了教师教育研究能力的引导策略，以回答"教师如何才能具备扎实的教育研究能力"这一问题。教育研究能力是教师持续更新学科内容知识和学科教学知识的动力来源。在新时代，教育正在发生深刻变革，教师唯有具备扎实的教育研究能力，其学科内容知识和学科教学知识才能紧跟时代，适应时代变革要求。

第五章

新时代教师学识增长
与管理发展趋势

◇◇◇◇◇◇◇◇◇◇◇◇◇◇◇◇◇◇◇◇◇◇◇◇◇◇◇

　　教师的艺术和水平，表现在是否善于把热忱和智慧结合起来。① 教师教书育人，既需要有教育热情，又要有教育智慧，而这就需要教师练就扎实学识。扎实学识的锻炼和掌握并非易事，也并非一时之事，它需要紧密结合时代要求而实现创新发展。

　　在当下的科技革命中，我国的教育信息化建设已步入 2.0 时代，教育数字化也已上升为国家战略行动，且教育数字化转型实践也正如火如荼地开展。信息化、数字化、智能化对我国教育改革与发展产生新的更深的广泛影响，可以说，教育领域的新时代，集中表现为数智化时代。

　　教师作为促进和保障我国教育事业发展的首要资源，不仅是推动教育数字化转型的关键力量，还是支持教育高质量发展的重要支柱。在数智化时代，教师的学识增长与管理不同以往。深度学习数智化、协同学习数智化、知识管理数智化等，集中体现出教师学识增长与管理朝向更高更厚、跨度更宽、更加长远等方向发展的趋势。

---

① ［苏联］B. A. 苏霍姆林斯基：《给教师的建议》，7 页，周蕖、王义高、刘启娴等译，武汉，长江文艺出版社，2018。

第一节　深度学习数智化促进教师学识增长与转化

深度学习是教师学习力的集中体现。对知识的理解性、批判性和创造性应用是深度学习的重要特征。通过深度学习数智化促进教师学识增长与转化，体现出新时代教师学识增长与管理的高度与厚度的发展趋势。教师只有不断提升深度学习素养与自身学习力，才能适应数智化时代知识量剧增与知识更新周期加快的特点，获得可持续发展的基础与条件，从而为自身带来更有价值的学识。[①]

随着大数据、云计算、区块链、人工智能等数字技术和智能技术的飞速发展，人类社会逐渐进入数智化时代。面对复杂多变、充满挑战的现实社会，数智技术的发展成熟对人类学习产生了深远影响，赋予了学习新的内涵与特征，深度学习因此受到了极大关注。深度学习不仅是对知识的深度学习与掌握，也是思维范式走向批判性和创造性的转变。近年来，数智技术正在推动教育教学和学习方式发生巨大变革，师生、机器、物理等的深度融合赋予教育教学和学习方式新的时代特征。[②] 在此背景下，教师的

---

① 黄孝山、蒋立兵、周自波：《深度学习视域下教师学习力提升路径研究》，载《黑龙江高教研究》，2022(7)。

② 陈明选、周亮：《数智化时代的深度学习：从浅层记忆走向深度理解》，载《华东师范大学学报(教育科学版)》，2023(8)。

学习方式也必须走向深度学习，转向深度理解、批判和创造，从而真正适应数智化时代对教师学识增长与转化的要求。

一、教师深度学习数智化的内涵与特征

随着社会的发展和科技的进步，深度学习应运而生，并且已成为教育领域的热点研究话题。

(一)深度学习的内涵

深度学习源于计算机领域与人工智能领域，其与数字技术和智能技术的渊源由来已久。该领域的深度学习主要关注机器的深度学习，以模拟和计算人类的认知过程、情感状态、信息加工方式等为底层算法逻辑，以模式识别、专家系统等直接为人所用的智能技术为外部表征状态，探究和实现机器的智能化。[①] 随后，该领域的深度学习逐渐扩展至教育教学领域。

1976 年，美国学者费伦茨·马顿(Ference Marton)和罗杰·萨廖(Roger Saljo)提出深度学习的概念。他们认为，深度学习是一种基于理解与迁移的学习方式。一方面，在理解层面，学习者能够批判性地学习和接受新事实、新思想，将新认知内容融入原有认知结构中，将多种思想和认知进行联系；另一方面，在迁移层面，学习者能够将已有的知识迁移到新

---

① 胡航、王家壹：《从人机融合走向深度学习：范式、方法与价值意蕴》，载《开放教育研究》，2024，30(2)。

的情境中，做出决策和解决问题。我国对深度学习的研究相对较晚。2005年，黎加厚提出深度学习的概念。他认为，深度学习是学习者在理解的基础上，批判性地学习新思想和新知识，将已有的知识迁移到新的情境中去，做出决策并解决问题的学习。

既然是深度学习，那何谓深度？深度的最重要的表征就是，在使知识保持长久的同时，还能迁移运用。[①] 目前，深度学习在学术界尚未达成完全一致的定义，但基本上都认为它是一种关于新旧知识理解与知识迁移的学习方式。通过深度学习，学习者会获得结构化的、可迁移的知识，学习者的思维水平和综合能力会得到更进一步的提升与发展。[②]

随着深度学习的相关研究不断扩展和深入，其逐渐理论化而形成深度学习理论。深度学习理论强调学习者在获得学科核心知识的同时还获得批判性思维的习惯和问题解决的能力。[③] 换言之，深度学习理论既关注学习者对学习材料内容的批判性吸收和内化，又关注学习者将知识迁移到新情境中的能力培养。从认知角度看，教育领域的深度学习，是学习者不断自我反思与调节，由浅入深不断向高阶思维发展的过程。

(二)教师深度学习的内涵

作为知识的传播者和学生学习的促进者，教师必须加强深度学习，通

---

① 吴永军：《关于深度学习的再认识》，载《课程·教材·教法》，2019，39(2)。

② 郭艳芳：《基于知识结构论的深度学习之"深"》，载《教育理论与实践》，2020，40(28)。

③ 张燕、程良宏：《教师的深度学习如何深入：学习要素的视角》，载《当代教育科学》，2019(8)。

过深度学习提升知识储备和专业素养，助力学生学习发展。

2000年，加拿大学者伊根（K. Egan）在其著作《深度学习：转变学校教育的一个革新案例》中对教师深度学习进行了全新阐释。他指出，教师深度学习是"教师学习"与"深度学习"的衍生物，泛指一个人从新手教师成长为成熟教师，再到专业化教师的过程。在此过程中，主动性、批判性与转化力构成了教师深度学习的三大核心特征。[1] 首先，主动性是指教师深度学习强调新旧知识、新旧经验之间的连接，并进行主动性的高思维发展阶段的有效性的知识迁移。在此过程中，教师对具体问题进行深度学习和研究，并运用不同学科知识体系解决问题，从而构建和完善自我知识体系。其次，批判性是指教师深度学习重在对教师个体批判性思维与能力的培养与运用，教师在对学习的深化体悟中逐渐形成反省自身、追求自我更新的思维与能力。教师通过对自我批判性思维与能力的有意识挖掘与运用，最终指向促进学生学习能力，特别是批判性思维与能力的培养和提升。最后，转化力是指教师深度学习注重教师将自我专业知识体系转化为教育教学知识，并迁移到教育教学情境中的能力。教师在教育教学过程中发现实际问题，将所学知识转化和迁移到教育教学工作中，促进课堂教学高质量发展和学生素质全面发展。

高质量教师是高质量教育发展的中坚力量。"教师学习"是教师专业发展的重要关注点，"深度学习"是教师高质量发展的关键路径。教师深度学

---

[1]　黄立才、王晓晨：《教师深度学习的意涵、本质特征与实现路径》，载《教学与管理》，2020（20）。

习是具有整合性、情境性、批判性、创造性的高阶学习①，旨在培养分析、综合、评价、创造等高阶认知能力，重心在于关注教师个体对于所学知识的深度理解与转化运用，重在对学习过程的深度体验与学科知识及学习方法的迁移运用，重在对教师批判性能力和创造性能力的培养与运用。② 教师深度学习既是一种主动选择的学习，也是一种在综合实践场所开展的行动，不仅关注教师专业知识的范畴，而且从系统全局的角度将认知、能力、情感、态度和价值观进行整合，最终实现从认知到实践的一种转变。③ 加强教师深度学习，有利于激发教师的学习潜能，提高教师的专业发展水平，从而促进教育教学质量提升和助力学生全面发展。

(三)教师深度学习数智化的特征

数字技术和智能技术为刻画学习过程、构建学习场景、挖掘学习规律等提供有效工具，保障深度学习真正发生。深度学习将学习者、学习情境与学习技术深度融合，最终表现为学习者全身心的认知参与、自然而然的社会文化适应和基于智能技术的深度互动。④ 由此，数智化时代，教师深度学习具有情境性和沉浸性、建构性和发展性、思维性和交互性等特征。

---

① 金建生、王淑莲：《发达国家中小学教师协同学习共同体实践特征探究》，载《外国中小学教育》，2017(3)。

② 张莹：《基于教师协同学习共同体的教师深度学习研究》，载《中国成人教育》，2023(4)。

③ 梁文鑫、赵云建：《从"经历"向"能力"迁移：教师深度学习的影响要素及路径分析》，载《中国电化教育》，2022(12)。

④ 胡航、王家壹：《从人机融合走向深度学习：范式、方法与价值意蕴》，载《开放教育研究》，2024，30(2)。

1. 情境性和沉浸性

一方面，教师深度学习数智化要求教师与机器实现基于真实情境的交互发展。情境是教师深度学习的重要载体，知识只有在具体、真实的学习情境中才能被更好地理解和建构。教师应利用机器快速高效地整合学习情境中蕴含的知识，实现有意义的认知建构。机器可基于学习情境和教师知识的不断变化与发展，实时更新储存信息和知识，优化自身知识质量。在真实的学习情境之中，教师认知建构与机器知识更新实现交互发展，对于教师深度理解信息、批判性地吸收知识和实现知识有效迁移与应用具有重要意义。另一方面，教师深度学习数智化要求教师实现一种沉浸式学习。数智化学习系统需要大量的信息和知识作为内在支撑，但这种信息和知识不再是广泛分布的碎片化知识，而是经过数智化系统处理和加工之后的学习内容。深度学习数智化会根据教师的认知特点进行个性化的结构匹配，针对教师的学习需求进行合理的内容呈现，为教师提供个性化的知识体系，带动教师主动投入其中进行沉浸式学习。

2. 建构性和发展性

建构主义认为，知识是建构出来的。教师深度学习数智化有利于教师知识的建构与发展。针对学习需求，教师基于自己已有的知识结构，与数智系统展开互动。在此过程中，教师的认知能力与数智系统的计算能力相结合，基于既有认知开发学习策略，完成新的知识建构。这种建构不仅是新认知对既有认知的重组和改造，还存在一种新的知识生成和知识发展。随着教师知识建构与发展的新变化，数智系统对教师的学习数据也会实时更新，并根据实际学习需求进行知识资源的有效推送，提高教师与数智学习系统的双向适应能力，持续保证教师知识的建构性和发展性。

3. 思维性和交互性

就思维性而言，深度学习强调的理解、批判和迁移都与思维紧密相关。教师深度学习实际上强调的就是教师思维的深度发展。因此，教师深度学习数智化尤为强调思维性特征。教师深度学习数智化注重数智系统思维对教师思维的促进功能。随着人工智能技术的飞速发展和迭代更新，数智系统具有的人工智能类思维会逐渐丰富和饱满，其所具备的知识结构、体系和图谱会更加完善，甚至不亚于人类智能。教师通过数智学习系统进行深度学习，有利于从中提取到符合新的认知情境的学习资源，促进教师进行知识迁移和应用。就交互性而言，教师深度学习数智化需要教师与数智系统的交互学习和促进。一方面，在学习内容生成过程中，教师通过人机交互操作，将学习的思维、行为等数据传递给数智系统，系统据此定制和推送个性化的学习目标、模式及内容；另一方面，在学习效果反馈过程中，数智系统根据教师的测试数据，不断迭代更新其功能模块，实时反馈学习效果，对教师和数智系统未来学习模式的制定与学习内容的呈现产生影响。[①]

二、深度学习数智化与教师的学识增长与转化

教师深度学习数智化不仅有利于调动教师学习主动性、促进教师知识

[①]　刘婧轩、刘一萌、顾小清：《指向核心素养的智能化深度学习系统框架》，载《开放教育研究》，2023，29(6)。

结构化、加强知识迁移有效性，还有利于教师丰富和拓展自身的知识深度与广度，生成教育教学实践智慧，进而更好地解决教育教学情境中的现实问题。

（一）学识与深度学习的关系

在知识视角下，深度学习主要包括依次递进的三个层级：一是"学以致知"，以知识理解为基点；二是"学以致用"，以知识运用为阶梯；三是"学以致新"，以知识创生为结果。现实的教育教学实践需要教师践行"知—用—新"的深度学习进阶之路：一是领会知识的建构性，奠深度学习之基；二是明晰知识的价值性，搭深度学习之梯；三是洞察知识的生成性，结深度学习之果。[①] 从知识的建构性、价值性、生成性及相对应的深度学习阶段所论及的内容可以发现，深度学习强调知识与技能的转化和运用，这是深度学习的显性特征。

其实，不论基于何种视角，深度学习都需要将特定的、具体的知识和技能作为学习、反思与转化的对象。知识和技能是深度学习的内容指向，若离开了知识和技能作为内容支撑，深度学习就会成为无本之木、无源之水。

通过深度学习，学习者的学识发展表现在两个方面。一方面是知识维度，学习者学习和获得结构化的、可迁移的知识。在深度学习的过程中，学习者获取新认知，深刻理解和明确知晓新认知在认知系统中与其他既有

---

① 李洋洋：《知识视角下的深度学习：意涵阐释、现实阻隔与进阶之路》，载《中国远程教育》，2022(11)。

认知的关联，从而形成新旧认知结构的连接，形成自我的认知地图。在新旧知识结构建立关联的过程中，学习者可以将知识置于认知地图之中，更易于与其他事物建立关联和连接，从而形成更具有可迁移性的知识。另一方面是技能维度，理解知识结构的过程伴随着学习者思维技能的提升。结构化的知识是学习者深度学习的结果，而为了获得结构化的知识，学习者需要积极以思维参与其中。学习者沉浸于深度学习时，会主动地运用一整套思维方式建构知识、解决问题，从而有利于自身思维技能的提升。①

(二)教师深度学习促进学识增长与转化

教育领域的深度学习强调"深层理解""批判学习""迁移应用"等，具有很强的知识逻辑，要求对知识的构成与理解产生具有逻辑性的思维过程——学习者结合相关知识资料，运用分析、综合、推理等高阶思维对信息进行编码、整合、提炼等深度加工，在明晰关键符号表征的基础上，思考其内在逻辑与价值意义，促使知识呈现出结构化的整体理解样态。②

必须承认，由于种种原因，教师深度学习在当下实践中还未赢得广泛重视，未在教师专业发展中产生应有的作用。例如，部分教师的学习更多表现为被动应对状态，一些教师对知识的理解停留于浅表化状态，将教学活动简化为知识传递。为此，需要认识到教师深度学习对于促进教师学识增长与转化的重要价值。

---

① 郭艳芳：《基于知识结构论的深度学习之"深"》，载《教育理论与实践》，2020，40(28)。

② 张璐、张文雪、崔敏杰等：《"知识本位"到"素养为重"：指向深度学习的案例行动学习法》，载《高等工程教育研究》，2024(1)。

作为知识的主体，教师拥有的知识是一个多元复杂的"知识群"。在此知识群中，不仅有各种文化知识、学科知识、课程知识，还有各种学科教学知识、教育技能知识等。这些知识并不是简单地叠加在一起，而是组建为一个相互融合的体系。教师通过深度学习保持自觉反思、主动学习的状态，有效地唤醒自我知识建构意识，实现真正的有意义的学习。深度学习重在通过新旧经验的重组与新旧认知的重构，促进知识的结构化，知识的结构化则有利于建构教师生命的厚度。本体性知识、条件性知识和实践性知识三位一体的知识结构，赋予教师专业发展和职业生涯鲜活持久的生命力。① 教师不仅需要对学科知识有深刻理解与深度把握，还需要对学科知识的内部概念关系以及学科知识与其他知识的交叉领域形成深刻认知，从不同角度、用不同方式，实现专业知识增长，达到专业发展的目的。

深度学习除能够促进教师学识增长之外，还具有促进教师学识转化的特征。教师深度学习深在学习方式上，即知识转化。这种转化涉及教师自身内部转化与教师对学生进行转化两个方面。一方面，深度学习有利于促进教师自身的学识转化。深度学习指向学习者对所给予材料所负载知识的转化利用，因此，教师深度学习即教师自身在学习过程中对所面临信息的内化与转化，达到对学习材料所负载知识的深度理解。这种转化表现为对知识学习的深层加工，通过理论与实践的互动，即将理论运用于实践，将实践反馈于理论，达到自我理解的最优化。② 如此，教师通过整合新旧认

---

① 杨修平：《习近平总书记"四有"好老师的教育哲学意蕴》，载《中国教育学刊》，2018(7)。
② 张燕、程良宏：《教师的深度学习如何深入：学习要素的视角》，载《当代教育科学》，2019(8)。

知与实践，达到自我知识的整合与创造，形成教师专业知识体系。

另一方面，深度学习有利于促进教师对学生的学识进行转化。简单而言，就是教师能够将学科知识转化为利于学生理解、接受的学科教学知识。教师需要拓展视野，以学生为主体，在把握学生认知、情感、品德等方面学情的基础上进行知识的选择与转化，满足学生成长与发展需求。这要求教师认识和理解知识转化过程，通过深度学习提升知识转化能力。提升知识转化能力的关键是教师需要基于实际情况，激活知识与经验，能够将新知识与教育教学情境相结合，提升知识转化能力。教师知识转化以教师为主体，强调教师自主学习、自主发展。这要求教师批判地看待知识，时常进行反思，实现思维升级，有意识地锻炼知识转化能力，形成一种思维习惯并运用到教育教学工作情境中。教师深度学习需要教师就教育教学情境养成批判态度、锻炼批判性思维、提升批判能力，运用批判性思维与批判能力进行教学反思与教学创造，生成教育智慧，把教育教学工作转化为充满反思性实践与实践性智慧的教育实践活动。

(三)教师深度学习数智化促进学识增长与转化的阶段

教师深度学习数智化促进学识增长与转化可划分为启动认知、获取新知、知识迁移与应用、知识评估四个阶段。

1. 启动认知阶段

深度学习的前提是了解自己的学习需求和认知基础。教师深度学习数智化既可以通过教师自主探究，又可以借助数智系统进行分析，对教师自身的原有认知条件进行预先评估和判断，为教师学识增长与转化带来启动和激活效应。

2. 获取新知阶段

深度学习真正开始的第一步在于新知识的获取。结合预先评估的数据，数智系统为教师提供新的学习内容，并提供个性化的学习情境，实现人与机器的交互，让教师对新知识的认知和体验更加真实，最终形成对新知识的概念化认知。在深度学习过程中，教师新旧知识的结合与转化是一种批判性思维的结果，促进教师拓展问题思维发展，提高其问题分析能力。

3. 知识迁移与应用阶段

深度学习的深化阶段和核心阶段是知识的迁移与应用阶段。教师通过数智系统获取的新知识虽然具有一定的真实情境性，但毕竟不等于完全真实的学习情境。教师需要充分理解知识、批判地接受知识，并在真实、具体的情境中实现知识的迁移与应用。

4. 知识评估阶段

知识获取是否有效？知识迁移和应用是否到位？这些都是需要做出评估和反馈的问题。借助数智学习系统实现深度学习的效果评估与反馈，教师能够增强其学习反思性，总结学习过程中的经验和教训，以便提高学习效率和学习质量。

三、促进新时代教师深度学习数智化发展的途径

做一名好老师，必须具备扎实学识，努力增加学识魅力，促进自身专业发展与学生成长成才。为此，需要紧密结合数智技术快速发展的时代特

征，发挥数智学习系统对促进教师深度学习的重要作用，通过个性化服务、虚实融合、融通和创新学习数据与应用模式等方式促进新时代教师深度学习的数智化发展。

(一)通过数智系统个性化服务功能，激发教师的学习兴趣，提高教师的学习能力

数智技术是数智学习系统的技术本源。数智技术的内核是数据与算法，其通过对储存和实时更新数据的算法处理与算法分析等，为数智学习系统提供源源不断与持久更新的学习资源。教师在使用数智系统时，数智技术会根据教师的认知基础与学习需求做出分析和判断，为教师提供更加个性化的适需适配服务，满足教师对学习资源和知识资源的需求。通过基于教师学习数据的自适应算法分析，数智学习系统一方面可以实现资源推荐，另一方面可以实现智能反馈[1]，从而激发教师的学习兴趣，提高教师的学习能力，实现教师与数智学习系统的高质量互动，促进新时代教师深度学习的数智化发展。

强烈的学习欲望、浓厚的学习兴趣、多样的学习方式和较强的学习能力是教师自我深度学习的基础。当今社会，学校教育的变化和发展日益加速，学科知识、教学方法、学习方法等方面发生了极大变化，教师只有不断学习和更新自己的知识与技能，才能更好地适应这个飞速变化的时代，并胜任自己的教育教学工作。然而，部分教师自认为有着丰富的教学经

---

① 林梓柔、朱晓悦、陈怡等：《教师沉浸式学习环境的关键要素与发展路径——面向实践性知识提升的多案例研究》，载《中国电化教育》，2022(9)。

验，按照"万变不离其宗"的想法认为自己完全不用更新知识与能力，就能够教好课、讲好学、带好学生。这并不符合教师深度学习的时代要求。社会对教育质量的要求空前提高，对教师素质的要求也越来越高，好老师不能满足装满自己的"一桶水"，而要使自己时时刻刻有"活水"，与时俱进，更新知识结构，追求教学卓越。①

因此，为了达到教师学习"深入化"的效果，需要依托数智学习系统，帮助教师激发学习的兴趣和动力，帮助教师提高深度学习的自主性与自觉性。第一，在数智化学习过程中培养教师深度学习的新理念。时代在进步，在学校教育数字化转型过程中，要引导教师注重学习，树立新的学习理念——崇学重学、勤学善学。只有常学常新，教师才能站在知识发展前沿，不仅实现自身专业长远发展，还能引导教育学生走好人生之路。第二，结合数智化建设要求，培养和提升教师的学习能力。促进教师提升学习能力，是高质量教育发展与现代化学校建设的根本和动力。学校在教育数字化转型实践中，要考虑到教师的现实学习需求，需要丰富、完善、创新教师深度学习数智化的活动形式。名师工作室、教研共同体、教师发展学校、教师教学技能大赛等组织和项目的出现与发展为教师深度学习提供了多元化的学习形式。教师应该积极参加学术讲座、学术论坛、专家培训等教师培训活动，充分利用这些多元化支撑平台进行互动式、共享式、论坛式的深度学习，将自己的教育教学实践与培训教授理论相结合，实现做

① 《好老师要有扎实学识——三论学习贯彻习近平总书记教师节重要讲话精神》，载《中国教育报》，2014-09-13。

中学和学中做的双向互动，更新理论知识、突破思维定式、发展创新思维，交流教育教学思想、创新教育教学思路，进而促进学识增长与转化。第三，学校要建设和打造适应与促进教师深度学习数智化的环境和氛围。学习型学校建设是教师深度学习的重要保障。数智系统为学习型学校建设赋能，是教育数字化转型的重要组成部分。建设数智化学习型学校，有利于培养数智化时代的学习型教师，实现教师个体与学校组织的双赢。

　　东营市晨阳学校将推广应用国家中小学智慧教育平台（以下简称平台）作为教育数字化转型，实现学校高质量发展、特色品牌建设的重要抓手，积极落实立德树人根本任务，通过平台的创新应用重构学校文化体系，重建学校治理体系，重组课堂新模式、学习新方式，实现全环境育人，建设数字校园，提升师生数字素养，探索数字化应用新模式，重塑教育新样态。《山东省教育厅关于进一步做好中小学数字校园建设工作的通知》《中共东营市委东营市人民政府关于加快教育高质量发展建设教育强市的实施意见》《关于印发〈东营经济技术开发区教育管理服务中心深入推进国家中小学智慧教育平台应用实施方案〉的通知》等文件要求学校充分利用平台的推广和应用，做好数字校园建设，推动教育高质量发展。学校制定《关于加强国家中小学智慧教育平台推广和应用的意见》，明确提出推广平台应用融入课堂教学改革、教师信息素养提升、学生信息素养提升、家校社协同育人体系、线上教学和课后服务体系、"双减"工作体系和学校治理体系七大任务。信息技术应用能力是新时代高素质教师的核心素养。在平台应用融入教师信息素养提升方面，引导、激励教师应用平台，学习借鉴平台提供的优质课程案例，改进教育教学，优化教学设计，丰富教学内容，创新教学方法，提升教师信息素养。将线上学习与线下学习相结合，专家讲座与合作探究相结合，主题研修和自主选学相结合，案例分享与经验分享相结合，问题解决与成果分享相结合，推动教师转变观念，提高教师信息素养。

参见东营市教育局：《系统发力 综合施策 推进学校数字化转型——市晨阳学校国家中小学智慧教育平台学校整体创新应用案例》，http：//dyjy. dongying. gov. cn/art/2024/4/11/art _ 38634 _ 10309561. html，2024-04-17。

(二)促进学习虚实融合，增强教师沉浸学习体验感，实现学习与反思相结合

在教育数字化转型过程中，实现学习资源和学习方式的虚实融合是其必然的趋势与要求。随着数智技术的发展，尤其是"教育元宇宙""数字孪生"等概念和技术的兴起，融合现实和虚拟、超越现实学习情境的数智学习系统能为教师增强沉浸学习体验感赋能。在这种基于虚拟现实的沉浸交互、基于增强现实的仿真叠加、两者交叉的混合现实的模式中[①]，学习情

---

① 林梓柔、朱晓悦、陈怡等：《教师沉浸式学习环境的关键要素与发展路径——面向实践性知识提升的多案例研究》，载《中国电化教育》，2022(9)。

境和学习方式的虚实融合有利于教师顺利实现知识迁移、知识应用和知识评价，有效结合学习与反思，从而促进学识增长与转化。

"学而不思则罔，思而不学则殆。"深度学习是基于理解与迁移的学习方式，反思作为深度学习的必要条件，在促进知识理解与迁移中具有重要价值。反思与学习密不可分，反思是学习过程的精华所在，通过反思，学习者能够从学习活动中提取到有意义的东西。反思不仅在于回顾过去，而且在于面向未来。将学习与反思有机结合，其实就是为了形成教师的反思性学习，促进学习的深化。反思性学习是学习者对自己学习过程和结果的反向思考，在反复有意识地思考和分析事物的因果关系与多种可能的过程中，学习者不断让自己的思维由表层走向深刻，迈向深度学习，实现知识理解与迁移。①

具体到教师学习领域，教师通过反思，能不断促进自己思维的深化，走向深度学习，实现学识增长与转化。反思性学习有利于将教师培养为反思性实践者，帮助教师关注真实、具体的教育教学实践情境，不仅能够充实理论性知识，还能够建构实践性知识，在对学习过程与教学过程的反思中不断创新和自我发展。② 在数智化时代，教师要想成功且持续有效地进行反思性学习，需要借助数智学习系统的智能反馈技术，将自己培养为反思型教师。智能反馈技术具备更经常、更具体、更有针对性、更个性化的特征，可以伴随教师学习需求和认知变化而进行，是数智化时代培养反思

---

① 卢瑞玲、郭俊风：《加强反思学习　促进知识迁移》，载《教育理论与实践》，2013，33(31)。

② 冯永刚、高斐：《实践取向的教师教育困境及突围》，载《中国教育学刊》，2017(11)。

型教师的最为有效的途径。但是，这个过程需要教师有意识地训练自己的反思性学习习惯和能力，既要敢于、勇于通过数智系统为自己做出反馈和评价，又要善于常态化地借助数智系统对自己做出反思。通过反思性学习的训练和深度学习，教师在知识理解与迁移、学识增长与转化方面会有质的提升，这就是深度学习中反思性与思考力的体现。任何知识的学习和技能的掌握都是一个积极主动的建构过程，学习者需要主动地处理新认知，整合新旧认知，生成新的认知结构，构建出新的意义系统。这种从新到旧、从旧到新的认知建构过程是一种双向建构，学习者必须对认知学习过程和结果进行反思，经常变化思维、调整思路，保持学习的反思性与深度化。

(三)融通和创新学习数据与应用模式，以智能认证实现教师深度学习进阶化

教师的学习内容和认知需求并不是一种简单的直线性模式，而是一种比较复杂的块状化和网络化模式。在信息含量和知识储量激增的数智化时代，教师学习内容和学习方式的数据更是无比复杂。要想实现教师学习数据的有效整合与高质量开发，数智学习系统就必须一方面融通教师的学习数据，通过智能化算法将教师碎片化、复杂化的学习数据进行整合与融通，实现教师学习数据的模块化；另一方面创新学习应用模式，通过模块化的学习数据开发智能化认证体系，依靠智能化认证促进教师深度学习的进阶化。

教师学习数据具有来源广泛、维度多元、模式复杂等特征。对数智学

习系统的开发与使用，不仅能够获取教师在学习过程中的感官体验，还能够了解和掌握教师的学习效果。如此，通过表面化的感官测量与效果比对，数智学习系统可以分析和判断教师的有效学习内容、有效学习程度、存在何种学习困难、未来如何改进等，并将这些数据进行连通和组合，形成教师模块化的学习数据。

这种模块化的学习数据之间不存在主次之分，对于教师而言都是至关重要的学习资源和反思内容。通过这种去中心化的学习数据应用模式，数智学习系统可以为教师开发适配需求的学习资源、学习方式和学习任务。当教师完成某一模块的学习任务后，数智系统自动为其进行学习认证，质量达标则进入下一模块学习，质量未达标则返回上一模块继续学习。当然，在此过程中，数智系统也会根据教师的学习状态等进行自适应调整，能够重新组合学习数据并创新应用模式。由此，在学习数据的整合化与应用模式的认证化支持下，教师可以顺利实现深度学习的进阶化发展。

在数智化时代，信息含量激增，知识发展迅速，知识的增长和更新速度远超我们学习的速度，以知识获取为核心的浅层学习已然不能适应社会发展的要求，源于计算机和人工智能领域、扩展至教育教学领域的深度学习，再度受到广泛关注。教师深度学习的直接目的指向就在于促进教师学识增长与转化。数智化时代，需要将数字技术与智能技术和教师深度学习相结合，促进教师学识增长与转化。教师深度学习数智化促进学识增长与转化，有利于教师知识学习与技能掌握的厚积薄发。深度学习的数智化，不仅使得教师学习具身实践的沉浸感得到加强，还赋予教师更加丰富化、个性化的学习体验，进而使得教师学识增长与转化更加符合时代要求与实践需要。

第二节　协同学习数智化促进教师学识增长与转化

协同学习是教师学习力的重要特征。一个人的学习力毕竟有限，与他人协同学习可以有效弥补自身学习的不足。通过协同学习促进教师学识增长与转化，体现出新时代教师学识增长与管理的宽度和跨度的发展趋势。教师专业发展与教育教学事业都是长远工程，教师要想发展得好、行走得远，就必须通过协同学习，建立教师学习共同体，共同提高、共同成长、共同进步、共同发展。

数智化时代，数字技术与人工智能逐渐广泛和深度地嵌入教育教学情境中。不同以往处于客体的状态，机器成为教育教学领域的重要主体，人机协同成为数智化时代的特点和亮点。换句话说，教师协同学习除教师为主体外，机器也作为主体参与其中，教师协同学习已然包括人机协同与人机共进的特征。教师与机器共存和协同的学习环境为教师专业发展赋予了无限可能性，人机协同为教师协同学习注入了新的生机与能量，成为数智化时代教师协同学习促进学识增长与转化的重要方面。

一、教师协同学习数智化的内涵与特征

(一)协同学习的内涵

协同学习的概念内涵经历过许多变化。在早期阶段,协同学习主要是指基于团队合作实现学习能力的提升。如今的协同学习,更注重学习理论的学术融入,是指在学习者之间或者学习者团队之间进行合作与互动,提升学习的有效性。在学习组织中,学习者为了共同完成学习任务,发挥各自的认知特点与优势,分工合作,互相讨论、互相交流、互动学习。[1] 作为一种新型的学习方法,协同学习可以加强学习者之间的深度交流与互动以及信息聚合效应,有利于学习者构建自身完善的认知建构机制。

(二)教师协同学习共同体

长期以来,教育教学改革与发展对教师的专业素养和能力都提出了较高的发展要求,教师只有持续学习才能应对教学实践的复杂性。但是,随着时代快速变革,教育教学领域的改革任务愈加艰难,复杂程度逐渐加深,仅凭教师个体难以胜任,因此,教师协同学习转而成为一种趋势。特别是自我国新课改以来,课程结构更加注重均衡性、综合性和选择性,教

---

[1] 刘罡、白成杰:《协同学习:促进教师群体专业发展的新机制》,载《当代教育科学》,2010(9)。

师传统的工作方式亟待转变，即由单兵作战走向互利共赢。[①] 新时代是核心素养的时代，教师学习对于学生核心素养的培育和发展至关重要。但是，教师个体学习素养难以应对学生核心素养的发展要求，急需一种更加全面的学习方式加以应对，教师间协同学习的方式自然得到重视。教师共同体的专业发展是追求互动、沟通、合作的过程。它注重在教师群体的教育教学中加强教师个体的学习能力。[②] 协同学习以其深度交流沟通与协调合作互动的特征，为教师共同体的专业发展提供了有效思路。

德国社会学家滕尼斯（F. Tönnies）提出了共同体的社会学概念，博耶尔（E. Boyer）将其纳入教育领域并提出学习共同体。[③] 学习共同体在教师专业发展中扮演核心角色，是协作决策、提高培训满意度和激发教师学习动机的有效手段。有效促进教师水平提升是世界各国提高教育质量的核心措施。从最早的教师合格培养到校本研修提高再到如今的追求卓越，表现出强劲的变革趋势，并朝着协同学习共同体方向发展。[④] 构建教师协同学习共同体，通过协同学习机制提高教师专业发展，成为当代教师成长与发展的主要范式和主流趋势。教师协同学习共同体是指以提高教师专业发展

---

① 付光槐、姜何：《中小学教师合作研究40年：脉络、内容与反思》，载《教育与教学研究》，2023，37(4)。

② 章根红：《基于协同学习的教师群体专业发展机制构建》，载《中国成人教育》，2017(23)。

③ 伊娟、马飞：《城乡教师教学共同体的发展困境及其建构策略》，载《继续教育研究》，2022(7)。

④ 金建生、王淑莲：《发达国家中小学教师协同学习共同体实践特征探究》，载《外国中小学教育》，2017(3)。

为目的、以协同原则为指导，围绕真实教育教学情境，整合学习要素进行学习的自组织系统。[①] 构建教师协同学习共同体成为当今时代促进教育变革、推动学校改进、巩固教师发展、提升学习效能的必由之路，以及提升教师专业能力、推动课堂改革实施的重要保障。[②] 教师协同学习共同体具备以下特征。第一，共享领导。教师协同学习共同体的正常运行需要领导和管理，而共享领导是教师协同学习共同体的典型特征。第二，情境导向。建立教师协同学习共同体的直接目的在于促进教师成长与发展，而最终目的还是促进学生成长与发展，这就必须面向教育教学情境，以情境导向形成协同学习机制。第三，深度交流互动。便捷、开放、共享、交互是教师协同学习共同体最有效的学习特征。

日前，浙江启动数字教育高质量发展行动，提出构建数字教育基础设施、数字教育资源应用、教育数据开放服务、数字教育协同创新、教育网络安全保障和数字教育发展制度六大体系。

浙江将整体设计"学在浙江"服务平台，与国家智慧教育公共服务平台互联互通。建好浙里办"学在浙江"专区，应用政府、学校和社会的优质数字资源，接入不低于 20 个教育核心应用和 30 项高频教育政务服务事项。建设省级数字底座，迭代数据中枢、组织中枢和应用中

---

① 王淑莲、金建生：《教师协同学习共同体：教师专业发展新范式》，载《中国高教研究》，2017(1)。

② 尹弘飚、秦晗：《教师专业学习社群研究：范式、旨趣与论述》，载《华东师范大学学报(教育科学版)》，2024(3)。

枢，中枢调用年增长率不少于10％。开展教育数据治理，推进省市县校共建共享，建设通用数据分析算法与模型库，提升教育数据支持监测评估、预测预警、科学决策的能力。

推进数字赋能城乡义务教育一体化发展，推动公办义务教育全域教共体（集团化）共享学校占比达97％。依托艺术互联网学校，实现未配备专业艺术教师的乡村学校班级全结对，开齐、开足艺术课。建设基于人工智能评课的基础教育虚拟教研室平台，开展常态化的混合式教科研活动。构建学分互认联合体，支持高校组建联合体，构建在线开放课程学分认证机制。

加强云网端基础保障。全面推进IPv6规模部署，支持有条件的地方、高校探索建立基于单栈技术的区域教育计算机网、校园网。提升乡村学校校园网络环境品质，鼓励有条件的地方建设全光纤校园网络。广泛使用校园物联网和数据采集设备，推进各类终端的互联互通，为无感、伴随式的多源异构数据采集提供环境支持。分层分步推进95％的中小学校和高校建成智慧校园。

此次行动还强调要提升学生数字素养，组织数字创作、计算思维、科创实践等实践活动，鼓励高校加强数字化相关学科专业建设，开展大学生网络安全等学科竞赛活动。积极落实《教师数字素养》行业标准，组织开展首席信息官、教师数字素养标准、信息化教学应用等培训。同时，开展安全资质培训与认证，逐步推进60％及以上的教育系统网络安全保障人员持证上岗。

参见蒋亦丰：《浙江开展数字教育高质量发展行动》，载《中国教育报》，2024-01-01。

(三)教师协同学习数智化的特征

数智化时代，机器不再是相对于人类主体的客体成分，而是成为与人类主体相同的重要主体。如果说之前教师协同学习是教师与教师之间的协同学习，那么数智化时代教师协同学习就必须将机器纳入其中，形成教师—教师、教师—机器、教师—机器—教师等协同学习模式和方法。也就是说，数智化时代教师协同学习不仅包括原来的人际互动，还包括较新的人机互动。不仅如此，由于数字技术和智能技术的加持，教师协同学习的范围和领域会更加广泛。因此，在数智化时代，教师协同学习有人机协同化、机器中介化、协同网络化等特点。

1. 人机协同化

人类与机器存在三种关系，即人类主导、机器主导和人机协同。基于人类安全和伦理问题，人机协同和人类主导应该是我们努力追求和保证的目标。[①] 教师必须具备一定的"数智素养"，才能保证与实现人机协同；教师必须具备足够的"数智素养"，才能保证与实现人类主导。换言之，教师只有具备"数智素养"，才能保证人机协同的学习环境真正实现。

2. 机器中介化

从原来的教师—教师的协同学习模式走向教师—机器—教师的协同学习模式，机器在教师协同学习中的中介化显而易见。教师 A 与教师 B 的协同不

---

① 许亚锋、彭鲜、曹玥等：《人机协同视域下教师数智素养之内涵、功能与发展》，载《远程教育杂志》，2020(6)。

再单单是两位教师的直接协同，机器也会参与其中。在数智化时代，当教师A和教师B有学习需求，但两位教师又无法实现同时同地协同时，借助数字技术和智能技术，以机器为协同中介，两位教师依然可以实现协同学习。

3. 协同网络化

数智技术有效扩大了教师协同学习共同体的范围。以数智技术联通的教师形成开放式连接，进行深层次互动。通过数智化打造的学习平台（机器），大量（所有）教师都能在学习平台上进行学习和交流。平台不仅具有海量学习资源，还能为教师之间的交流与对话提供支持。通过学习平台，来自国内外的众多教师都能够实现某种程度的协同学习，来自全球各地的教师学习资源都能够促进教师协同学习的网络化。

二、协同学习数智化与教师的学识增长与转化

(一)学识与协同学习的关系

协同学习机制强调人际的互相交流与沟通。从认知结构层面来看，协同学习，应该按照知识建构的一般规律，实现知识的结构化构建，对学习者和学习组织的信息与知识进行收集、整合、存储、共享、创新，创造与发展出新的信息内容和知识结构。

教师协同学习共同体强调设计学习、体验学习、分布式学习。首先，设计学习具有开放性和整合性等特征，主要表现为学习者、学习领域、学习资源、学习环境的开放性以及多学科之间的整合性等。其次，体验学习强调学习的情境性、行动性、感悟性、反思性、知识创造性等特征，把学

习看作经过体验转化并创造知识的过程。最后，分布式学习强调网络环境的技术支持性，人际、人机之间、人与知识之间的交互建构性，学习的主体、环境、资源、过程、结果的开放交换性，为了学习、在学习中、学习结果用于学习的学习者中心性等特征，认为学习活动是对内外部表征的信息加工过程。[①]

(二)教师协同学习促进学识增长与转化

教师协同学习共同体是当下教师专业发展的重要趋势之一，这种趋势其实与学习技术的发展密切相关。[②] 在相关数智技术支持下，教师学习共同体能够对多个学习场域中的学习过程进行知识加工和思维操作，从而在人际协同与人机协同的作用下，有效实现信息重组与知识整合，促进教师学习智慧的生成和专业素质的发展。

教师协同学习促进学识增长与转化主要依靠信息互通、行动互助、情感交流和价值共享等机制。第一，在信息互通机制方面，教师之间彼此交流信息实现共同发展。在目前信息和知识激增且更新速度不断加快的形势下，教师在学习过程中只有超越自我，彼此之间及时交流信息，将个人学习融入学习共同体中，才能实现个人与共同体的共同发展。第二，在行动互助机制方面，教师采取实际行动促进专业发展。教师学习共同体在专

---

① 金建生、王淑莲：《发达国家中小学教师协同学习共同体实践特征探究》，载《外国中小学教育》，2017(3)。

② 金建生、王淑莲：《发达国家中小学教师协同学习共同体实践特征探究》，载《外国中小学教育》，2017(3)。

业发展过程中，结成学习团队，团队成员之间以集体备课、听课观摩、交流研讨会等实际行动形式相互纠正错误，学习优点。第三，在情感交流机制方面，教师之间交流情感，创造和谐氛围。教师个体的良好情绪有利于学习高效率和高质量，教师学习共同体中有效的情感交流有利于为教师专业发展创造良好的人文环境与和谐氛围。第四，在价值共享机制方面，以共同价值引领教师协同学习。教师个体价值观对教师专业发展起导向性作用，在学习共同体中教师之间的价值观相互影响，共同进步。①

(三)教师协同学习数智化促进学识增长与转化的阶段

教师协同学习数智化促进学识增长与转化的阶段主要包括智能分布阶段、设计协同阶段与思维转化阶段。

1. 智能分布阶段

在教育人机协同系统中，智能呈现出一种分布式特征，分别由教师和机器所有。② 机器具有多种多样的人工智能，而教师具有人类智能，这两种智能存在不同的特征与相对的优势。教师协同学习促进学识增长与转化，需要机器的人工智能与教师的人类智能共存于知识学习情境中，实现人机智能在教师知识学习情境中的分布。

---

① 刘罡、白成杰：《协同学习：促进教师群体专业发展的新机制》，载《当代教育科学》，2010(9)。
② 吴茵荷、蔡连玉、周跃良：《教育的人机协同化与未来教师核心素养——基于智能结构三维模型的分析》，载《电化教育研究》，2021(9)。

2. 设计协同阶段

当人工智能与人类智能共存并分布于教师知识学习情境中时，教师协同学习促进学识增长与转化的起点也就形成了。既然知识学习的协同起点已经存在，就需要对协同进行设计，设定协同学习目标，驱动教师整合创新学习技术，实现教师与教师之间、教师与机器之间的协同与交互，促进教师学识的增长与飞跃，实现教师学识转化与创新。

3. 思维转化阶段

协同学习是多元主体协同促进知识学习与技能掌握的过程，教师 A 与教师 B 的协同，机器分别与教师 A、教师 B 的协同，教师 A、机器、教师 B 之间的协同，本质上是一种相互学习的过程，这种过程必然涉及不同主体之间思维的学习、理解和转化。因此，在数智化时代，教师协同学习促进学识增长与转化的最后阶段就是思维转化阶段。

三、促进教师协同学习数智化发展的途径

教师协同学习数智化牵涉到多方面主体的协同发展，即教师与教师的个体协同、教师与机器的人机协同、教师—机器—教师的网络协同、教师个体与学习共同体的组织协同。因此，促进教师协同学习数智化发展，不仅要重视数智技术和数智系统的支持与赋能效应，更要考虑到其中关涉的复杂协同关系。

(一)搭建合作平台，促进交流对话，践行合作文化

促进教师协同学习必须依托一定的合作平台，在此平台中教师积极交流与对话，形成和践行稳定的合作文化。合作平台搭建的目的在于打造学习共同体，减轻协同学习的人际障碍。学校领导者需要搭建合作平台，促进教师之间的交流对话，沉淀合作规范，形成适应的合作文化。学校教研室、名师工作室、学习交流项目等都是促进教师协同学习的重要平台。教师要明确自身在学习共同体中的职责与价值，秉持开放、信任、共享的学习态度，积极融入协同学习共同体。学习是人际交往、合作协商、知识交流的过程。在教师协同学习共同体中，无论是教师个体还是教师共同体都会获得满意的发展效果。学习是自我知识与他人知识对话的过程，在此过程中，教师之间互相交流信息、知识和经验，利用集体智慧，在知识共享中实现学识的成长与进步。随着合作平台的规范化与交流对话的常态化，教师协同学习共同体会逐渐形成一种合作文化。教师合作文化是基于日常生活自然而然生成的一种相互开放、信赖、支援性的同事关系。[①]合作文化有利于营造一种民主和平等的氛围，打破教师之间的信任壁垒，促进互相学习和互相交流，增强学习自信和学识发展。合作文化是教师协同学习共同体的重要组成部分。除自发自觉的内部文化生成模式外，学校也可以将外在的制度规范转化为有利于教师协同学习的共同体文化规范，为教师协同学习共同体创造安全信任的学习氛围与环境。

①　马永全：《新教师专业成长的理论与现实困境及出路》，载《教学与管理》，2014(15)。

(二)建立共同愿景，形成学习网络，促进数字学习

共同愿景实则是合作文化的重要组成部分，对于教师形成学习网络和进行数字学习具有重要的引领与促进作用。共同愿景指的是教师协同学习共同体中所有教师共同的愿望。这种共同愿景具有强大的凝聚力和创造力，可以有效调动教师追求学习目标和专业发展的主动性、积极性与创造性，促进自身学识增长与转化。共同愿景的强化与追求，是教师就学习知识而形成协同共进理念的集中表现。要真正实现协同学习数智化，就必须树立起协同学习、追求学识增长与转化的共同理念，形成教师之间协同学习的网络，依托数智学习系统进行数字学习，不断提高个体与共同体的知识能力和专业水平。数智化的协同学习网络可以通过在线交流和跨界协作，拓展教师学习边界，打破学校组织限制，拓展教师协同学习共同体的发展模式。协同网络化是教师协同学习数智化的一大特点，协同学习网络就是协同网络化的实际表现。数智技术构建的学习网络能突破时空局限，打破组织边界，实现学习共享。在协同学习网络中，教师借助数智学习系统和网络进行交流、对话、合作、反思，保证学习内容的延展性。协同学习的网络化特征要求教师数字学习要素和内容应丰富多样，学校需要整合数字学习资源和搭建数字学习平台，为教师协同学习创设数字化学习空间和学习场景。与此同时，教师需要提高数字学习素养，有效利用数字学习网络和数字知识网络，不断拓展学识增长与转化领域。

(三)构建协同环境，设计交互活动，遵循数字伦理

教师协同学习数智化的产生与持续，必须依靠稳定的协同环境、具体的交互活动和安全的数字伦理。

1. 构建有助于协同的学习空间与环境

数智化时代，人机协同与人机融合应当突破物理学习空间和虚拟学习空间的界限，实现二者的有效协同和深度融合，形成有助于有效促进教师学识增长与转化的空间与环境。各类物理学习空间之间，以及物理学习空间与虚拟学习空间之间的连接，有助于人机协同，有效调动和联结分布于不同空间中的各类要素，更好地实现教师学识增长与转化的目标。

2. 进行以"设计"为中心的交互活动

教师基于对学习规律的科学理解，与教师和机器一起，共同设计实现认知飞跃的发展目标，设计符合教师学习需求的产品和活动，实现各自的角色分工与共同合作，实现人机交互与教师交互。在数智化时代，教师协同学习促进学识增长与转化，需要创设多种模态的人机协同与人机交互模式，促进教师协同学习的灵活性、生动性和无障碍性。

3. 遵循教师应然职责和必要伦理界限

数字技术的盲目崇拜者认为"万物皆可计算"。在此观念之下，包括人在内的多数事物都被视为可以精确计算的对象，教育中的个体生命亦不例外。在教育场域中，任何的技术应用和学习创新都应当以促进人的自由发

展为前提，人机协同与人机融合也不例外。① 因此，在将数字技术和智能技术融入教师协同学习的过程中，教师应当遵循应然的职责和伦理界限，进而促进人的自由发展。

多方协同是教师"数智力"提升的最佳路径。提升教师"数智力"，须进行多方协同。一是地域协同。步入数智化时代后，教师"数智力"框架的构建已成为时代命题，需要各国、各区域协同创新，共同探索。国内地域间教师信息技术能力发展不平衡，各地教育系统应联合起来，互通有无，通过广泛开展线上线下混合学术交流活动，积极探讨教师"数智力"发展模式与路径。二是领域协同。人才的竞争使得很多领域对教育的影响和融入越来越深，学校及教育主管部门要勇于把握机遇，善于借力，加强与科技企业、研究部门、培训行业、社区、政府组织、媒体等领域合作，制定信息化教育改革方案及教师素养与能力培养措施，并在双方或多方间资源、信息的流通及人力资本的合作创新中，逐步提高所有参与人员的"数智力"，实现共赢。三是人机协同。人工智能所拥有的计算智能、感知智能、认知智能和社会智能，越来越接近于人的智能，为人机协同提供了强大的技术支撑，人机协同将成为未来教育的主流形态。人机协同的实现要依赖教师的数智技术应用能力，而其本身又是培养与发展教师"数智力"的最

---

① 谢晓雪、柳士彬：《数智时代人类教师与虚拟教师融合的目标、场景与路径》，载《现代远程教育研究》，2024(2)。

佳路径。在与机器的协同合作中，教师提高了数据意识，掌握了人工智能知识与技能，锻炼了利用数据进行交流和利用人工智能技术创造性解决问题的能力，真正做到了在工作中学习，在实践中提高。

参见范建丽、张新平：《提升新时代教师"数智力"》，载《中国教育报》，2022-06-23。

对于教师个体而言，教师需要关注学习内容、学习过程、学习结果，实现由学习经历"量"的积累到学习能力"质"的提升。对于教师共同体而言，教师需要向他人学习、与他人合作，借助他人的知识和智慧帮助自己解决学习问题。在数智化时代，教师协同学习促进学识增长与转化朝向跨度更宽而发展，有利于教师知识学习与技能掌握的合作共赢。通过协同学习的数智化，教师有效开发和利用学习共同体中的数字网络、数字系统、知识资源、智慧资源等，为自己学习成长和专业发展提供源源不断的外来刺激与学习资源。因此，必须从平台、环境、网络、活动、愿景和文化等方面促进教师协同学习数智化，在更大范围和更广领域保证教师学识增长与转化。

第三节　知识管理数智化促进教师学识转化与管理

　　数字时代知识的总量以几何级的速度增长，需要教师不断自我成长以促进专业发展。[①]　与此同时，传统单一的教师角色从传授知识的权威转变为多元的引导者、促进者和学习设计者。在政策驱动方面，《教育部 财政部关于实施中小学幼儿园教师国家级培训计划（2021—2025 年）的通知》明确提出了以人工智能和教师培训融合发展探索教师自主发展机制的改革方向。2022 年 11 月，教育部正式发布《教师数字素养》教育行业标准，清晰地表达了教师数字素养的具体内涵。基于这一点，教师教育在数智时代应致力于培养具有四方面能力的未来教育工作者：数字生存和适应能力、教育研究能力、终身专业发展能力、教育创新和实践能力。这不仅是对数智时代教师角色的理想化勾勒，也是中国教育改革发展所必需的一线人才，更是培养中国特色的"四有"好老师的重要着力点。

一、教师知识管理数智化的内涵与特征

　　数智化转型在教师知识管理领域引发的变革是全面且深入的，不仅仅

---

　　① 田小红、季益龙、周跃良：《教师能力结构再造：教育数字化转型的关键支撑》，载《华东师范大学学报（教育科学版）》，2023(3)。

是技术应用的深度嵌入，更关乎教育理念的创新升级、教育生态的整体优化、教育事业的未来发展。

(一)知识管理的内涵

知识管理研究伴随 20 世纪 90 年代中期知识经济时代的来临而发端，在知识成为企业核心资源的 21 世纪，管理的目的不仅仅是使企业内部有序，更重要的是使企业价值达到最大化。[①] 现代管理学泰斗彼得·德鲁克(P. Drucker)最早提出了"知识工作者"和"知识社会"的概念，并断言"知识是唯一有意义的资源"。1986 年，卡尔-埃里克·斯威比(Karl-Erik Sveiby)博士第一次提出了"知识型企业"和"知识管理"的概念。1990 年斯威比博士又出版了《知识管理》一书，这是世界上首部以"知识管理"为书名的著作。斯威比的知识管理理论和工具为企业与学习型组织建设，保障组织在知识经济时代的长期、可持续的生存与发展提供了有效的路径和方略，斯威比被誉为"知识管理的奠基之父"。[②] 日本著名管理学教授野中郁次郎和竹内弘高将知识管理理论的探讨扩展至组织层面，并明确指出"知识管理就是每个组织都梦寐以求的核心能力的真正源泉"。[③]

对于知识管理的定义，我国不同学者有不同的界定。王志玮等人认为知识管理的内涵是知识的创造和知识的利用，知识管理通过对组织知识资

---

① 魏晓平、肖贤勇：《人工智能与知识管理关系刍议》，载《科技管理研究》，2005(10)。

② 李虹：《知识管理视域下高校教师胜任力研究》，博士学位论文，东北师范大学，2022。

③ 吉萍：《知识管理视域下的县域教育科研管理创新》，载《中小学管理》，2024(3)。

源的开发和有效利用以提高组织创新能力，从而提高组织创造价值的能力。知识管理的终极目的是提高组织创造价值的能力和组织的创新能力。[①]李华伟认为，知识管理是将与工作有关联的和有用的知识，经过识别、检索、存储、应用，创造性地使用的过程。[②] 巢乃鹏认为知识管理是一种目标管理流程，这种流程需要挖掘组织和个人的相关知识，其目的是提升整体效益。[③] 邱均平等人认为，知识管理包括广义的知识管理和狭义的知识管理，"所谓狭义的'知识管理'，主要是对知识本身的管理，包括对知识的创造、获取、加工、存储、传播和应用的管理。而广义的'知识管理'不仅包括对知识进行管理，而且还包括对与知识有关的各种资源和无形资产的管理，涉及知识组织、知识设施、知识资产、知识活动、知识人员的全方位和全过程的管理"[④]。

综上所述，知识管理是一个涉及创造、存储、检索、转移和应用知识的多流程综合管理活动，旨在帮助组织聚集集体智慧，以促进技术创新、产品创新或战略创新，从而获得长期竞争优势。知识管理不仅涉及组织内部知识和外部知识的交流互动，还包括知识的及时沉淀、实时更新以及跨界分享等一系列流程。

随着组织沿革和技术发展，知识管理经历了显著变化。信息爆炸的知识社会，组织规模不断壮大，不同组织的合作交流进一步深化。传统的线

---

① 王志玮、陈劲：《知识管理——电子政府成功的利器》，载《科技进步与对策》，2003(3)。

② 李华伟：《知识管理：图书馆的作用》，载《津图学刊》，2003(1)。

③ 巢乃鹏：《知识管理——概念，特性的分析》，载《学术界（双月刊）》，2000(5)。

④ 邱均平、段宇锋：《论知识管理与竞争情报》，载《图书情报工作》，2000(4)。

下知识管理和组织内部知识管理模式已不足以应对跨组织、跨地区的知识交互需求。大量学者因此在新的环境下进行了知识管理的理论研究，如IBM知识管理咨询公司负责人马克·麦克洛里（Mark W. McElroy）提出的第二代知识管理理论、美国学者约翰·霍兰（John Holland）提出的复杂自适应系统理论（complex adaptive systems）、美国学者贾森·弗兰德（Jason Frand）和卡罗尔·希克森（Carol Hixon）提出的个人知识管理概念框架、野中郁次郎构建的SECI知识转化过程模型等。

许多企业也从事知识管理的实践研究。例如，百度推出的"如流知识库"支持文档编辑、协同创作和知识搜索等功能，搭载生成式人工智能"文心一言"协同办公；小米的虚拟社区是用户交流和公司发布动态的平台，用户因共同爱好聚集，提供产品改进和升级的创意信息，促进了知识和创意的共享与传播；华为的WeLink平台集成会议、消息、邮件、待办审批和知识共享等功能，通过We码平台汇聚业务和知识服务，实现了办公应用的融合，提升了员工的办公体验和效率。

这些案例体现了数智化时代作为学习型组织代表的新兴互联网企业如何利用数智技术创新知识管理，并指向了知识管理的数智化趋势，即利用网络平台、交互社区、人工智能来有效地管理、利用、整合知识资源。知识管理数智化让企业能够更好地捕捉、存储、分享和利用知识，从而加速知识创新、提高办公效率、增强核心竞争力。

(二)知识管理数智化的内涵

知识管理数智化是利用数字智能技术优化知识管理的过程，促进组织知识的自动优化和高效流通，以深度的技术融合为组织提供一种更加高效、灵活和智能的管理方式。知识管理数智化不仅将数智技术看作一种工具，而且将其看作一种智慧思维方式，实现知识管理的智慧化、平台化和体系化。这种管理方式通过数智技术整合分析大量数据，并从中提取有价值的知识，实现对知识管理流程的自动优化，揭示多维知识之间的关联模式和相互关系，为组织智慧管理、战略决策提供全局视图。

数智化时代的知识管理已从传统的、以组织为中心的模式，向着更加动态、技术驱动、智能先导的知识管理数智化模式转型升级。知识管理数智化并非传统意义上的知识管理流程的信息化，知识的创建、存储、传播、应用及其管理过程都在数智化环境中进行。这种管理方式超越了单纯将物理环境的知识管理转移到线上的情景模拟，主要利用数智技术重新定义和优化知识管理的每一个步骤。此外，数智化知识管理还关注如何在数智化环境中有效促进组织成员的数字学习和知识生成，以适应快速变化的社会环境。这意味着组织需要在数智化转型的过程中，利用积累的知识开发和应用新技术，以知识管理实现组织管理智能化，使知识流通和创新更加高效。

(三)教师知识管理数智化的内涵与特征

1.教师知识管理数智化的内涵

从传统的讲授式教学到多媒体网络教学再到人工智能赋能教育数智化转型，数智化时代带来了海量的信息资源和多样的展示媒介，数智技术的发展拓宽了教育的范畴、革新了教学的形式、转变了教育教学的理念方式，也为教师知识管理带来了新的变革可能性。

在数智化背景下，师生关系得以创造革新，教师知识管理不再遵循传统的单向传授模式：教师是知识的绝对权威和"传达者"，而学生是被动的"接受者"或知识的"容器"。教师知识管理数智化要求教师超越单纯的知识传授，关注学生接受的知识能否激发其创造性思维、对学生未来成长是否有益。这一过程强调教师与学生间的双向对话，推崇对知识的质疑与批判，以及在师生交流中的知识创新。教师知识管理的发展经历了手工复制传播知识—利用视听化媒介承载知识—利用现代网络通信技术提供广泛知识内容的一系列迭代升级，数智技术深度介入这样的过程。云计算、大数据、人工智能时代的到来促使教师知识增长更易产生量变，提高了知识获取的便利性和知识存储的数据化水平。在数智化时代，知识传播的范围和深度与社交网络紧密相关，知识生产的社交属性更为明显。社交媒体为教师提供了新的知识交流、知识共享和知识创造的平台，鼓励将知识生产与社交结合，社交属性在教师知识管理中变得日益显著。知识不再是封闭的体系，而是自由流动、跨界分享和协同增长的。具备即时性、延展性、互动性等特点的人工智能为教师在知识管理上提供前所未有的技术支持，打破了传统教育中教师知识管理的范式，提升了知识管理的效率和质量。人工智能的介入不仅为教师知识管理带来了新的思维方式，也丰富了教师在知识管理链条中的角色，让教师成为知识管理链条的主体。通过人机协同、优势互补，教师得以充分激发审美知识、道德知识和情感知识等人文知识活力，使得教育活动更具创造性。数智技术的应用令教师能够在知识链条中更高效地管理知识，实现知识价值最大化，提升个人及组织核心竞争力。教师知识管理数智化将教师置于一个由数智技术支持的"知识链"中。[①] 在这样的数智化环境下，教师知识管理的主要活动功能围绕着知识获得、知识选择、知识生成、知识内化和知识外化展开。辅助活动则涵盖了领导（引领知识流动的方向和质量）、合作（与他人协同进行知识的共享和创造）、控制（确保知识的质量和安全性）、测量（评估知识管理活动的效果）等方面。

由此可知，教师知识管理数智化是涵盖整个知识生命周期的综合过程，不仅包括知识的获取、积累、共享、创新、应用和评价等传统环节，还强调了利用数智技术驱动教师的知识管理范式、教育教学行为、创新思维方式、数智学习方式、自主专业发展，乃至整个教师教育体系的现代化转型。因此，教师知识管理数智化的内涵可以界定为：教师通过掌握和应用数智技术，在日常生活和教学实践中对知识的获取、积累、共享、创新、应用和评价等过程进行高效管理，以促进自主专业发展、提升教育教学质量。教师知识管理数智化要求教师具备自主学习、信息甄别以及知识整合等能力，不断构建和完善教师个体、教师集体、学校组织的数智知识库，跟上时代发展的步伐。

2. 教师知识管理数智化的基本特征

（1）互联互通的体系

知识管理数智化的互联互通不仅增加了知识的可获取性，而且促进了多学科和跨领域的知识整合，为创新和问题解决提供了更广阔的视野。第一，知识联结网络化：在联通主义的框架下，数智化知识的管理强调教师

---

① 曹雅妮：《智能教育时代教师知识管理的新范式》，载《教学与管理》，2021(22)。

知识网络中各节点间的互联性。这种网络化的联结结构使得教师能够迅速获得所需的资源，学习过程因此变得更加灵活和多元化。第二，知识存储网络化：万物互联和数字通信技术的普及使得知识可以跨越物理与地理界限，实现全球范围内的快速流通和访问，从而实现了知识的即时更新和实时共享。例如，教师可以通过在线平台共享课程资料、发表研究成果和交流教学经验。第三，知识生产网络化：网络化的信息空间也促成了知识生产的网络化。组织边界的打破使得学校、城乡、区域之间的教师知识互动变得更加频繁和深入。这种协同的知识生产行为不仅仅发生在人与人之间，也包括了人类与机器的协同，使得知识管理更为高效、便捷。

（2）开放共享的权限

在教师知识管理数智化转型中，开放共享的知识管理权限将从学习型组织变革、知识管理民主化、教师合作文化三个方面有力推动教师知识革新和教育质量提升，为构建一个更加智慧和高效的教育生态提供坚实基础。第一，开放共享是学习型组织变革的首要前提。开放共享的知识管理权限降低了获取知识的门槛，学术成果和教学资源可以被广泛地共享，鼓励教师之间更频繁地交流协作，教师和学者们更容易地建立跨界合作网络，以共同推动教育教学和教育研究的进步。第二，开放共享是知识管理民主化的必然要求。开放共享的权限不仅有助于知识的广泛传播，提高优质教育资源的利用效率，也有助于促进知识管理的民主化，每个教师都可以参与知识的创建和分享，这种教育生态将充分鼓舞教师进行批判和创造，促进高阶思维水平提升。第三，开放共享是创设教师合作文化的关键步骤。通过建立平台和工具，如在线论坛、专业社群和协作工具，教师可以共享教学资源、教案设计以及反馈评价。知识管理权限的开放共享打通了数智化协同通道，实现了跨部门、跨地区的知识共享，营造了相互支持的教师合作文化环境，鼓励知识的自由流动和创新思维的碰撞，促进教育方法和内容的持续进化。

（3）人机协同的模式

随着人工智能的发展，人机协同已成为现代知识管理的一大特色，不仅拓宽了知识的应用范围，也提升了知识的管理效率，这种知识数智化管理模式为教育事业和教育研究发展提供了强大的技术支撑，是推动知识社会教师专业发展的关键驱动力。第一，在知识的检索和获取上，人工智能可以担任智能精准搜索引擎的角色。相比于传统搜索引擎呈现的未经整合的零散知识，人工智能提供了网络化、体系化的快速查找信息的渠道。例如，生成式人工智能通过理解和生成语言，不仅能响应特定查询，还能在对话中提供相关信息和建议，帮助教师更深入、更广泛、更高效地探索知识内容。第二，在知识的存储和共享上，利用人工智能云存储技术生成在线数据库，为知识存储提供了便利，支持多用户同时访问和编辑，确保知识管理的安全性，并支持即时共享和同步协作。智能协作工具能够根据团队的工作习惯和通信模式提供定制化的协助，从而提高团队的协作效率。第三，在知识的整理和系统化上，人工智能可以帮助教师整理大量信息，如自动摘要工具即可提取文档的关键内容，帮助用户快速了解文档的主要信息；人工智能有助于提供知识结构化的框架，构建知识的体系结构，如生成式人工智能可以根据教师的需求提出知识结构化建议，帮助教师以更系统的方式理解和应用知识。

3. 教师知识管理数智化的价值定位

(1)弥合数字鸿沟，实现优质均衡的教师资源配置

教育资源在区域、城乡、学校间的配置不均，可能导致城乡、区域、学校之间的教育差距进一步拉大，形成数智技术使用动机、技能方面的新数字鸿沟。[①] 而教师教育在数智技术赋能下，通过打造数智化学习资源库、数智化教师数据库，可从课程资源配置和人力资源配置两大角度、从微观的教育教学和宏观的教育发展两个层面有效促进教育公平，弥合数字鸿沟，显著扩大优质教育资源覆盖面。在微观的教育教学层面，数智化学习资源库汇聚了海量、高质的教育资源，包括教案、课件、精品课例、微课、试题库等，促进了教育资源的优质化。数智化学习资源库拓展了教学内容与方式，让教师能够通过线上渠道即时交流、远程互动，解决教育欠发达地区资源不足的问题。在宏观的教育发展层面，数智化教师数据库为学校之间的信息交流、协作、共享提供了有效平台，促进了教育资源的均等化。通过人工智能、大数据等新一代信息技术，建设"一次生成、一库管理"教师信息数据库，精准勾勒可视化教师数字画像，对城乡、学校之间教师资源配置、结构等方面进行精准分析，以数据驱动的方式科学推进学校间编制、岗位合理化调整，促进优质师资流动，解决教师分布不均、结构不合理等问题。二者结合，数智化转型还将助力集团化办学。依托智慧教育直播平台，试点推进同步课堂、同步教研，统筹名师资源，发挥辐

---

① 杨晓哲、王若昕：《困局与破局：教育数字化转型的下一步》，载《华东师范大学学报（教育科学版）》，2023，41(3)。

射效应，将薄弱校纳入集团学校的管理范围，实现教学资源的高效互通共享，促进薄弱校的教学改进和发展。

(2)直面数字焦虑，促进自主多元的教师专业发展

数智技术的过度介入导致教师个体在适应知识迭代更新的过程中滋生紧张、焦虑情绪，即数字焦虑。在客观的技术发展和主观的适应性障碍的张力中，数字焦虑在教师教育的数字场景中衍生出知识爆炸和技术焦虑。一方面，知识爆炸需要以教师自主化的专业发展应对。知识的流动性要求教师具备主动成长的意愿和能力，成为知识生产链条中的主体，激发学习的内驱力来适应知识爆炸。数智技术为教师专业自主发展提供了前所未有的资源。以教师教育数智化转型推动教师专业发展方式转型对实现我国基础教育的高质量发展目标至关重要。因此，在数字环境中，教师要充分发挥自己"在处理内生动力和外部结构关系中体现出来的主体性、能动性和行动能力"，让自己成为"技术结构中的能动者"，彰显自身在数智技术框架中的"自主发展力"。① 另一方面，技术焦虑需要以多元化的能力结构适应。数智化教育新样态对教师专业能力提出新要求，教师需具备多元化的能力结构，熟练运用数字工具和资源进行教学活动设计与支持个性化学习，以应对数字教育环境的挑战。②

(3)推动数字学习，构建互联互通的教师数智知识网络

教师如何持续、有效地学习是教师知识管理数智化的重要议题。学习

---

① 龙宝新、邱灿：《数字化时代的教师专业自主发展》，载《中国教育学刊》，2023(8)。

② 石艳、崔蓓：《教育数字化转型背景下的教师专业能力结构重塑》，载《东北师大学报(哲学社会科学版)》，2023(5)。

环境、学习方式和教学互动的转变促使数智化时代的教师组织进化到了新阶段。以数智技术联通的多元主体能形成开放式连接，进行深层次互动，使得组织边界模糊化、柔性化，从竞争逻辑转向共生逻辑。教师知识管理数智化旨在以教师组织变革推动数字学习，构建互联互通的教师数智知识网络，打造共享共创的数智教育生态。一是在组织内，数智化的教师知识管理要共建共享，聚集智慧。教师数字学习要素包括人才、平台、资源、场景等。学校需要搭建教师数字学习平台、整合数字学习资源来建设数字学习组织，创设教师知识管理数智化的新基建、新场景、新空间。教师在虚拟社群中贡献集体智慧，共同学习、分享资源、对话沟通，通过协作完成一定的学习任务，增加专业知识和提升能力水平。例如，重庆市巴蜀中学依托自主开发的 51 好课网，成立慕课研发中心，通过整合校本化数字教育资源、引进第三方高质量数智化资源，完善教师数字学习的共建共享机制。二是在组织外，数智化的教师知识管理要协同发展，帮扶合作。数智技术构建的网络社区突破了时空边际与社会关系的局限性，打破了组织内部边界，实现了教师知识的流动与共享。以此为基础发展的区域教师学习共同体创新了分布式知识携带模式，学习变成了在网络关系中发生的动态过程。通过跨区域网络研修开展校际帮扶合作，教师数字学习共同体可实现沟通、分享、合作、创生，不断拓宽专业发展路径，以实现教师知识管理的协同发展。三是在组织内外，数智化的教师知识管理要跨界合作，凝聚共识。分布式的知识生产网络和知识存储网络构成了群智协同的智力基础。数智技术为教师提供了跨越地域边界与校外其他教师和专家合作的泛在空间。实现教师知识管理数智化除了要建立起教师数字学习共同体之外，还在于通过共享的信念和愿景统合成员，达成情感上的共识，促进人际联系，提升教师的职业认同感和组织归属感，并为知识网络体系中的共同体内所有成员提供拓展专业学习边界的机会。

二、知识管理数智化与教师的学识转化与管理

(一)教师学识与知识管理数智化的关系

数智技术已经成为全球知识传播的重要引擎，知识的生产、传播和应用都在数字环境中进行。[①] 在数智化时代，知识既是教师教育教学的关键资本，也是数字公民的基本素养，教育数智化生态系统中的师生围绕知识开展教育活动。对于教师而言，知识的类型、增长速度、增长方式以及知识生产主体深刻地影响着教师的职业生存。教师除了不断进行知识积累以外，还需要提升专业能力和教学质量，这是对当代"四有"好老师"知识＋能力"综合素质的精准表达。在数智化背景下，教师学识转化与管理同知识管理数智化的关系变得更为复杂而紧密。

一方面，教师是知识管理的主体，教师学识则是知识管理数智化的主要客体，是知识管理数智化从量变积累到质变发生的重要基石。

首先，教师学识是知识管理数智化内容更新的重要来源。随着教师学识的深化和数智技术能力的增长，掌握广泛技能和深度知识成为教师知识

---

① 段世飞、钱跳跳：《联合国教科文组织推动教师数字能力发展研究》，载《比较教育学报》，2024(1)。

体系内容更新的源泉，教师能够更加深入地参与到知识管理数智化的转型过程中。其次，教师学识是知识管理数智化形式变革的重要动力。学识增长将带动教师对传统知识管理形式的深刻反思，推动教师个体、教师群体、学校组织探索更适合知识社会、数智化时代的知识管理方式。教师学识对于知识管理数智化的重要意义不仅体现在知识量变的传递和扩散上，而且体现在通过数智化手段促进教师专业成长发生质变上。教师作为知识管理的主体，在数智化的浪潮中必须不断更新学识，以适应不断演变的知识管理新样态、新模式。最后，教师学识是知识管理数智化网络联通的主要线索。教师学识的深化不仅提高了教师的教学能力，完善了教师的知识体系，也有助于形成跨学校、跨地域，甚至跨国界的教师专业学习共同体。在这种社区中，教师学识成为串联知识管理网络的主要线索，教师通过共享自己的教学经验、教研成果，发表多样化的教育洞见，构建起互通有无的数智化知识网络体系，促进知识传播、加速知识创新，为知识管理流程进一步智能化提供方向指导。

另一方面，知识管理数智化是促进教师学识增长的重要途径。首先，在师生关系的创造革新上，知识管理数智化促进了教师在知识传授、师生互动等方面的学识增长。知识管理数智化促使教师不仅传授事实知识，还要关注这些知识能否激发学生的批判性思维、创造性思维，促进学生的可持续发展；教师能够通过多元的数智技术手段，创设双向互动、共同参与、反馈及时的学习环境，充分发展学生的反思、交流、合作和问题解决能力；知识管理数智化促使教师以更加平等和开放的视角来重新定位自己与学生的关系，鼓励教师从单一的信息提供者转变为学习过程的设计者和引导者。其次，在数智技术的深度介入上，知识管理数智化促进了教师在技术运用、信息处理方面的学识增长。数智技术的广泛应用为教师提供了强大的数据分析、资源整合和在线协作工具，这不仅增强了教师挖掘和筛选信息的能力，而且提升了教师将抽象知识具体化应用于教学实践中的能力。此外，这也要求教师具备管理和评估数字资源的技能，以及将这些资源应用于创新教学实践的专业知识。再次，在人工智能的协同赋能上，知识管理数智化促进了教师在自动化反馈、个性化学习、过程性评估等方面的学识增长。人工智能的应用为教师提供了教育教学和学习过程的实时数据、精准评估，并以此为基础生成有效建议，建立起教师数字画像和成长模型，从而准确识别和满足教师的专业发展需求。最后，在知识生产的社交属性上，知识管理数智化促进了教师在社群建设、合作交流、知识共享等方面的学识增长。社会化的知识生产方式鼓励教师将个人知识和经验公开共享，从而促进了知识的互通有无和教育实践的共同发展，对于加强教师之间的情感联系、拓宽问题视野、重构知识网络有重要意义。

在数智化推动下的教育环境中，教师知识管理数智化不仅关乎知识本身的更新和应用，还涉及如何使知识在数字空间中高效流动，如何使知识与教育实践密切结合，以及如何在数智化时代保持教师的专业竞争力。因此，教师学识与知识管理数智化的关系是互动的、互补的，共同构建起一个支持教师持续成长以适应未来挑战的动态化教育生态系统。

(二)数智化时代教师学识转化与管理的趋势

数智化时代教师学识转化与管理可以拆解为知识转化与知识管理两大

部分。其中，教师知识转化指向知识的显性化与共享化趋势；知识管理则指向教师知识联通化趋势。在数智化时代，教师学识转化与管理主要在纵向动态三阶段与横向静态三截面的交互作用中发展、重构与创新。

从纵向来看，数智化时代教师学识转化与管理的动态流程以知识的生成、知识的传播与知识的管理三大阶段为主线链条；从横向来看，每个阶段都包括知识生成的显性化、知识传播的共享化以及知识管理的联通化。其中，教师知识显性化与共享化是教师知识联通化的前提条件，教师知识联通化是教师知识显性化与共享化的时代诉求。

第一，在教师知识生成阶段，促进教师知识显性化是一种个体化的知识积累。教师需促进隐性教学经验向外表达，通过记录和分享将这些隐性知识转化为可以被他人理解和应用的形式。系统地整理和呈现这些经验不仅有助于教师个体的专业成长，而且有助于促进教师集体智慧沉淀。

第二，在教师知识传播阶段，促进教师知识共享化是一种社会化的知识共建。教学经验的实践对话不应局限于单一个体之间的简单问答形式，而应该是教师集体这一多元主体围绕特定主题进行多方互动和交流，将教师个人化的教学经验纳入共同体的话语体系和逻辑范畴中，共同探究教学经验的发生逻辑与作用机制，进而促进教师个体经验与公共经验的交相融合与转化，生成集体的教学智慧。①

---

① 辛晓玲：《教学经验的知识属性及其表征与转化——基于波兰尼的个人知识理论》，载《教育理论与实践》，2023，43(28)。

第三，在教师知识管理阶段，促进教师知识联通化是一种公共化的知识创生。教师知识发展的数智化指向的不仅是知识进化和教师发展，还在于组织文化和教育生态的根本革新。学校组织利用数智技术积极创设开放性、共享性的文化空间，支持教师之间的经验学习活动，营造相互支持、自然合作的文化环境；放眼整个教育生态，联通全国教师管理信息系统，打通不同部门、不同业务步骤之间的数智化协同通道，搭建统一的内部数据标准体系，从智慧教师、智慧教室、智慧校园到智慧教育关联数据治理，建设高质量、数智化的教师教育体系。

(三)知识显性化：以知识生成数智化促进教师个体的学识转化

隐性知识是教师高度个人化的知识，教师个体是隐性知识的主要载体。数智化时代教师知识显性化趋势回应的是教师个体如何生成知识的问题。

1. 在数智化时代，教师知识生成显性化的必要性在于知识的特性

波兰尼根据知识能否清晰表达和有效转移的标准，把知识分为显性知识和隐性知识两大类。教师隐性知识又称缄默知识，指的是教师通过教育教学实践中的长期积累，所获得的深藏于教师头脑内部，难以用语言、文字等形式清晰表达的知识[1]，内隐性、个体性、情境性是其最大特点。[2] 隐性知识常常表现为个人的诀窍和特技，因此不易储存、传授、

---

① 刘乃美、张建青：《高校外语教师学习共同体中隐性知识显性化研究》，载《外语教学》，2016，37(4)。

② 李梦珂、段兆兵：《教师隐性知识显性化的障碍与化解对策》，载《现代教育》，2022(7)。

理解和分享。而显性知识由于其稳定、明确、可验证的特质，所以更易储存、传授、理解和分享。隐性知识往往支配着教师的行为，也制约着教师的个人反思和专业发展。[①] 显性知识以逻辑性、清晰性、可批判性和公共性为特征，这些特征有助于为教师的教学实践提供明确的、可操作的方向指导，从而促使教师的教学行为在一定程度上超越特定教学情境的限制并趋于科学化。因此，发现和建构教育知识，使隐性知识显性化，是教师专业发展的重要内容。[②]

2. 在数智化时代，教师知识生成显性化的可能性在于时代的机遇

人类的认知方式会随着时代发展而产生相应变化。在数智化时代，客观上知识爆炸与主观上个体认知能力有限之间产生了鸿沟。人类要很好地适应越来越复杂的社会，人类认识世界、驾驭世界的认知方式将会越来越依赖于人与智能设备的分布认知、协同思维[③]，而数智化时代正在为教师知识显性化提供新的机遇。当下，人工智能与教育的结合是发展的必然趋势，教育从"人际协同"关系转变为"人机协同"关系，人机合作学习模式诞生，未来还将形成"AI＋教师"的实践教学样态。人工智能应用于教师教育场景，能够在信息检索、知识讲解、能力训练等多方面促进教师数字学习。

在数智化时代，教师知识生成的主体发生变化。数智化时代的知识在

---

① 高维：《基于隐喻的教师缄默知识显性化》，载《教育科学研究》，2016(7)。

② 张民选、夏惠贤、孔令帅：《让教师成为教育知识的发现者和建构者——来自上海的经验》，载《全球教育展望》，2015，44(7)。

③ 余胜泉、王阿习：《"互联网＋教育"的变革路径》，载《中国电化教育》，2016(10)。

原有基础上增加了人工智能生产的"暗知识"。这种知识类型的增加同时伴随着新的知识生产主体的产生，打破了传统知识论认为人是知识的认识、判断、发现和证实的主体的论断。[①]　知识生产不再是少数知识分子乃至于人类的专利，人工智能同样可以成为信息与知识的生产者与加工者，知识的生产和创造权利不再紧握在少数学者甚至人类群体手中，人工智能也可以承担信息和知识的生成及加工的任务，和人类一起合作生产知识。与人类相比，人工智能拥有强大的计算能力、存储能力、感知能力等，能够迅速、准确、高效地处理大规模、重复、结构化的任务；人类在情感沟通、价值判断、艺术审美、实践创新等方面具备天然优势。[②]　这种互补特质促使人类与人工智能建立深度合作，以扬长补短、互相赋能，从而扩展人类的思维、激发其创新能力。

在数智化时代，教师知识生成的空间也相应发生了改变。云教育平台突破了智力资源共享的时空限制，不仅让教师自主学习的内容更丰富、形式更自由、途径更便捷，还为满足教师开放化、个性化、多样化学习需求创造了全新平台。借助信息和通信技术创建的、允许充分表达的多元虚拟空间，可用于交流隐性知识、分享合作经验、展示教学典范，从而强化教师之间的交流共享，形成全体教师共同参与的隐性知识显性化的知识创造过程。显性知识是教师个人成长的基础，也是教师群体发展的起点。数智

①　田小红、季益龙、周跃良：《教师能力结构再造：教育数字化转型的关键支撑》，载《华东师范大学学报（教育科学版）》，2023(3)。

②　杨宗凯、王俊、吴砥等：《ChatGPT/生成式人工智能对教育的影响探析及应对策略》，载《华东师范大学学报（教育科学版）》，2023(7)。

化时代教师实践品质的提升和能力素养的养成必须以知识生成的显性化为前提。在教育数智化转型的过程中，教师知识生成的显性化是教育知识价值最大化和培育社会核心竞争力的有力手段，而实现隐性知识显性化是数智化时代教师知识管理的关键突破点。

3. 在数智化时代，知识显性化的实践方法需要将传统路径与现代技术相结合

在数智化时代，教师知识生成显性化的实践方法是教学反思沉淀，通过教学反思沉淀促进教师知识生成显性化。在教育数智化转型的过程中，尽管存在着对数智技术带来的理想化改变的乌托邦式期待，但这些变化并未如预期那样实现。这是因为教育工作者对数智技术的理解尚未到位，同时一些研究者对于变革前景过于乐观，急于寻求简单的解决方案。这种情况警示我们：数智化时代，反而更加需要关注传统教育教学反思的重要性，并重新挖掘其内在价值。一方面，隐性知识显性化的出发点在于实践情境中的个人反思。隐性知识是教师个人教育智慧的体现，往往内居于具体的教学情境中、内隐于教师的教学行为中，只能由教师本人在实践中，对自己的教育观、知识观、学生观以及教育教学过程进行深刻的体验、感悟和反思。教师对教育教学实践的深层反思与对个人教育教学经验的体悟，让隐性知识"言说"是教师对教育教学经验再认识与理性分析的过程，也是在不断地通过"实践—反思"进行积累和创造的动态过程。这一过程可以借助生成式人工智能，在与大语言模型的对话中厘清思路、清晰表达。有学者指出，生成式人工智能在教学领域的潜在优势在于为研究性学习提

供人类信息加工能力所无法触达的发散思维视角和文献综述广度。① 对此，探索生成式人工智能研究性学习助理模式能够辅助教师完成实践情境中的教学反思。另一方面，隐性知识显性化的落脚点在于特定的物质载体表征。野中郁次郎认为，个体可以借助图像、文字以及情感等特定载体表征教学经验，使教学经验成为个人反思的对象，从而帮助自身将隐性知识明晰化。教师通过在反思中不断叩问教育教学事件，发掘事件背后的理论假设，从而将内隐的教育教学经验升华为富有个性特征的实践智慧，最终以外显的形式，如反思札记、教育自传、教育叙事等呈现出来，促进教学经验的显性化。这一过程可以充分利用数智化平台构建教师社群，发表日常教育教学反思。

（四）知识共享化：以知识传播数智化促进教师群体的学识转化

教师群体是知识共享的主要组织，数智化时代教师知识共享化趋势回应的是教师群体如何传播知识的问题。

1. 放眼未来，教师知识共享化在数智化时代是必然趋势

教师知识共享是组织管理中的重要方面，是知识主体之间常规的直接互动交流，或通过媒介交流，以实现知识向群体拥有的转移、吸收和创造过程②，

---

① 苗逢春：《生成式人工智能技术原理及其教育适用性考证》，载《现代教育技术》，2023，33(11)。

② 潘闻闻、邓智团：《多元主体、确权约束与创新街区知识共享的有效性研究》，载《南京社会科学》，2019(3)。

旨在实现个体、群体、组织知识之间的深度循环。① 教师知识共享是应对教师教育数智化变革的必然要求，是回应学校知识民主化管理的必由之路，也是教师专业发展自主化的必要途径。在教师教育数智化变革中，为了应对知识社会的挑战、适应数智化时代的变迁，联合国教科文组织在《一起重新构想我们的未来：为教育打造新的社会契约》中，从教师与知识关系的视角，提出教师需要通过个人反思和同伴分享，成长为反思性实践者，从而在自己的专业范围内促进知识体系的不断扩展。在学校知识民主化管理中，知识共享需要扁平式的开放互动，而非垂直式的权威灌输。② 教育管理者需要构建合作的组织文化，激发教师知识共享的意愿，并开通知识权限，畅通共享渠道，搭建数字平台，建设教师专业学习共同体。在教师专业发展自主化中，教师教学是一项协作性专业。教师个体的隐性知识获得显现与外化后，它需要在教师之间的交互关系中实现教师个人经验与公共经验的相互转化、融合。除了知识增长，教师还需要通过专业协作提升问题解决能力、压力应对能力，在合作的专业学习共同体中信任他人，并为组织的不断发展做出承诺。

2. 立足当下，教师知识共享化在数智化时代仍然存在现实困境

教师知识共享化在现实中面临诸多阻碍，导致教师知识资源在无形中流失，阻碍教师个体及组织的可持续发展，主要集中于愿不愿意分享和能

---

① 魏晓宇：《教师知识共享的行为与过程——基于动态性的视角》，载《基础教育》，2021，18(6)。

② 翟雪松、楚肖燕、顾建民等：《从知识共享到知识共创：教育元宇宙的去中心化知识观》，载《华东师范大学学报(教育科学版)》，2023(11)。

不能够分享两方面。愿不愿意分享的内里是对教师知识隐藏的隐忧。康奈利(Connelly)教授将知识隐藏定义为："知识拥有者在面对他人请求时故意隐瞒或刻意掩饰知识的行为。"①错误的人性假定常将教师定义为"积极的知识分享者"，教师个体间的知识隐藏行为时常被忽视，成为教师专业"标出项"。教师个体间知识分享意愿降低，知识隐藏问题则可能凸显。因此，知识隐藏实质上是教师个体知识心理所有权的彰显，即教师对个体知识所有权的占有和控制意识。② 能不能够分享的外在是人际信任的壁垒。信任影响着教师在知识共享网络中的行动选择，能促进人与人之间的信息与资源交流。教师之间的社会联结越紧密、互动的质量越高，共享知识的意愿就越强。

(五)知识联通化：以知识管理数智化促进教师学识管理

数智技术的迭代进化为教师知识的生成、传播与共享提供了丰富的媒介和平台，在此过程中也建构了与之适应的学习型组织并建起了相应的管理方式与制度规范。知识生成显性化令数智化时代教师个体的知识经验得到及时沉淀，并具备可以在教师群体中进行传播和共享的条件；知识传播共享化使得教师个体知识转化为群体智慧，并在教师交流、互动、协作的社会情境中进一步生成新的知识，以此凝聚共同体的价值共识，强化教师

---

① Connelly，C. E.，Zweig，D.，Webster，J. et al.，"Knowledge Hiding in Organizations,"*Journal of Organizational Behavior*，2012，33(1)，pp. 64-88.

② 张婕：《知识隐藏：教师知识分享过程中的意愿阻隔及纾解》，载《当代教育科学》，2022(4)。

的组织归属感，增进教师之间互助、合作、共赢关系的形成。

而知识管理联通化指向的是突破个人、学校乃至区域的组织边界，实现数智化时代知识生成、传播、管理全链条的互联互通，以数字孪生为技术基座、以万物互联为前提条件、以数字素养为最终目的，在教育元宇宙中开辟数字学习空间，从而打造教师互联互通的数智化知识库。

1. 技术基座：数字孪生

数字孪生是教师知识管理联通化的前提条件。2022 年 8 月，《科技部关于支持建设新一代人工智能示范应用场景的通知》强调构建虚实融合与跨平台支撑的智能教育基础环境。数据是数智化时代的燃料，数字孪生是通过抽取物理世界中的数字和冗余的数据，将其映射到虚拟空间，形成可演算的、能够对生活进行调整和反馈的知识。作为教师知识管理联通化的新技术基座，数字孪生的原理在于将教师知识显性化后形成的经验沉淀通过数字孪生映射到虚拟空间成为云知识库，如同一个对教师群体开放权限的"超级大脑"，有效实现教师知识的无边界共建、共享、共创。数字孪生技术能够实现人、机、物、环境等状态数据的全面采集和实时处理，创生真实世界的数字版本，打造实时联动、虚实融合的混合空间。[①] 通过相互关联的元素网络将物理世界和虚拟空间连接，融通虚实数字学习空间的边界，数字孪生能够变革知识演化过程，将知识转化为可视化的具象形态，以模型为交流介质与学习者进行互动，实现数据驱动—知识共享—人机协

---

① 黄荣怀、刘德建、阿罕默德·提利利等：《人机协同教学：基于虚拟化身、数字孪生和教育机器人场景的路径设计》，载《开放教育研究》，2023，29(6)。

同一决策支持的知识管理数智化路径。

2. 前提条件：万物互联

以人工智能、5G、物联网和数字孪生等为技术基础，用以打通社会结构之间的壁垒，实现万物间的互联，是智能时代最显著的特征。① 物联网是以智能物理设备和网络为基础，旨在接入物理设备使得事物之间形成互联互通的网络。相比之下，万物互联旨在更加广泛地连接人、事物、数据及流程（如业务流程），通过融合、协同及可视化等，获得更加相关、有价值并且直接变为行动的东西。② 作为教育元宇宙在教师知识领域的具体运用，教师数智化知识库具备实时共享、拓展现实和智能交互的特性，这要求将复杂教育环境中不同种类的电子设备、教学应用软件、平台用户等产生的数据流统一接入、统一采集、统一整理、统一管理，通过万物互联搭建统一的数据标准体系，打通校际、区域、城乡教师的数智化远程协同通道。万物互联可以突破教师学习空间的局限性，顺应数智化时代从封闭走向开放的历史趋势，使得教师便捷地获取所需的数字资源，极大地拓展教师的知识视野，建立数字学习的深度、实现远程协同的强力互动，突破信息孤岛，实现学习融通。此外，在万物互联中还能自动采集和汇聚数据，为建立数据分析中心、助力改进教师教育评价提供有力的数据支持。

---

① 刘复兴：《论教育与机器的关系》，载《教育研究》，2019，40(11)。

② Evans D.，"The Internet of Everything: How More Relevant and Valuable Connections Will Change the World," https://www.cisco.com/c/dam/global/en _ my/assets/ciscoinnovate/pdfs/IoE.pdf. 2024-04-18。

3. 最终目的：数字素养

教师既是数字公民，也是数字公民的培养者，其数字素养的水平直接关系到学生数字素养的水平，数字素养因而成为教师在追求高质量教育过程中必备的核心素养之一，因而提升教师数字素养、培育教师数字胜任力理当成为教师知识管理联通化的最终目的。2022 年 11 月，教育部发布《教师数字素养》教育行业标准。教师数字素养被定义为"教师适当利用数字技术获取、加工、使用、管理和评价数字信息和资源，发现、分析和解决教育教学问题，优化、创新和变革教育教学活动而具有的意识、能力和责任"；并将数字素养框架细分为数字化意识、数字技术知识与技能、数字化应用、数字社会责任与专业发展五大维度。

教师数字素养是应对教师教育数智化转型挑战的必要条件，有利于为教师专业发展注入新动力、为教师队伍建设搭建新平台、为教育高质量发展注入新动能。我国在跨越教育信息化 1.0 时代、迈入教育信息化 2.0 阶段、迎来教师教育数智化转型的过程中，出台了新的教师数字素养及数字胜任力标准，以锚定教师教育数智化转型阶段教师所需的基本数字素养和能力框架。

三、促进教师知识管理数智化的途径

教师知识管理数智化主要通过构建数智化培训体系、推动数智化资源建设、提供数智化学习机会、建立考核和激励机制等路径，实现数字协作和创新。

（一）构建数智化培训体系：以教师专业发展数据流推进教师知识数智化转型

利用专业发展数据流带动教师知识数智化转型。构建数智化培训体系的前提是建立高密度、全覆盖、高价值的教师专业发展数据网，实现教师专业发展效能的双路径反馈。在数智化时代，充分利用现代数字技术的算力算法优势、深度学习技术优势、大数据库存优势，能为教师提供密集、优质、灵敏的数据反馈信息，利用数据信息流带动教师知识数智化转型。

教师数智化知识库可以推动教师专业发展数据的沉淀、共享与增值。构建数智化培训体系的目的是及时收集、整合教师沉淀下来的知识，建立教师数智化知识库。在数智化时代，数据取代知识成为更具价值性、战略性、扩展性的教师专业发展资源。如果说教师成长数据链是干预、改变、引控教师专业发展轨迹、态势、走向、节奏的重要变量，那么教师数智化知识库的沉淀、共享与增值将成为教师专业发展的重要内容。在这一意义上，教师知识数智化转型的实质是借助数字技术全价值链重组升级来提升教师专业发展的自由度与自主性，实现各类教师学习参训活动数据在教师个性化发展需求这一焦点上的汇流与聚合。

（二）推动数智化资源建设：创设聚集教师集体智慧的智慧教育生态系统

随着知识型社会的发展，集体智慧变得至关重要。集体智慧指通过协作、竞争和互动的方式，汇集和整合个体的知识、技能、经验，形成更广泛、更有效的知识体系和可持续解决问题的能力。① 实现智慧教育需多方布局，包括教育理念的转变、课程设置的改革、教学方法的创新，以及教育与产业、社会的深度融合。实现智慧教育是教师教育数智化转型的重要目标，需要从"集体智能"向"集体智慧"深化，创设"集体智慧"的智慧教育生态系统。学校应充分认识到这种局面的局限性，大力整合，建设新一代智慧教育服务平台，整合学校分散的数据库资源，实现教师数字信息资源的关联应用，实现跨系统的数据快速流转、教师协同工作，最终优化管理服务。

在组织内部，围绕提升教师数字素养，遴选经典实践案例开发校本化的数字研修课程，构建线上线下混合式校本研修模式②；在组织外部推进区校数字资源融合共享，以试点区域或单位为引领，建设学校数智化学习资源体系；在组织内外，推动多校区信息系统对接和数据共享协同发展，建立起优质资源辐射基地，形成纵深结合的智慧教育体系。创设聚集教师集体智慧的智慧教育生态系统不仅要在区域内实现优质资源的共享，还将优质资源辐射对口帮扶地区，充分发挥各方交互产生的集体智慧，实现知识体系、物质资源、人际资源、生成性资源之间的相互促进，构建社会化知识资源网络，推动知识和能量从个体创造转向群体创造。

---

① 戴岭、胡姣、祝智庭：《ChatGPT赋能教育数字化转型的新方略》，载《开放教育研究》，2023，29(4)。

② 曾国权、王光强、宋崔：《培养数字化卓越教师：中小学教师数字素养提升的校本路径》，载《中小学管理》，2023(9)。

(三)提供数智化学习机会：把握人工智能的技术机遇，促成教师学习方式变革

目前教育数字化转型虽成效卓著，但仍停留在智能教育阶段，离智慧教育距离甚远。智慧教育是通过人机协同创变教学过程与促进学习者发展的未来教育范式的，尤其是生成式人工智能技术赋能智慧教育实践。

人工智能的广泛连接性使得数字时代教师的学习方式走向开放。依托互联网和应用平台，人工智能以海量数据、空前规模突破了时空限制和组织屏障，连接起不同领域，建立泛在学习网络，并赋能教师知识共享和协同创新。

人工智能的多模态交互性使得数智化时代教师的学习方式走向多样。人工智能可以将大量的学习资源进行分类整合，并以多种形式呈现，如视频、图文、音频、互动模拟等。教师能够根据个人学习偏好选择最合适的材料，获得多元化的学习体验，不仅使学习资源形式更丰富，而且使知识生成、传递、共享和创造的载体得到革新。教师的知识成果将以多模态形式呈现。

人工智能的算法精准性使得数字时代教师的学习方式走向个性。基于自动采集的教师专业发展数据流，人工智能能够利用数据挖掘技术对教师的学习需求、学习水平、学习方式进行精准评估、持续追踪和实时分析，并应用机器学习算法结合教师个人特征建立学习模型和数字画像，为教师学习需求定制个性化学习计划，探索教师数字画像、基于推荐资源的学习、自主选学等新型研修模式。

在提供数智化学习机会方面有多样举措。在国家层面，应打造高水准

的头部内容，在国家智慧教育公共服务平台教师研修板块开设人工智能助推教师队伍建设专栏，开展面向教师和学校管理者的专题研修；在地方层面，推动各地拓展试点示范与案例建设，探索政府—专家—企业—学校四位一体推进机制；在学校层面，深化交流研讨，积极举办各类促进教师发展数智化的论坛，开辟人工智能助推教师队伍建设的新局面。

在教师教育数智化转型的过程中，教师需要把握人工智能的技术机遇带来的数智化学习机会。首先，教师要有重要数据的主动获取意识，在日常教育教学行为中利用数据优化教学服务供给与学习需求的匹配度，提升环境适应能力和面向未来设计学习的能力。其次，教师应该把握生成式人工智能等大语言模型机遇，促进人机协同与合作，利用学习管理系统和个性化学习平台等工具探索个性化学习路径，培养个人创造性和批判性思维能力。最后，教师需要具备依托数字技术提高知识共创共享的能力。在教师通过知识的梳理与转换实现知识赋能的同时，教师之间的知识交互也会促进基于生命周期的知识价值转化，促进知识管理范畴的不断变化与研究范式的不断创新。

越秀区教育信息中心主任刘小莲介绍，越秀区采用问题导向、高校协同、学校联动的方式，以信息技术与教育教学融合创新为核心目标，以大数据支撑教育公共服务体系、信息技术支持教学模式创新为两翼，构建"一核两翼"区域教育信息化生态。越秀区建设教育公共服务资源云平台，打造具备个性化资源供给、精准化教学分析、名师课堂深度研修等区域网络学习空间应用形态，构建"1＋N"智慧教学新模式等，推动区域教育均衡优质发展，积极打造高品位、现代化的越秀教育。越秀区教育公共服务平台为全区教师提供了实名制网络学习空间。教师可以在个人空间定制热门资源、学科资源、学生发展数据、教师发展数据等服务，支持师生交流互动和教学管理。基于网络学习空间、教育公共服务平台，越秀区构建了师生基础数据模型、区域大数据应用服务架构、区域资源高效应用等策略，实现教育教学从经验走向科学，促进教师专业化发展。

如何带动年轻教师快速提升教学专业能力水平？越秀区以名师工作室为主体，综合利用人工智能、大数据等技术，开展教学实录观摩、网络智能评课、网络学习空间研修等智能研修活动，形成越秀特色的区域"名师课堂"混合式应用模式。电化教学和教研部门还合作建立"名师课堂"常态化应用运行机制，以人工智能助推教师队伍建设。

越秀区约有80％的教师定制了教育公共服务平台提供的各项服务，通过开展教与学的创新实践，教师信息素质显著提升。近五年来，越秀区教师在各类教育教学信息化竞赛中，共获523件国家级奖励，975件省级奖励，1973件市级奖励。越秀区还有170节智慧课堂课例获评部级优课，552节获评省优课。2021年11月，越秀区获邀在广东省"三个课堂"推动教育优质均衡发展项目培训会上，分享了"一核两翼"赋能名师课堂的区域实践经验。

参见刘盾、陈宋釜：《广州越秀：信息技术让教育更"智慧"》，载《中国教育报》，2022-09-23。

（四）建立考核和激励机制：建立教师数字素养评价体系，完善数智化学习考核激励制度

教师数字素养的养成是教师知识管理数智化的最终目的，也是影响教师数智化学习成效的重要因素。评价教师数字素养是了解教师知识管理现状、促进教师数字素养提升的重要途径。[①] 教师数字素养评价是指根据一定的评价标准，以科学方法考查教师所应具备的适应教师教育数智化发展需要的知识、品格和能力，衡量教师数智化学习水平是否达到预期目标。

首先，可以构建校本化的教师数字素养评价体系。学校组织要通过建立教师数字素养评价体系，及时跟踪了解教师数字素养的具体情况。依据《教师数字素养》中的结构框架和维度划分，结合本校教师数智化学习实际情况，确定校本化教师数字素养测评指标，通过德尔菲法改进，形成正式的教师数字素养测评量表。其次，完善教师数智化学习考核与激励制度，建立多维度考核机制和激励体系。通过荣誉奖项、标兵评选、岗位晋升和工资奖励等具体方式，提升教师数智化学习的主动性和积极性，激发教师数智化学习的内生动力，为教师数字素养的提升赋能。重要的是，教师要认识到数智化评价推动教育评价改革的巨大潜能，学会使用各类评价工具来进行学情诊断、学习水平分析、教学过程调控等多场景的应用。最后，基于该标准进一步开展分层分类的精准评价、数智驱动的全面评价、持续

---

① 吴砥、桂徐君、周驰等：《教师数字素养：内涵、标准与评价》，载《电化教育研究》，2023(8)。

监测的追踪评价①，探索动态化、多元化的教师数字胜任力培养质量评价方案，运用数智技术多维度、全程式地评价教师数字知识、数字态度与数字能力的培养质量，充分利用新技术开展教师研修伴随式数据采集与过程性评价，建构生成性质量追踪体系，从而促进教师数字素养全面发展。

在数智化时代的潮流中，教师的学识转化与管理实践正在经历一场深刻的变革。知识的生成、传播与管理成为串联教师知识发展的关键链条，三大阶段次序展开、彼此交织，构建了动态交互的、螺旋上升的知识发展模式。知识显性化、共享化、联通化成为当今教师知识管理数智化的三大趋势，体现教师个体化的知识积累、社会化的知识共建、公共化的知识创生，共同塑造着教师专业成长新图景。作为知识管理的主体，教师需紧跟数智化培训体系的步伐，投身于智慧教育生态系统的建设，把握数智化学习机会，革新学习方式，提升数字素养，形成数字胜任力。教师学识的转化与管理的数智化是一个系统性工程，从教育理念的更新到技术应用的创新，从个体学习的变革到集体智慧的积累，共同助力教师专业能力提升，为教育领域带来可持续的发展动力。

---

① 吴砥、桂徐君、周驰等：《教师数字素养：内涵、标准与评价》，载《电化教育研究》，2023(8)。

后　记

教育的根本任务是立德树人，教师的任务是教书育人。一个人如果一生遇见三位好老师，其生活和工作成就相对就高一些。因此，办家门口的好学校成为时代强音。人民需要好学校，时代需要高质量教育和高质量管理。建设高质量教育体系需要数以万计的教育家型教师和普遍具有教育家精神的教师。教育家型教师即好教师、优秀教师，是教师群体中最出色的那一部分，是有想法、有办法和有说法的教师，是达到四个标准的教书育人者。早在 2014 年，习近平总书记就提出了"四有"好老师的标准：有理想信念、有道德情操、有扎实学识、有仁爱之心。有扎实学识是好老师标准的重要维度之一。

学识既是知识，也是能力，是综合了知识及其应用的智慧。好老师有扎实学识，这既是一个带有鲜明时代需求的价值判断，也是一个立足于知识分类的科学判断。波兰尼把个人知识划分为隐性知识和显性知识两类。显性知识指能够用语言充分言说的确定性知识，如基础概念、基本原理、公式图表等。隐性知识是无法用语言充分言说，通过行动和实践表达的那部分知识，包括能力和技能部分，如理解能力、领会能力、执行力、审美能力、科学技能、才艺能力等。显性知识的学习和掌握以隐性知识为基础与前提，这可以解释两种日常教学现象产生不同效果的原因，即不同教师使用同一个教案执教却产生不同效果，不同学生听同一教师讲课也会产生不同的学习效果。

波兰尼对个人知识的分类具有广泛的影响，受此启发，研究者把好老师所应该具有的扎实学识分为两类三个维度，这一分类适用于教师个体，也适用于教师群体的专业发展。好老师应该具有的扎实学识分为两类，即显性知识和隐性知识。显性知识主要指学科内容知识，即回答教什么的问题，既包括所教学科知识，也包括教育学、心理学、管理学、领导学等相邻学科知识，还包括社会学、政治学、哲学、文化学、文学、历史学等大背景的广泛学科知识。这意味着好老师需要具有扎实的知识基本功，即指知识储备的广博性和知识结构的完整性。隐性知识主要指学科教学知识，即把学科内容知识如何教给学生的知识，是运用能力和技能、经验和直觉所形成的教师教育教学智慧，包括课堂管理智慧、教学内容整合智慧、教育方法组合运用智慧、课堂沟通节奏和教学氛围的把握能力等。这意味着好老师应该具有扎实的教学基本功，即深度学习和整合能力、知识联系形成结构的能力、教学方法和策略多元组合和恰到好处运用的能力等。而学科教学知识的掌握和运用，极大程度上依赖于教育和教学研究。

学科内容知识和学科教学知识是扎实学识的两个基本维度，而好老师还应该具有良好的研究能力，它构成扎实学识的第三个维度。高质量教学要求用研究思路科学、民主地教书育人，只有这样才能取得事半功倍的效果和良好的教学质感。近年来，国家教育行政部门出台了一系列提高中小学教师教育科研能力的政策，地方教育行政部门积极行动，纷纷出台、落地措施。研究者也提出并论证了中小学有组织科研的方法和途径，形成了大中小学合作的诸多模式。中小学大力落实科研立校和文化立校政策，做法丰富多彩，可圈可点。教育科研能力成为学校宣传核心竞争力的关键突破点。教育教学科研能力属于教师隐性知识的一部分，因为它是一个重要的节点，同时具有相对独立性，故单列出来，构成好老师应该具有的扎实学识的第三个维度。

扎实学识两类三个维度的划分，是这项研究和这本书的一个特色，坚持知识分类的科学基础，兼顾时代需求。同时，这一分类深入浅出，通俗易懂，符合教师的实际情况。也许有人会认为，本书乍看起来偏理论化，其实不然。无论如何，都不能继续低估中小学教师的知识储备和理解能力。在大力提高教育研究能力的时代，漠视这一点是不明智的。故此，本书从研究方法论写起，依照学识分类娓娓道来，写作框架和语言表述都追求清晰明确。第一章是总论，包括基础概念、知识分类依据等，第五章是归纳和提升，包括信息时代、数字时代和智能时代的挑战带来的教师学识发展的未来趋势等。第二章、第三章、第四章对扎实学识的三个维度分别展开具体论述。每一章的结构都遵循历史和现实的时间路线，都遵循是什么、怎么做的逻辑路线，把学理阐述与案例描述结合起来。因为这是一本更多面向学校管理实践的著作，介于理论论述与讲故事之间的一种定位。因此，我们并没有把本书写成高理论性和强逻辑的样式，但研究的基础调性不能丢。

《知识是老师的根本基础——做有扎实学识的好老师》这本书，是"四有"好老师系列丛书中的成员之一。因为我们知道这本书的重要意义，所以必须全力以赴。扎实学识是我们写作小组十四人的集体智慧，是大家共同的劳动成果。写作、研讨与合作的过程，带给我们只有研究才能产生的精神快乐。十分感谢作者们的宝贵付出和贡献，十余次研讨，数次修改，快马加鞭，认真完成。我们采用导师总负责、博士生分章负责的小组长制度，五个博士生分别带领学弟学妹组成执行各章任务的五个小组。张东娇制定了全书框架，把握全书内容，组织大组研讨，把关论证方式和写作逻辑，指导研究方法论并完成后记。依照目录顺序，这五个组长分别是董静、侍晓坤、周驰宇、赵静、李翔宇。五个小组长高度负责，带领和指导学弟学妹，共同出色地完成了任务。侍晓坤承担了小组长之间的组织和联络工作，多次召开五人小组研讨会，也承担了整合文稿和修订格式的工作。到文稿交付出版社的今日，已经有四位学生毕业和将要进行毕业答辩，即将走向工作岗位，继续他们的教育思考和实践。这本书也是有纪念意义的师门合作的作品。

写作小组的具体分工和作者信息如下：

第一章　教师扎实学识的概念与内涵

董静，琼台师范学院讲师，北京师范大学教育学部博士研究生。

邵兰琴，哈尔滨师范大学教师教育学院讲师，北京师范大学教育学部博士研究生。

李雨曈，北京师范大学教育学部硕士研究生。

王　伦，北京师范大学教育学部硕士研究生。

第二章　新时代好老师需要扎实的学科内容知识

侍晓坤，北京师范大学教育学部博士研究生。

蒲诗雨，北京师范大学教育学部硕士研究生。

第三章　新时代好老师需要扎实的学科教学知识

周驰宇，北京师范大学教育学部博士研究生。

李建敏，北京师范大学教育学部硕士研究生。

第四章　新时代好老师需要扎实的教育研究能力

赵　静，北京师范大学教育学部博士，国家教育行政学院博士后。

杨量杰，北京师范大学教育学部硕士研究生。

王颖妮，北京师范大学教育学部硕士研究生。

第五章　新时代教师学识增长与管理发展趋势

李翔宇，北京师范大学教育学部博士研究生。

吴雨蔚，北京师范大学教育学部硕士研究生。

后　记　张东娇，北京师范大学教育学部教授。

感谢顾明远先生的充分信任和悉心指导，感谢北京师范大学出版社的策划和组织，感谢祁传华老师站在出版人立场所给出的宝贵意见和建议，感谢系列丛书作者们的专业角度的建议和意见，让我们的思考和写作更追求"扎实学识"。感谢关于知识分类和扎实学识等方面研究成果的创造者，给予我们营养和底气。经过大家共同努力，这本书得以出版，我们收获良多。由于学识不足，写作难免有疏漏和不足之处，敬请教育同人批评指正。

张东娇

2024 年 4 月 22 日于北京师范大学

图书在版编目（CIP）数据

知识是老师的根本基础：做有扎实学识的好老师/张东娇等著 . —
北京：北京师范大学出版社，2025.1.（"四有"好老师系列丛书）. —
ISBN 978-7-303-30128-7

Ⅰ. G40-03

中国国家版本馆 CIP 数据核字第 2024TR5707 号

营 销 中 心 电 话　010-58805385
北 京 师 范 大 学 出 版 社
主题出版与重大项目策划部

ZHISHI SHI LAOSHI DE GENBEN JICHU

出版发行：北京师范大学出版社　www.bnupg.com
　　　　　北京市西城区新街口外大街 12-3 号
　　　　　邮政编码：100088
印　　刷：北京盛通印刷股份有限公司
经　　销：全国新华书店
开　　本：730 mm×980 mm　1/16
印　　张：23.75
字　　数：275 千字
版　　次：2025 年 1 月第 1 版
印　　次：2025 年 1 月第 1 次印刷
定　　价：96.00 元

策划编辑：祁传华　　　　　责任编辑：葛子森
美术编辑：王齐云　　　　　装帧设计：王齐云
责任校对：陈　民　　　　　责任印制：马　洁　赵　龙